KB086709

하루 한 문단 쓰기

휘리릭

초등
4문장
글쓰기

유시나 선생님은요……

중앙대학교 예술대학원에서 미디어스토리텔링을 전공하고
예술학 석사 학위를 받았습니다. 지금은 창작기획연구소 〈봄눈〉에서
다양한 스토리텔링 콘텐츠를 기획·집필하고 있습니다.
지은 책으로는《뿡뿡 방귀병에 걸렸어요》,《멍멍 강아지로 변했어요》
《으악! 말씀씀귀가 나타났어요》,《세계사와 함께 보는 어린이 한국사 2》
《10인의 경제학자가 남긴 위대한 유산》,《쉬운 위기 탈출 백과》 등이 있습니다.

하루 한 문단 쓰기
휘리릭 초등 4문장 글쓰기 고사성어편

| **초판 1쇄 발행** 2020년 7월 20일 | **초판 8쇄 발행** 2024년 4월 1일

| **지은이** 유시나 | **발행인** 김태웅 | **기획·편집** 이지은 | **마케팅 총괄** 김철영 | **제작** 현대순 | **디자인** syoung.k | **일러스트** ㈜어필

| **발행처** (주)동양북스 | **등 록** 제 2014-000055호(2014년 2월 7일) | **주 소** 서울시 마포구 동교로22길 14 (04030)
| **구입문의** 전화 (02)337-1737 팩스 (02)334-6624 | **내용문의** 전화 (02)337-1763 dybooks2@gmail.com

ISBN 979-11-5768-634-6 64700 | ISBN(세트) 979-11-5768-628-5 64700

©2020, 유시나

· 본 책은 저작권법에 의해 보호를 받는 저작물이므로 무단 전재와 복제를 금합니다.
· 잘못된 책은 구입처에서 교환해드립니다.
· 도서출판 동양북스에서는 소중한 원고, 새로운 기획을 기다리고 있습니다. http://www.dongyangbooks.com

〈일러두기〉
–이 책은 국립국어원에서 지정하는 한국어 어문 규범의 원칙을 따랐습니다.
–원고지 쓰기법은 어문 규정과 달리 통상적인 사용법을 따릅니다.
　이 책은 한국독서문화재단의 글나라 연구소(gulnara.com)의 원고지 사용법을 따랐습니다.
–책 제목은《 》, 작품의 제목은〈 〉으로 표기했습니다.
–수록된 속담은《표준국어대사전》과《박완서 소설어사전》을 참고했습니다.

하루 한 문단 쓰기

휘리릭

초등
4문장
글쓰기

고사성어편

유시나 지음

동양북스

옛사람의 지혜가 여러분의 글쓰기 실력을 쑥쑥 키워 줄 거예요!

"와, 과자가 1+1이야. 한 봉지 값으로 두 봉지라니 일석이조잖아!"

"내일이 시험인데 감기 걸리다니 설상가상인걸."

"장난감과 간식은 당연히 다다익선이지!"

일석이조, 설상가상, 다다익선 등 우리 일상 대화에서 종종 쓰이는 이 말들의 정체는 무엇일까요? 얼핏 낯설고 의미를 알기 어려워 보이는 이 말들은 바로 고사성어(故事成語)예요. 고사성어의 한자를 살펴보면 옛(고), 일(사), 이룰(성), 말씀(어) 자를 쓰지요. 말 그대로 풀이하면 옛이야기에서 유래한 말이에요. 대부분 중국의 역사와 인물 이야기 등에서 유래되었고, 한자어로 이루어져 있지요. 오랜 옛날부터 전해져 오는 고사성어에는 옛사람들의 다양한 삶의 경험을 통한 지혜와 교훈이 담겨 있어 오늘날 우리에게도 큰 깨달음을 전해 준답니다.

더군다나 우리나라는 중국·일본과 함께 한자 문화권에 속하기 때문에 국어에서 순우리말과 더불어 한자어도 많이 쓰이지요. 예를 들어, 우리말로 똥·오줌이 있다면 한자어로는 대변·소변이 있고요. 우리말로 '고맙습니다'를 한자어로 표현하면 '감사합니다'가 됩니다. 한자어로 이루어진 고사성어 역시 우리 국어에서 아주 많이 쓰이는 말이랍니다. 따라서 고사성어를 잘 알고 적절하게 활용할수록 언어 표현이 풍부해지고 국어 실력이 쑥쑥 올라가겠지요?

그러나 무턱대고 고사성어를 달달 외우기만 한다면 어떨까요? 재미도 없거니와 고사성어 속에 담겨 있는 삶의 지혜와 교훈도 배울 수 없을 테지요. 고사성어의 진가는 바로 옛사람들이 직접 보고 듣고 느낀 삶의 경험에서 우러나온 깨달음에 있으니까요. 그저 앵무새처럼 외우기만 하는 것은 고사성어를 제대로 알지 못하는 것이나 다름없어요.

그래서 《휘리릭 초등 4문장 글쓰기 고사성어 편》에서는 고사성어가 처음 유래된 옛이야기부터 흥미진진한 동화로 시작해요. 쉽고 재미있는 동화를 읽으면서 자연스럽게 고사성어의 유래를 익히고, 동화 속 인물관계도를 통해 깊이 있는 이해를 돕지요. 특히 단순히 교과서 연계 고사성어만 학습하는 것이 아니라 총 5가지 주제로 나누어 우리가 살아가는 모습을 생각해 보고 고사성어가 전하는 다양한 교훈을 느껴 볼 수 있게 준비했답니다.

전체 이야기 구성

1장 기쁠 때도 슬플 때도 슬기롭게

2장 실수는 반성하기

3장 좋은 사람과 행복하기

4장 지혜롭게 나쁜 마음 구별하기

5장 재능으로 어려움 극복하기

5개 장에는 각각 주제에 맞는 이야기가 5개씩 실려 있어요. 각각의 옛이야기를 읽고 인물관계도를 통해 내용을 정리해요. 그다음에 동화의 내용을 떠올리면서 총 4가지 문제에 대한 답을 한 문장으로 써 보아요.

첫 번째는 이야기의 핵심 문장을 따라 쓰는 거예요. 한 글자씩 또박또박 따라 쓰면서 동화의 주제를 확실하게 알 수 있어요. 두 번째는 동화의 내용을 잘 이해했는지 확인하는 문제이지요. 세 번째와 네 번째는 여러분의 생각을 묻는 질문이에요. 그리고 마지막으로는 한 문장씩 순서대로 써 내려간 4문장을 한데 모아써 보아요. 그러면 하나의 멋진 문단을 완성해 볼 수 있답니다.

이처럼 내용을 이해하는 '읽기'와 이야기의 핵심을 찾아 자신의 생각으로 연결하고 문장으로 표현하는 '쓰기'의 학습 과정을 체계적으로 따라가면서 그동안 따로 배웠던 '읽기'와 '쓰기'를 자연스럽게 연결하고 독서논술의 기초를 탄탄하게 쌓을 수 있답니다. 더불어 고사성어의 유래와 뜻, 진정한 교훈을 온전히 자신의 것으로 소화할 수 있지요. 나아가 고사성어 속 인물의 상황과 언행 등을 자신에게 적용해 보는 훈련을 통해 생각하는 힘이 무럭무럭 자라날 수 있어요.

모쪼록 《휘리릭 초등 4문장 글쓰기 고사성어 편》과 함께 쉽고 재미있게 고사성어를 익히고, 고사성어가 전하는 교훈을 바탕으로 생각하는 힘과 읽고 쓰는 실력을 쑥쑥 키워 나갈 수 있기를 응원합니다. 분명 이 책의 마지막 장을 덮을 때에는 여러분 모두 글 솜씨가 훌쩍! 자신감이 부쩍! 늘어나 있을 거예요.

−2020년 여름 유시나

차례

1장   기쁠 때도 슬플 때도 슬기롭게

2장   실수는 반성하기

이렇게 활용하세요!

《휘리릭 초등 4문장 글쓰기》는 우리 친구들이 글쓰기를 어려워하지 않고, 자신의 생각과 느낌을 언제든지 솔직하게 표현할 수 있는 평생 친구로 삼기를 바라는 마음으로 만들었어요. 학년이 올라갈수록 늘어나는 문장형(논·서술형) 시험을 대비하는 건 덤! 이 책을 통해 자신만의 글쓰기 무기를 만들고 차곡차곡 쌓은 글쓰기 실력을 마음껏 발휘해 보세요.

1 그림 보고 상상하기

이야기의 내용을 함축하고 있는 그림을 보고 어떤 내용이 펼쳐질지 미리 상상해 보세요. 이야기의 제목과 함께 각 그림을 통해 등장인물은 누구이고 어떤 상황이 벌어지고 있는지 생각해 보아요. 그림은 글의 내용을 비유적으로 함축하고 있으니 자신만의 이야기를 만들어 실제 이야기와 비교해 보세요.

2 하루 3쪽 읽기

한 편의 이야기는 3쪽 분량으로 이루어져 있어요. 이야기를 읽고 내용을 잘 기억하는 것이 무척 중요합니다.
그리고 '혹시 궁금하지 않았나요' 코너를 통해 어떤 고사성어의 유래를 동화로 엮은 것인지, 비슷한 속담은 어떤 것이 있는지 꼭 확인하세요!

고사성어의 한자는 서체에 따라 일부 모양이 다를 수 있습니다. 틀린 것이 아니라는 점을 참고해 주세요.

3 인물관계도로 줄거리 정리해 보기

이야기를 읽고 나서도 내용이 무엇이었는지 잘 기억나지 않는다고요?
걱정 말아요. 귀여운 인물관계도로 다시 한 번 기억하게 해 주니까요. 참고로 파란색은 친한 사이, 빨간색은 서로 싸우는 사이, 회색은 그냥 아는 사이를 나타냅니다. 점선보다는 실선이 더욱 강력한 관계예요.

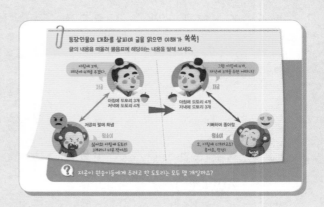

4 중심문장 따라쓰기

맞춤법이 자꾸 틀려서 고민이라고요? 걱정 마세요. 정확한 맞춤법으로 쓰여진 이야기의 중심문장을 원고지 쓰는 법에 맞춰 따라 쓰다 보면 맞춤법 실력이 훌쩍 자라 있을 거예요.

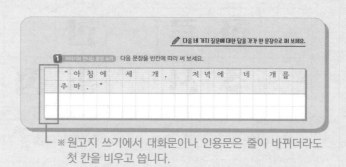

✏️ 다음 네 가지 질문에 대한 답을 각각 한 문장으로 써 보세요.

1 이야기의 뼈대는 문장 쓰기 다음 문장을 빈칸에 따라 써 보세요.

"	아	침	에		세		개	,			저	녁	에		네		개	를
주	마	.	"															

※ 원고지 쓰기에서 대화문이나 인용문은 줄이 바뀌더라도 첫 칸을 비우고 씁니다.

5 내용과 생각을 묻는 질문에 대답하기

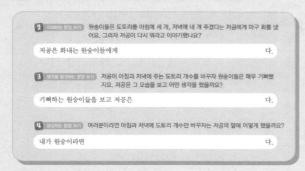

2 이해하는 문장 쓰기 원숭이들은 도토리를 아침에 세 개, 저녁에 네 개 주겠다는 저공에게 마구 화를 냈어요. 그러자 저공이 다시 뭐라고 이야기했나요?

저공은 화내는 원숭이들에게 _____ 다.

3 생각을 발견하는 문장 쓰기 저공이 아침과 저녁에 주는 도토리 개수를 바꾸자 원숭이들은 매우 기뻐했지요. 저공은 그 모습을 보고 어떤 생각을 했을까요?

기뻐하는 원숭이들을 보고 저공은 _____ 다.

4 상상하는 문장 쓰기 여러분이라면 아침과 저녁에 도토리 개수만 바꾸자는 저공의 말에 어떻게 했을까요?

내가 원숭이라면 _____ 다.

책은 좋은데 독후감은 어떻게 쓸지 모르겠다고요? 그래서 힌트를 줄 수 있는 질문을 준비했어요. 세 가지 질문 유형에 따라 각각 한 문장으로 써 보는 연습을 하다 보면 독후감 쓰기에 익숙해질 수 있어요.
답에 '누가 ~ 했는지' 약간의 단서를 주었으니 그에 맞춰 자신만의 답을 잘 찾아 보아요.

따라 썼던 중심문장부터 질문에 답한 3개의 문장을 쭉 연결해서 한 문단으로 써 보세요. 그리고 그것을 읽어 보세요. 놀랍지 않나요? 내용이 이어지는 멋진 글 한 편이 완성되었어요!
이처럼 글쓰기는 어려운 것이 아니에요. 중심문장과 연결된 질문에 대한 답만 잘 이어서 쓰면 얼마든지 좋은 글을 완성할 수 있어요.
자, 이제 두려워 하지 말고 글쓰기를 시작해 볼까요?

6 지금까지 쓴 문장을 모아 써보기

모아쓰기 위에서 답으로 쓴 네 문장을 연결해서 써 보세요. 근사하고 재미있는 글이 완성될 거예요!

7 가이드북

부모님 혹은 선생님과 함께 가이드북의 예시 답안과 풍부한 배경 설명을 보면서 다양한 이야기를 나눠 보세요. 더 많은 글감을 찾을 수 있을 거예요.

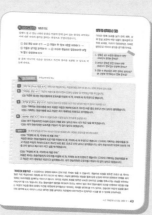

하루 한 문단 쓰기 추천 일정

이 책은 여러분이 할 수 있는 만큼씩 최선을 다하는 것이 가장 좋습니다. 요즘 가뜩이나 볼 것도, 할 것도 많은 우리 친구들이 글쓰기를 너무 버겁게 느끼지 않기를 바랍니다. 다만 글쓰기는 조금씩이라도 매일 쓸 때 실력이 쑥쑥 늘어납니다. 가능하다면 아래 추천 일정에 맞춰 글쓰기의 재미에 푹 빠져 보세요.

1주 상황을 이해하는 글쓰기

토	간어제초	강한 자들 사이에 끼어서 괴로움을 겪다
일	다다익선	많으면 많을수록 좋다
월	새옹지마	세상 일은 좋고 나쁨을 예측할 수 없다
화	일거양득	한 가지 일로 두 가지 이익을 얻다
수	전호후랑	앞문의 호랑이를 막으니 뒷문으로 이리가 들어온다
목		기억하고 있나요?
금		휴식

2주 인물의 성격을 이해하는 글쓰기

토	각주구검	검을 구하기 위해 뱃전에 흠집을 내다
일	당랑거철	사마귀가 수레를 막아선다
월	소탐대실	작은 것을 탐내다 큰 것을 잃다
화	연목구어	나무 위에 올라가 물고기를 구하다
수	정저지와	우물 안 개구리
목		기억하고 있나요?
금		휴식

3주 선한 가치를 이해하는 글쓰기

토	결초보은	풀을 묶어서 은혜를 갚는다
일	동병상련	같은 병에 걸린 사람끼리 서로 불쌍히 여긴다
월	망운지정	구름을 바라보며 부모님을 그리워하다
화	수어지교	물고기가 물을 만나다
수	풍수지탄	부모님께서 돌아가신 것을 슬퍼한다
목		기억하고 있나요?
금		휴식

4주 함정을 피하는 지혜를 배우는 글쓰기

토	구밀복검	입에는 꿀이 있고 배 속에는 칼이 있다
일	양두구육	양의 머리를 걸어 놓고 개고기를 판다
월	전거후공	이전에는 거만하다가 나중에 공손해진다
화	조삼모사	아침에 세 개, 저녁에 네 개
수	토사구팽	토끼를 잡고 나면 사냥개를 삶는다
목		기억하고 있나요?
금		휴식

5주 위기 극복에 필요한 가치를 배우는 글쓰기

토	낭중지추	재능이 주머니를 뚫다
일	대기만성	큰 그릇을 만들려면 오랜 시간이 걸린다
월	마부위침	도끼를 갈아 바늘을 만든다
화	선종외시	큰일을 이루려면 작은 일부터 시작해야 한다
수	천려일실	천 가지 생각 중에 한 가지 실수
목		기억하고 있나요?
금		휴식

마음이 여유로운 주말을 적극 활용해 보세요!

10

1장

기쁠 때도 슬플 때도 슬기롭게

간	어	제	초	
다	다	익	선	
새	옹	지	마	
일	거	양	득	
전	호	후	랑	

강한 자들 사이에 끼어서 괴로움을 겪다

세상을 살면서 항상 좋은 일만 있을 수는 없지요. 때로는 어렵고 힘든 일도 있고, 나와 상관없는 일로 고통 받기도 한답니다. 그래서 나쁜 일이 있다고 해서 반드시 자기 자신을 탓하며 괴로워 할 필요는 없어요. 우리 삶에는 내 잘잘못과 관계없이 나쁜 일이 생기는 날도 있으니까요. 이와 관련해서 옛날 중국에서 전해지는 이야기가 있어요. 다 함께 찬찬히 읽어 볼까요?

중국 철학자 맹자가 쓴 《맹자》에 나오는 이야기예요. 때는 바야흐로 전국 시대였지요. 전국 시대는 옛날에 중국이 크고 작은 나라로 갈라져 매우 혼란스러웠던 시기를 말해요. 여러 나라 가운데 조그마한 등나라가 있었어요. 등나라는 제나라와 초나라 사이에 있는 나라였는데요. 크고 강한 제나라와 초나라에 비해 작고 약해서 언제나 두 나라의 눈치를 살살 봐야 했답니다.

그런데 제나라와 초나라는 서로 사이가 매우 나빴어요. 맨날 으르렁! 헐뜯고 싸워 대느라 등나라가 두 나라 사이에서 난처할 때가 아주 많았어요. 어디 그뿐인가요? 틈만 나면 등나라에 참견하고 호시탐탐 등나라를 빼앗을 기회를 노리는 등 제나라와 초나라의 등쌀에 등나라는 하루도 마음 편할 날이 없었어요.

"제나라 편을 들면 초나라가 가만있지 않을 테고, 초나라 편을 들면 제나라가 들
고일어날 텐데……. 이를 어쩌면 좋단 말인가."

등나라의 문공은 제나라와 초나라 사이에서 어쩔 줄 몰라 한숨만 폭폭 쉬었어요.
나라 걱정에 속이 바짝바짝 타들어 가는 듯했지요.

"그렇다고 우리 등나라가 제나라와 초나라를 상대로 싸울 수도 없지 않은가!"

그러던 어느 날이었어요. 문공은 맹자가 등나라에 머물고 있다는 소식을 듣고 마
침 잘되었다는 생각이 들었어요.

"맹자는 뛰어난 학자로 평소 존경하던 분이다. 당장 찾아가 가르침을 얻겠노라."

문공은 그 길로 맹자를 찾아가 등나라의 앞날을 물었답니다.

**"우리 등나라는 작은 나라인데 지금 제나라와 초나라 사이에 끼어서 괴로움을 겪고 있
습니다.** 과연 우리 등나라가 어느 나라와 더 가까이 지내야 좋겠습니까?"

그러자 맹자가 고개를 가로저으며 말했어요.

"이것은 제가 해결할 수 있는 문제가 아니로군요."

혹시 궁금하지 않았나요?

間 於 齊 楚

사이	어조사	나라 이름	나라 이름
간	어	제	초

제나라와 초나라 사이에 있다는 뜻이에요. 크고 강한 제나
라와 초나라 사이에서 이러지도 저러지도 못하고 고통 받는 등나
라의 상황을 비유하는 말이지요. 그래서 등나라처럼 약한 사람
이 강한 사람 틈에 끼어 괴로움을 겪는 상황을 가리킬 때 주로 쓰
인답니다.

고래 싸움에 새우 등 터진다 : 큰 고래들이 싸우는 틈바구니에 작은 새우가 껴 있다면 어떨까요? 당연히 큰 피해를 입
겠지요. 이처럼 강한 사람들의 싸움에 약한 사람까지 피해를 입는다는 뜻으로 간어제초와 비슷한 상황에서 쓸 수 있어요.

경전하사(鯨戰蝦死) : 고래(경), 싸움(전), 새우(하), 죽을(사)라는 한자를 써요. 고래 싸움에 새우 등 터진다는 속
담과 뜻이 같답니다.

하지만 문공은 포기하지 않았어요. 다시 간곡히 맹자에게 부탁했답니다.

"그러지 마시고 제발 말씀해 주십시오."

맹자는 잠시 생각하더니 입을 열었어요.

"굳이 제 이야기를 듣고자 하신다면 한 가지 방법이 있겠군요. 성을 높게 쌓고 그 아래 연못을 깊게 파십시오. 그리고 백성들과 함께 목숨 걸고 지키십시오."

문공은 고개를 갸웃하며 물었어요.

"작고 약한 등나라가 제나라와 초나라를 상대로 맞서 싸울 수 있겠습니까?"

"그건 알 수 없습니다. 다만 백성들이 죽음을 두려워하지 않고 끝까지 등나라를 지키려고 한다면 해볼 만하겠지요. 물론 그 반대라면 서둘러 이곳을 떠나십시오."

맹자는 제나라든 초나라든 믿을 수 없다고 생각했어요. 그래서 문공에게 두 나라의 눈치를 보지 말고 백성들과 함께 스스로 나라를 지키라고 했답니다. 도저히 그럴 용기가 나지 않는다면 차라리 미련을 버리고 떠나야 한다는 말이지요.

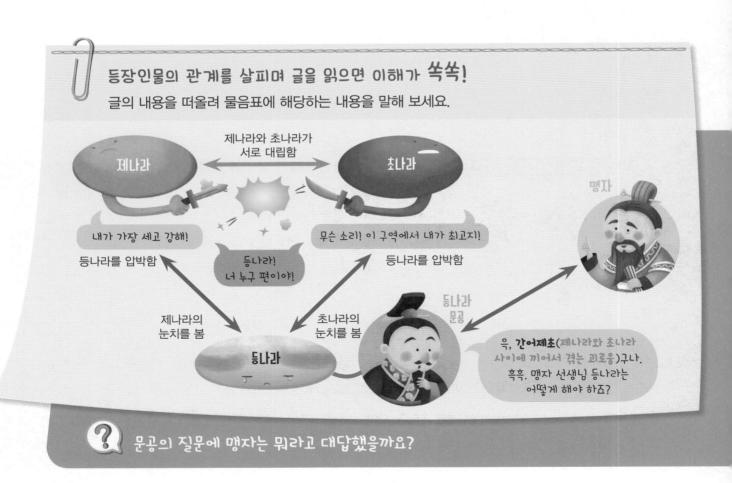

등장인물의 관계를 살피며 글을 읽으면 이해가 **쏙쏙!**
글의 내용을 떠올려 물음표에 해당하는 내용을 말해 보세요.

제나라와 초나라가
서로 대립함

제나라 ←→ 초나라

내가 가장 세고 강해!
등나라를 압박함

등나라!
너 누구 편이야!

무슨 소리! 이 구역에서 내가 최고지!
등나라를 압박함

제나라의
눈치를 봄

초나라의
눈치를 봄

등나라

맹자

등나라
문공

윽, **간어제초**(제나라와 초나라 사이에 끼어서 겪는 괴로움)구나. 흑흑. 맹자 선생님 등나라는 어떻게 해야 하죠?

? 문공의 질문에 맹자는 뭐라고 대답했을까요?

1 이야기와 만나는 문장 쓰기 다음 문장을 빈칸에 따라 써 보세요.

"	우	리		등	나	라	는		작	은		나	라	인	데		지	금
제	나	라	와		초	나	라		사	이	에		끼	어	서		괴	로
움	을		겪	고		있	습	니	다	.	"							

2 이해하는 문장 쓰기 등나라는 왜 어느 한 나라를 편들지 못하고 눈치를 봐야 했을까요?

등나라는 _____ 다.

3 생각을 발견하는 문장 쓰기 맹자는 문공에게 왜 성을 높이 쌓고 연못을 판 다음 백성과 함께 싸우라고 했을까요?

맹자는 _____ 다.

4 상상하는 문장 쓰기 여러분이 등나라의 문공이라면 '백성들과 함께 목숨 걸고 지키십시오'라는 맹자의 말을 듣고 어떻게 행동했을까요?

내가 문공이라면 _____ 다.

모아쓰기 위에서 답으로 쓴 네 문장을 연결해서 써 보세요. 근사하고 재미있는 글이 완성될 거예요!

_____

_____

_____

_____

많으면 많을수록 좋다

10 만

사마천이 지은 《사기》는 중국의 역사서예요. 까마득한 고대부터 한나라의 일곱 번째 왕 무제가 다스리던 시대까지 약 2천여 년의 역사를 담고 있지요. 《사기》에는 긴 역사 속 수많은 사람 이야기가 실려 있는데요. 오늘날까지도 우리에게 많은 깨달음을 준답니다. 이번에 함께 읽을 이야기도 그 가운데 하나예요.

중국 진나라는 진시황제가 중국을 최초로 통일하고 세운 나라랍니다. 하지만 고작 14년 만에 멸망하고 말았지요. 진나라가 무너지자 초나라와 한나라가 서로 중국을 차지하려고 치열한 싸움을 했어요. 초나라를 이끄는 항우는 아주 힘이 세고 싸움을 잘하는 장수였고요. 한나라를 이끄는 유방은 주변에 많은 사람을 불러 모으는 재주가 있는 사람이었어요. 사람들이 하는 말을 귀담아 듣고, 각자의 재주를 잘 살려 썼거든요. 그래서 원래는 항우의 부하였지만 항우에게 실망해서 유방의 부하가 된 사람들도 있었어요.

"초나라의 항우는 도무지 남의 말을 들을 줄 모른다네. 툭하면 무시하기나 하지."

"쯧쯧, 그래서 어찌 큰일을 할 수 있겠나. 유방을 찾아가세. 유방은 누구든 귀하게 대접해 준다고 하네."

그러다 보니 시간이 흐를수록 유방의 곁에는 재주 많은 사람들이 점점 모여 들었지요. 반면 항우는 자기만 믿고 곁에 좋은 사람을 두지 못했어요. 그 결과, 유방은 많은 사람의 도움을 받아 항우를 이기고 중국을 통일할 수 있었답니다. 진나라에 이어 두 번째로 중국을 통일한 한나라의 황제 한고조가 된 것이지요.

하루는 한고조가 한신을 만나 이런저런 이야기를 나누었어요. 한신은 초나라의 항우를 무찌르고 천하 통일에 큰 공을 세운 장수였어요. 한고조는 문득 한신에게 물었지요.

"이보게, 한신. 장수마다 제각각 능력이 다르지. 저마다 능력에 따라 거느릴 수 있는 군사의 수도 다를 테고. 자네가 생각하기에 나는 과연 군사를 얼마쯤 거느릴 수 있겠나?"

한신이 시큰둥하게 대꾸했어요.

"아뢰옵기 황공하오나 폐하께서는 10만 정도를 거느리실 수 있을 듯합니다."

한고조는 고개를 갸웃하며 물었어요.

혹시 궁금하지 않았나요?

多 多 益 善

많을	많을	더할	좋을
다	다	익	선

많으면 많을수록 더욱 좋다는 뜻이에요. 예를 들어, 어떤 일이 있을 때에 많은 사람이 힘을 합칠수록 더 쉽게 큰일을 해낼 수 있잖아요? 그래서 말 그대로 많으면 많을수록 좋다고 할 때에 쓰는 표현이에요.

백지장도 맞들면 낫다 : 아무리 쉬운 일도 혼자보다 다른 사람과 함께하는 편이 낫다는 뜻을 가진 속담이에요. 다다익선과 같은 맥락에서 사용할 수 있답니다.

다다익판(多多益辦) : 많을(다), 많을(다), 더할(익), 힘들일(판)이라는 한자를 써요. 많으면 많을수록 일을 처리하기 쉽다는 뜻으로 다다익선과 비슷하게 사용된답니다.

"뭐라, 겨우 10만이라고? 그렇다면 그대는 얼마쯤 거느릴 수 있겠나?"

그러자 한신이 당당히 대답했어요.

"신은 많으면 많을수록 좋습니다."

한고조는 껄껄 웃으며 다시 물었어요.

"그대가 말한 대로라면 나는 겨우 10만의 군사를 거느릴 수 있는 장수일세. 반면 자네는 셀 수 없이 많은 군사를 거느릴 수 있는 장수이지. 50만 아니 100만도 가능하다는 뜻이지 않은가? 그런 자네가 어찌 나의 신하가 됐는가?"

한신은 다시 차분하게 대답했답니다.

"그건 전혀 다른 이야기입니다. 폐하께서는 장수로서의 능력이 저보다 부족합니다. 하지만 저 같은 장수를 이끄는 능력이 있습니다. 제가 군사의 장수라면 폐하는 장수의 장수이신 셈이지요. 그게 바로 제가 폐하의 신하가 된 이유입니다. 이와 같은 능력은 인간이 노력한다고 가질 수 있는 게 아닙니다. 하늘이 내려 주신 능력이니까요."

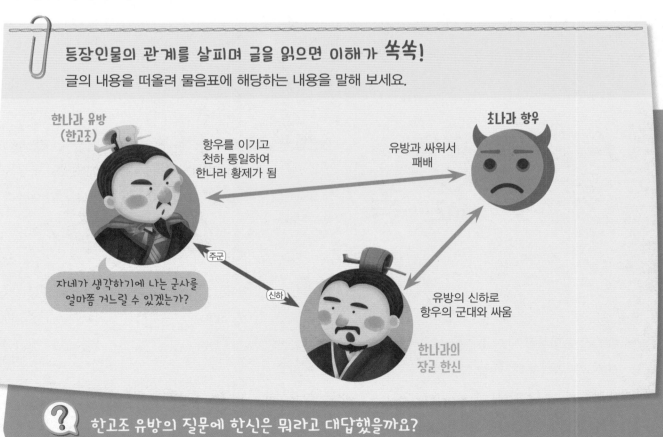

등장인물의 관계를 살피며 글을 읽으면 이해가 쏙쏙!
글의 내용을 떠올려 물음표에 해당하는 내용을 말해 보세요.

한나라 유방 (한고조)
항우를 이기고 천하 통일하여 한나라 황제가 됨

초나라 항우
유방과 싸워서 패배

자네가 생각하기에 나는 군사를 얼마쯤 거느릴 수 있겠는가?

주군
신하

한나라의 장군 한신
유방의 신하로 항우의 군대와 싸움

? 한고조 유방의 질문에 한신은 뭐라고 대답했을까요?

✏️ **다음 네 가지 질문에 대한 답을 각각 한 문장으로 써 보세요.**

1 이야기와 만나는 문장 쓰기   다음 문장을 빈칸에 따라 써 보세요.

"	신	은		많	으	면		많	을	수	록		좋	습	니	다	.		"

2 이해하는 문장 쓰기   왜 한고조 유방의 주변에는 재주 있는 사람들이 많았을까요?

유방은   다.

3 생각을 발견하는 문장 쓰기   한신은 왜 한고조 유방의 신하가 됐을까요?

한신은   다.

4 상상하는 문장 쓰기   여러분이라면 남보다 뛰어난 능력으로 무엇을 갖고 싶은가요?

나는   다.

모아쓰기   위에서 답으로 쓴 네 문장을 연결해서 써 보세요. 근사하고 재미있는 글이 완성될 거예요!

_____

_____

_____

_____

세상 일은 좋고 나쁨을
예측할 수 없다

누구나 세상을 살아가는 동안 많고 많은 일을 겪는답니다. 그 가운데에는 좋은 일도 나쁜 일도 있어요. 그런데 신기하게도 시간이 지나면 좋은 줄 알았던 일이 안 좋은 결과를 가져오거나, 별로 좋지 않거나 불행하게 보였던 일이 뜻밖의 행운이 되기도 해요. 무슨 뜻이냐고요? 우리 함께 다음 이야기를 읽고 곰곰이 생각해 보아요!

옛날 중국에서 있었던 일이에요. 중국 북쪽 변방의 마을에 한 할아버지가 가족과 함께 살고 있었어요. 할아버지는 말을 한 마리 키웠는데요. 어느 날, 갑자기 말이 "힝힝!" 울부짖으며 사방팔방 거칠게 날뛰지 뭐예요. 그러다 할아버지가 잡을 틈도 없이 어디론가 쏜살같이 달아나 버렸지요. 마을 사람들이 이 모습을 보고 깜짝 놀라서 말했어요.

"아이고, 말이 도망가서 어째요!"

"할아버지, 많이 속상하시죠? 힘내세요."

그때 사람들에게 말은 아주 쓸모가 많은 재산이었어요. 기차나 자동차 같은 탈것이 없던 시절이었거든요. 멀리 가거나 무거운 짐을 옮겨야 하는 경우, 말이 있으면 쉽고 편하게 뚝딱! 그런데 그 소중한 말을 잃어버렸으니 얼마나 큰 손해겠어요! 하지만 마을 사람들과 달리 할아버지는 아무렇지 않아 보였어요.

"괜찮소. 오히려 좋은 일이 될지 모르지 않소?"

할아버지는 평소와 똑같이 잘 지냈어요. 그런데 얼마 지나지 않아 뜻밖의 일이 벌어졌어요. 난데없이 야생마 한 무리가 마을에 나타나지 않았겠어요? 알고 보니 국경 너머로 달아났던 할아버지의 말이 야생마 무리를 데리고 집에 돌아온 것이었어요! 마을 사람들은 놀랍고 부러워서 한마디씩 했지요.

"우아, 정말 좋으시겠어요!"

"세상에. 말 부자가 되셨네요. 축하드려요!"

하지만 할아버지는 표정이 영 좋지 않았어요. 걱정스러운 목소리로 말했지요.

"후유, 도리어 안 좋은 일이 될까 걱정되는구려."

마을 사람들은 할아버지를 이해할 수 없었어요.

'할아버지는 왜 부자가 되었는데 기뻐하지 않을까?'

혹시 궁금하지 않았나요?

塞 翁 之 馬

변방	늙은이	어조사	말
새	옹	지	마

변방에 사는 늙은이의 말이라는 뜻이에요. 변방은 나라의 경계가 되는 가장자리 혹은 변두리의 땅을 뜻하는데요. 쉽게 말해 '시골에 사는 할아버지의 말'인 셈이지요. 이는 할아버지네 말이 도망친 일이 좋은지 나쁜지 구별하기 힘들었던 것처럼 사람에게 어떤 일이 복이 될지 화가 될지 예측하기 어렵다는 뜻을 담고 있어요. 그래서 좋은 일이 있다고 기뻐하거나 나쁜 일이 있다고 슬퍼할 필요가 없다고 할 때에 쓰인답니다.

음지가 양지 되고 양지가 음지 된다 : 해가 비치는 땅을 양지라고 하고, 그늘진 땅을 음지라고 해요. 밝고 따뜻한 양지도 어둡고 추운 음지가 될 수 있듯 언제든 상황이 변할 수 있다는 뜻을 가진 속담이에요. 새옹지마와 비슷한 뜻으로 사용할 수 있으니 알아두면 좋겠지요?

전화위복(轉禍爲福) : 구를(전), 재앙(화), 할(위), 복(복)이라는 한자를 써요. 어려움이 바뀌어 오히려 복이 된다는 뜻이랍니다.

그 뒤로도 마을 사람들이 이해할 수 없는 일이 일어났어요. 할아버지의 아들이 야생마 가운데 가장 좋은 말을 골라 타고 다녔는데요. 하루는 말에서 뚝 떨어져서 크게 다쳤어요. 정성껏 치료했지만 끝내 다리 한쪽을 절뚝거리게 되었답니다.

"아들이 평생 다리를 절뚝여야 한다니 정말 큰일이구려."

마을 사람 모두가 안타까워하는데 정작 할아버지만 담담했지요.

"이 일로 또 좋은 일이 생길지 모르잖소?"

과연 할아버지가 말한 대로였어요. 곧 나라에서 큰 전쟁이 일어나서 대부분의 젊은이가 전쟁터로 끌려가 죽었답니다. 다리가 불편한 할아버지의 아들만 빼고요. 다리를 다친 덕분에 목숨을 건진 셈이었지요. 그제야 마을 사람들은 무릎을 탁 쳤어요.

"할아버지의 말씀이 옳았어요!"

할아버지는 허허 웃으며 말했답니다.

"세상일은 좋고 나쁨을 예측하기 어려우니 좋은 일에 기뻐하거나 나쁜 일에 슬퍼할 필요 없소."

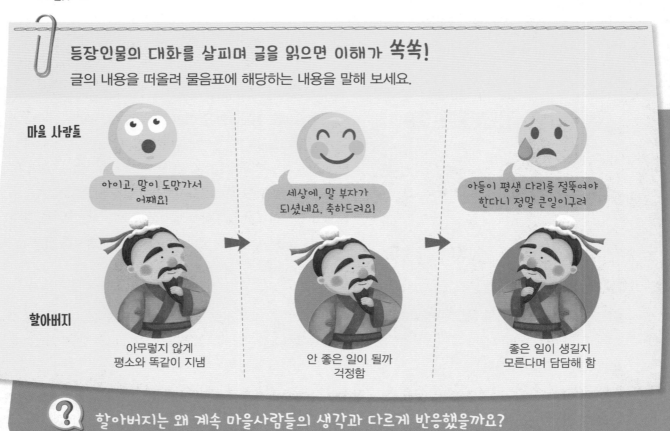

등장인물의 대화를 살피며 글을 읽으면 이해가 쏙쏙!
글의 내용을 떠올려 물음표에 해당하는 내용을 말해 보세요.

마을 사람들

아이고, 말이 도망가서 어째요!

세상에, 말 부자가 되셨네요. 축하드려요!

아들이 평생 다리를 절뚝여야 한다니 정말 큰일이구려

할아버지

아무렇지 않게 평소와 똑같이 지냄

안 좋은 일이 될까 걱정함

좋은 일이 생길지 모른다며 담담해 함

? 할아버지는 왜 계속 마을사람들의 생각과 다르게 반응했을까요?

1 이야기와 만나는 문장 쓰기 다음 문장을 빈칸에 따라 써 보세요.

"	세	상	일	은		좋	고		나	쁨	을		예	측	하	기		어
려	우	니		좋	은		일	에		기	뻐	하	거	나		나	쁜	
일	에		슬	퍼	할		필	요		없	소	.	"					

2 이해하는 문장 쓰기 할아버지는 말이 도망쳤을 때 어떤 모습을 보였나요?

할아버지는   다.

3 생각을 발견하는 문장 쓰기 할아버지는 말이 도망쳤을 때 왜 그런 모습을 보였을까요?

왜냐하면   다.

4 상상하는 문장 쓰기 여러분이 마을 사람이라면 '세상일은 좋고 나쁨을 예측하기 어렵다'는 할아버지의 말을 듣고 어떤 생각을 했을까요?

내가 마을 사람이라면   다.

모아쓰기 위에서 답으로 쓴 네 문장을 연결해서 써 보세요. 근사하고 재미있는 글이 완성될 거예요!

한 가지 일로
두 가지 이익을 얻다

우리는 종종 둘 중 하나를 골라야 하는 선택의 순간에 서곤 해요. 대개는 한쪽을 선택하고 다른 한쪽을 포기하게 되지만요. 때때로 잘못된 선택으로 둘 다 놓치는 경우도 있답니다. 반대로 곰곰이 잘 생각해서 손쉽게 양쪽 모두를 얻는 선택을 할 수도 있지요. 이와 관련된 재미난 옛날이야기가 전해져요.

옛날 중국에 변장자라고 힘이 세고 몸집이 큰 장사가 살았어요. 하루는 변장자가 길을 가다가 작은 산골 마을에 들렀는데요. 이미 날이 어둑어둑해서 마을 여관에서 하룻밤을 묵기로 했답니다.

"후유, 많이 걸었더니 피곤하구나. 어서 씻고 쉬어야겠다."

변장자가 여관에서 짐을 풀고 쉬는데 밖에서 사람들이 시끌시끌 떠드는 소리가 들렸어요.

"밤중에 웬 소란이람?"

변장자는 궁금증을 못 참고 밖에 나갔어요. 그러자 이게 웬일이에요?

"으악, 호랑이다! 호랑이가 나타났다!"

"호랑이 두 마리가 서로 소를 잡아먹으려고 싸우고 있어!"

"엉엉, 저러다 내 소가 잡아먹히겠어. 누가 내 소를 좀 구해 줘요!"

세상에나, 산에서 집채만 한 호랑이가 두 마리나 내려왔지 뭐예요. 호랑이들은 소 한 마리를 두고서 무시무시한 기세로 싸워 대고 있었어요. 마을 사람들은 잔뜩 겁에 질려 호랑이들의 싸움을 지켜보며 발만 동동 구르고 있었답니다. 그러다 한 사람이 변장자를 보고 냉큼 소맷자락을 붙잡고 부탁했어요.

"아이고, 제발 저 호랑이들을 물리쳐 주세요!"

"알겠소, 내 반드시 호랑이들을 잡아 드리겠소."

변장자는 잽싸게 방에서 활과 화살을 챙겨 나왔어요. 그리고 호랑이를 향해 활을 겨누었지요. 변장자가 활시위를 놓으려는 순간!

"안 돼요, 활을 쏘지 마세요!"

누군가가 변장자의 팔을 잡아당기며 말리지 않겠어요? 여관에서 허드렛일을 하는 시동이었어요.

"이게 무슨 짓이냐? 활을 겨누는데 방해하다니!"

혹시 궁금하지 않았나요?

一 擧 兩 得
한 일 / 들 거 / 두 양(량) / 얻을 득

한 번 (활을) 들어 둘을 얻는다는 뜻이에요. 한 가지 일로 두 가지 이득을 보는 상황을 가리켜 쓰인답니다. 변장자가 화살을 한 번만 쏘고도 호랑이 두 마리를 잡은 것처럼 곰곰이 잘 생각해서 행동한다면 한 번에 두 가지 이상의 이득을 얻을 수 있겠지요?

꿩 먹고 알 먹는다 : 한 가지 일을 하고 두 가지 이익을 본다는 뜻을 가진 속담이에요. 일거양득과 같은 상황에서 쓰이지요. 비슷한 속담으로 '도랑 치고 가재 잡는다'도 있답니다.

일석이조(一石二鳥) : 하나(일), 돌(석), 두(이), 새(조)라는 한자를 써요. 돌 하나로 새 두 마리를 잡는다는 말로 한 가지 일로 두 가지 이익을 얻는다는 뜻이랍니다.

"보세요, 호랑이 두 마리가 소를 차지하기 위해 서로 죽일 듯 물어뜯고 있잖아요? 어차피 조금만 기다리면 호랑이 한 마리는 죽겠지요. 남은 호랑이 한 마리도 상처 입고 힘이 다 빠진 상태일 테고요. 그럼 호랑이 한 마리만 잡아도 죽은 호랑이 두 마리를 얻을 수 있어요. 그런데 굳이 지금 힘들게 두 마리를 사냥할 필요가 있나요?"

"옳거니, 네 말이 맞다!"

변장자는 당장 활을 거두고 호랑이들의 싸움이 끝나기를 기다렸어요. 잠시 후, 과연 호랑이 한 마리가 물려 죽고, 상처투성이 한 마리가 남았어요. 그제야 변장자는 활을 들어 남은 호랑이 한 마리를 향해 쏘았어요. 휙! 화살을 맞은 호랑이는 비틀비틀하다가 쿵 쓰러졌어요. 이 모습을 본 마을 사람들은 크게 기뻐하며 소리쳤어요.

"와, 한 번에 호랑이 두 마리를 잡았어!"

변장자는 부드러운 미소를 지으며 시동에게 말했어요.

"네 말대로 **한 가지 일로 두 가지 이익을 얻었다.** 정말 고맙구나."

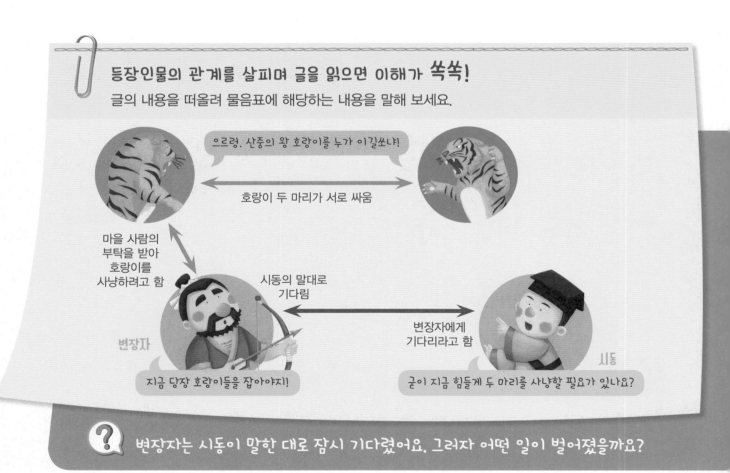

등장인물의 관계를 살피며 글을 읽으면 이해가 쏙쏙!

글의 내용을 떠올려 물음표에 해당하는 내용을 말해 보세요.

으르렁. 산중의 왕 호랑이를 누가 이길쏘냐!

호랑이 두 마리가 서로 싸움

마을 사람의 부탁을 받아 호랑이를 사냥하려고 함

시동의 말대로 기다림

변장자에게 기다리라고 함

변장자

지금 당장 호랑이들을 잡아야지!

시동

굳이 지금 힘들게 두 마리를 사냥할 필요가 있나요?

? 변장자는 시동이 말한 대로 잠시 기다렸어요. 그러자 어떤 일이 벌어졌을까요?

1 이야기와 만나는 문장 쓰기 다음 문장을 빈칸에 따라 써 보세요.

"	한		가	지		일	로		두		가	지		이	익	을		얻
었	다	.	"															

2 이해하는 문장 쓰기 마을 사람들은 호랑이들의 싸움을 보고 어떻게 했나요?

마을 사람들은   다.

3 생각을 발견하는 문장 쓰기 시동은 왜 변장자에게 기다렸다가 호랑이를 잡으라고 말했을까요?

시동은   다.

4 상상하는 문장 쓰기 여러분이 변장자라면 '굳이 지금 힘들게 두 마리를 사냥할 필요가 있나요?'라는 시동의 말을 듣고 어떻게 했을까요?

내가 변장자라면   다.

모아쓰기 위에서 답으로 쓴 네 문장을 연결해서 써 보세요. 근사하고 재미있는 글이 완성될 거예요!

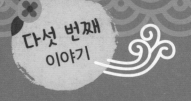

앞문의 호랑이를 막으니
뒷문으로 이리가 들어온다

한나라는 진나라에 이어 중국을 두 번째로 통일한 나라예요. 나라 밖으로는 영토를 확장하고 비단길을 개척하는 등 강한 힘을 널리 떨쳤고요. 안으로는 세계 최초로 종이를 발명하는 등 문화를 크게 발전시켰지요. 그러나 한나라가 다스리던 400여 년 역사가 항상 태평성대였던 것은 아니에요. 나쁜 일이 연달아 줄줄 일어나 나라가 매우 어지럽고 약해진 때도 있었답니다. 과연 한나라에 어떤 일이 있었는지 살펴볼까요?

한나라 19대 황제인 장제가 세상을 떠나자 장제의 넷째 아들이 황위에 올랐어요. 20대 황제 화제이지요. 화제는 나이가 고작 9세밖에 되지 않은 어린아이였어요.

"지금이야말로 한나라를 우리 마음대로 주무를 때야!"

"그렇고말고. 꼬마 황제가 뭘 할 수 있겠어? 이제 우리 세상이지!"

아직 어린 황제를 제치고 권력을 휘어잡은 사람은 바로 두태후와 태후의 오빠 두헌이었어요. 두태후는 장제의 황후로 화제의 의붓어머니였는데요. 어린 화제를 앞에 내세우고 이래라 저래라 사사건건 나랏일에 간섭했지요. 오빠 두헌은 아예 스스로를 대장군으로 삼았답니다. 어린 화제가 보기에도 두태후와 두헌은 문제가 많았어요.

"아직은 내가 나이가 어려서 어머니와 삼촌을 지켜볼 수밖에 없구나. 하지만 힘이 생기는 대로 꼭 두 씨 집안을 몰아내고 나라를 바로잡겠어."

물론 두태후와 두헌도 가만있지만은 않았어요. 두헌은 하루가 다르게 무럭무럭 자라는 화제를 보며 나쁜 생각을 품었지요.

'차라리 화제를 없애고 내가 직접 황제가 되어야겠다!'

두헌의 꿍꿍이는 곧 화제에게도 알려졌어요. 화제는 깊은 고민에 빠졌어요.

'이대로 눈 뜨고 당할 수는 없다. 어쩌면 좋을까?'

이때 화제의 머릿속에 환관 정중이 떠올랐어요. 정중은 아주 똑똑하고 일을 잘하는 실력자였지요. 화제는 정중을 불러 말했어요.

"내 비록 어리지만 이 나라를 다스리는 황제입니다. 그러니 내 소중한 신하인 당신이 나를 도와주면 좋겠습니다."

"황제 폐하, 성은이 망극하옵니다."

🔍 혹시 궁금하지 않았나요?

前 虎 後 狼
앞 범 뒤 이리
(전) (호) (후) (랑)

원래 '전문거호(前門据虎) 후문진랑(後門進狼)'의 줄임말이에요. 앞(전), 문(문), 막을(거), 범(호), 뒤(후), 문(문), 나아갈(진), 이리(랑)이라는 여덟 글자 중 중요한 네 글자를 고른 것이지요. 앞문의 호랑이를 막으니 뒷문으로 이리가 들어온다는 뜻이에요. 하나의 재앙을 피하자 또 다른 재앙이 나타난다는 뜻으로 재앙이 끊임없이 닥치는 것을 비유해요.

흉년에 윤달 : 음력에서 달력과 실제 계절을 맞추기 위해 다른 해보다 달수가 더 많은 해를 윤년이라고 하지요. 윤년에 추가로 들어간 달이 바로 윤달이에요. 농사가 잘되지 않아 굶주리게 된 흉년에 윤달이 들면 어떨까요? 가뜩이나 흉년으로 굶주려서 힘든데, 윤달 때문에 어려운 시기가 길어져서 더 힘들어지겠지요. 이처럼 불행한 일이 겹쳐서 생기는 경우를 비유하는 말로 쓰인답니다.

설상가상(雪上加霜) : 눈(설), 윗(상), 더할(가), 서리(상)이라는 한자를 써요. 눈 위에 서리가 또 내린다는 뜻이지요. 어려운 일이 겹쳐서 생길 때 쓰는 말이에요.

정중은 화제를 도와 반역자 두헌을 처단하는 데 앞장섰어요. 결국 두헌은 황제가 되기는커녕 스스로 목숨을 끊었고요. 다른 두 씨 집안의 사람들도 싹 쫓겨났답니다.

"그대 덕분에 나라의 질서를 바로잡을 수 있겠군요. 정말 고맙습니다."

화제는 정중에게 감사하며 높은 벼슬을 내렸어요. 이제 황제인 자신을 중심으로 나라를 잘 이끌어 갈 수 있다고 믿었지요. 그러나 화제의 생각은 틀렸어요.

"폐하, 제 말만 따르시옵소서."

정중은 화제 옆에 딱 달라붙어 나라를 쥐락펴락하기 시작했습니다. 두태후와 두헌을 쫓아낸 자리를 정중이 대신 차지한 셈이었지요.

화제의 이야기는 그 뒤로 많은 사람에게 전해졌어요. 천여 년이 지나 원나라 사람 조설항은 자신의 책에 다음과 같이 쓰기도 했어요.

"두 씨를 제거하자 환관의 힘이 강해졌구나. 속담에서 말하기를 '**앞문의 호랑이를 막으니 뒷문으로 이리가 들어온다**'고 했다."

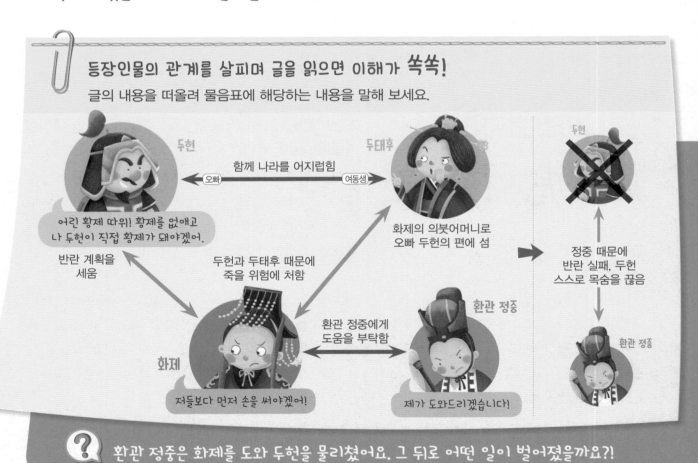

등장인물의 관계를 살피며 글을 읽으면 이해가 쏙쏙!

글의 내용을 떠올려 물음표에 해당하는 내용을 말해 보세요.

두헌 — 함께 나라를 어지럽힘 — 두태후

오빠 / 여동생

어린 황제 따위! 황제를 없애고 나 두헌이 직접 황제가 돼야겠어.

반란 계획을 세움

화제의 의붓어머니로 오빠 두헌의 편에 섬

두헌과 두태후 때문에 죽을 위험에 처함

환관 정중에게 도움을 부탁함

화제

저들보다 먼저 손을 써야겠어!

환관 정중

제가 도와드리겠습니다!

정중 때문에 반란 실패, 두헌 스스로 목숨을 끊음

환관 정중

? 환관 정중은 화제를 도와 두헌을 물리쳤어요. 그 뒤로 어떤 일이 벌어졌을까요?!

1 이야기와 만나는 문장 쓰기   다음 문장을 빈칸에 따라 써 보세요.

'	앞	문	의		호	랑	이	를		막	으	니		뒷	문	으	로
이	리	가		들	어	온	다	.	'								

2 이해하는 문장 쓰기   화제는 두헌의 나쁜 꿍꿍이를 알았을 때 어떻게 했나요?

화제는 　　　　　　　　　　　　　　　　　　다.

3 생각을 발견하는 문장 쓰기   정중은 화제의 부탁을 받고 어떤 일을 했나요?

정중은 　　　　　　　　　　　　　　　　　　다.

4 상상하는 문장 쓰기   여러분이 화제라면 두헌의 꿍꿍이를 알았을 때 어떻게 행동했을까요?

내가 화제라면 　　　　　　　　　　　　　　다.

모아쓰기   위에서 답으로 쓴 네 문장을 연결해서 써 보세요. 근사하고 재미있는 글이 완성될 거예요!

다음 속담과 어울리는 고사성어를 연결하고
우리가 함께 읽었던 옛날이야기들을 기억해 보세요.

꿩 먹고 알 먹는다	새옹지마
음지가 양지 되고 양지가 음지 된다	간어제초
백지장도 맞들면 낫다	일거양득
고래 싸움에 새우 등 터진다	전호후랑
흉년에 윤달	다다익선

 힌트!

새옹지마 사람에게 어떤 일이 복이 될지 화가 될지 예측하기 어렵다는 뜻을 담고 있어요.

간어제초 약한 사람이 강한 사람 틈에 끼어 괴로움을 겪는 상황을 가리킬 때 주로 쓰인답니다.

일거양득 한 가지 일로 두 가지 이득을 보는 상황을 가리켜 쓰인답니다.

전호후랑 하나의 재앙을 피하자 또 다른 재앙이 나타난다는 뜻으로 재앙이 끊임없이 닥치는 것을 비유해요.

다다익선 많으면 많을수록 더욱 좋다는 뜻이랍니다.

▶ 가이드북 56쪽에 정답

2장

실수는 반성하기

각	주	구	검
당	랑	거	철
소	탐	대	실
연	목	구	어
정	저	지	와

검을 구하기 위해 뱃전에 흠집을 내다

> 십 년이면 강산도 변한다는 속담이 있어요. 세월이 흐르면 세상 모든 것이 변하기 마련이라는 뜻이지요. 시간이 지나 세상이 예전과 달라졌는데도 불구하고 과거에 하던 대로만 생각하고 행동하면 어떻게 될까요? 어리석고 잘못된 판단을 내리지 않을까요? 이번에 읽을 이야기는 바로 이러한 어리석음을 경계하는 교훈을 담고 있답니다.

옛날 중국의 춘추 전국 시대에 있었던 일이에요. 춘추 전국 시대는 춘추 시대와 전국 시대를 합쳐서 이르는 말이지요. 이때는 중국이 여러 나라로 갈라져서 끊임없이 대립하던 시기였는데요. 쉽게 전반기를 춘추 시대, 후반기를 전국 시대라고 말해요.

어느 날, 초나라 사람이 양쯔강을 건너기 위해 나룻배를 탔어요. 양쯔강은 중국에서 가장 긴 강이라 장강(長江)이라고도 불린답니다. 남자는 품속에 검을 꼭 끌어안고 뱃전에 앉았지요. 뱃사공이 그 모습을 보고 말했어요.

"검을 무척 아끼시는군요. 좋은 검인가 봅니다."

남자는 씩 웃으며 자랑스레 대답했어요.

"예, 아주 좋은 검입니다. 전쟁터에서 저를 영웅으로 만들어 줄 명검이지요. 그래서 한시도 제 품에서 떼어 놓지 않는답니다."

그러다 나룻배가 양쯔강을 절반쯤 건넜을 무렵이었어요.

퐁당!

세상에나, 남자가 품속의 검을 만지작대다 실수로 강물에 빠뜨렸지 뭐예요!

"아이고, 내 검을 물에 빠뜨렸네!"

남자는 깜짝 놀라 물속을 향해 손을 뻗으며 허우적댔지요. 그 바람에 나룻배가 균형을 잃고 기우뚱! 뱃사공도 깜짝 놀라 남자를 말렸어요.

"진정하세요! 그렇게 난리를 피우시면 안 돼요. 배가 기울어서 자칫하면 뒤집힌다고요!"

그러자 남자는 작은 칼을 꺼내 들더니 배에다 뭔가를 새겼어요. 뱃사공이 고개를 갸웃하며 물었지요.

"아니, 작은 칼로 뭘 하시는 건가요?"

"배에 작은 흠집을 냈습니다. 검을 빠뜨린 위치를 표시한 거죠."

뱃사공은 남자를 도저히 이해할 수 없었어요. 혀를 끌끌 차며 한마디 했답니다.

"이미 강물 속에 빠진 검을 나중에 어떻게 찾습니까? 아까 그 자리에서 바로 뛰어

혹시 궁금하지 않았나요?

刻 舟 求 劍

새길	배	구할	칼
각	주	구	검

검을 구하기 위해 뱃전에 표시한다는 뜻이에요. 검을 빠뜨린 곳은 강의 중간인데, 계속 움직이는 배에 표시한들 무슨 소용이 있겠어요? 이처럼 시간이 흐르고 상황이 변해도 융통성 없이 현실에 맞지 않는 생각을 고집하는 어리석음을 가리키는 말로 쓰인답니다.

하나만 알고 둘은 모른다 : 여러 가지를 두루 살펴보지 못하고 한 가지만 본다는 뜻이에요. 미련하고 융통성 없는 어리석음을 일컫는 속담이에요.

들어 찾았어야지요."

하지만 남자는 듣는 둥 마는 둥 천하태평이었어요.

"걱정하지 마세요. 검을 빠뜨린 위치만 알면 금방 다시 찾을 수 있을 테니까요."

이윽고 나룻배가 강가에 닿자 남자는 벌떡 일어났어요. 훌렁훌렁 옷을 벗더니 뱃전에 표시해 둔 위치를 확인하고 강물 속으로 휘적휘적 들어갔답니다. 그렇게 얼마나 물속을 들락거리며 찾았을까요. 한참 만에 물 밖으로 나온 남자가 울먹이며 말했어요.

"왜 내 검이 없을까요? 분명히 검을 빠뜨린 곳을 표시해 놓았는데요. 바로 여기요. 그런데 아무리 찾아도 내 소중한 검이 보이지 않습니다."

뱃사공은 어이없다는 듯한 표정으로 남자를 빤히 바라보았어요.

"검을 빠뜨린 곳은 강의 중간이지 않았습니까? 배에 표시한들 이미 강을 건너왔는데 무슨 소용이 있을까요? 지금은 너무 멀리 왔습니다."

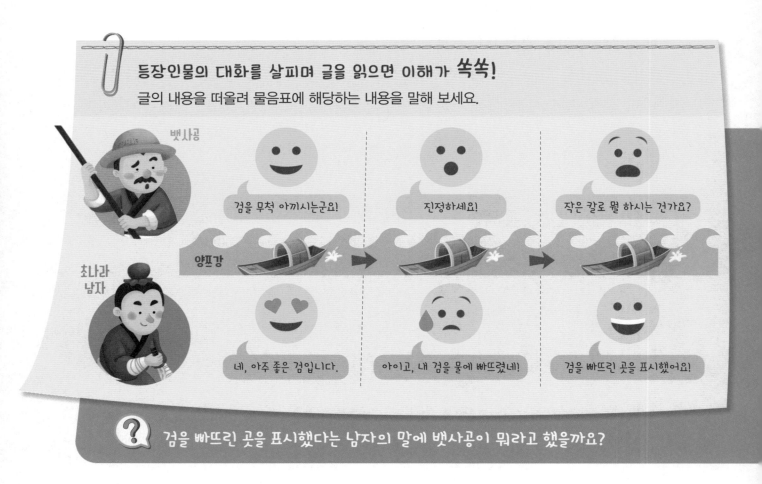

등장인물의 대화를 살펴며 글을 읽으면 이해가 쏙쏙!

글의 내용을 떠올려 물음표에 해당하는 내용을 말해 보세요.

뱃사공
검을 무척 아끼시는군요!
진정하세요!
작은 칼로 뭘 하시는 건가요?

양쯔강

초나라 남자
네, 아주 좋은 검입니다.
아이고, 내 검을 물에 빠뜨렸네!
검을 빠뜨린 곳을 표시했어요!

❓ 검을 빠뜨린 곳을 표시했다는 남자의 말에 뱃사공이 뭐라고 했을까요?

1 이야기와 만나는 문장 쓰기   다음 문장을 빈칸에 따라 써 보세요.

"	배	에		작	은		흠	집	을		냈	습	니	다	.	"	

2 이해하는 문장 쓰기   강물에 검을 빠뜨린 남자는 왜 배에 표시를 했을까요?

남자는   다.

3 생각을 발견하는 문장 쓰기   남자의 어리석은 행동을 보고 뱃사공은 어떻게 생각했을까요?

뱃사공은   다.

4 상상하는 문장 쓰기   강 건너편에 도착한 남자는 칼을 찾을 수 없었어요. 여러분이라면 소중한 물건을 잃어버렸을 때 어떻게 하겠어요?

나라면   다.

모아쓰기   위에서 답으로 쓴 네 문장을 연결해서 써 보세요. 근사하고 재미있는 글이 완성될 거예요!

_____

_____

_____

_____

사마귀가 수레를 막아선다

용기는 굳세고 씩씩하여 겁내지 않는 마음을 말해요. 때때로 우리 앞을 막아서는 고난과 시련을 이겨 내기 위해서는 실패를 두려워하지 않는 용기가 필요하지요. 그러나 용기가 너무 지나치면 좋지 않아요. 자신의 힘과 능력을 과하게 믿은 나머지 상대를 가리지 않고 날뛴다면 아주 큰코다칠 수도 있답니다. 그래서 이번에는 자기 분수를 생각하지 않고 무모하게 날뛰는 용기를 꼬집는 옛이야기를 읽어 보려고 해요.

옛날 중국의 춘추 시대에 있었던 일이에요. 앞서 춘추 시대는 중국이 여러 나라로 갈라져 다투던 시대라고 했는데요. 이때 제나라는 진나라, 초나라, 오나라, 월나라와 함께 춘추 시대를 대표하는 강한 나라로 꼽힌답니다.

하루는 제나라를 다스리는 장공이 수레를 타고 사냥터로 가고 있었어요. 덜커덩 덜커덩. 그런데 잘만 굴러가던 수레가 느닷없이 끽 멈춰 서지 않겠어요? 장공이 고개를 갸웃하며 마부에게 물었지요.

"이보게, 대체 무슨 일이기에 갑자기 수레를 멈춰 세우는가?"

"벌레 한 마리가 길 한복판을 가로막고 비키지 않습니다."

장공은 기가 막혔지요. 과연 어떤 벌레이기에 제나라의 우두머리가 탄 수레를 멈춰 세우게 하는지 궁금하기도 했어요. 하지만 아무리 눈을 크게 뜨고 둘러봐도 아무것도 보이지 않았어요. 장공이 다시 마부에게 물었어요.

"내 눈에는 당최 보이지 않는구나. 그래, 수레를 막아 세운 벌레가 어디 있다는 말이냐?"

그러자 마부가 피식 웃으며 수레바퀴 앞을 가리켰어요. 장공은 수레에서 내려 수레바퀴 앞으로 천천히 걸어갔어요. 허리를 굽히고 땅바닥을 내려다보자 그제야 작고 길쭉한 몸을 꼿꼿하게 곧추세운 벌레 한 마리가 눈에 들어왔지요. 장공은 난생 처음 보는 벌레에 고개를 갸우뚱갸우뚱했어요.

"커다란 수레바퀴 앞에서 꼼짝도 않다니 정말 신기하구나. 이 벌레 이름이 뭔가?"

"사마귀라고 합니다. 사마귀는 무엇이든 제 앞에 있으면 날카로운 앞발을 치켜들고 맞섭니다. 도무지 뒤로 물러서거나 옆으로 비키는 법이 없습니다. 지금도 마찬가지죠. **사마귀가 수레 앞을 막아선 것입니다.**"

장공은 고개를 끄덕이며 마부의 설명을 들었어요. 다시 사마귀를 쳐다보자 과연 사마귀는 당장이라도 앞발을 도끼처럼 휘두르며[당랑지부(螳螂之斧)] 수레바퀴를 공

🔍 **혹시** 궁금하지 않았나요?

螳 螂 拒 轍

사마귀	사마귀	막을	바퀴 자국
당	**랑**	**거**	**철**

사마귀가 수레를 막아선다는 뜻이에요. 실제로 작은 사마귀가 커다란 수레를 이길 수는 없지요. 그만큼 자기 분수를 모르고 자기보다 훨씬 강한 상대에게 대적하는 모습을 가리키는 말입니다. 이러한 사마귀의 모습은 용맹함으로 볼 수도 있고 무모함으로 볼 수도 있겠지요.

하룻강아지 범 무서운 줄 모른다 : 하룻강아지는 태어난 지 얼마 되지 않은 강아지를 말해요. 하룻강아지처럼 아직 사회 경험이 적고 세상 물정을 잘 모르는 사람이 철없이 나댈 때에 쓰는 표현이에요.

격할 기세였지요. 장공은 사마귀를 바라보며 잠시 생각에 잠겼어요.

'커다란 수레바퀴에 비하면 턱없이 작은 벌레이거늘 참으로 겁이 없구나.'

이윽고 장공은 마부에게 말했어요.

"사마귀란 정말 대단한 벌레로다. 작디작은 몸으로 커다란 수레바퀴를 겁내지 않고 막아서다니 놀랍구나. 만약 저 사마귀가 사람이라면 아마 무시무시한 장수이리라. 나에게도 저 사마귀처럼 씩씩하고 용감한 사람이 있으면 좋겠구나."

장공은 자리에서 일어나 사마귀에게 존경의 뜻을 담아 인사했어요. 그리고 수레를 살짝 틀어서 사마귀를 피해 갔답니다. 장공이 사마귀의 용기를 높이 평가했다는 뜻이지요. 그러나 훗날 거원은 장공과 달리 사마귀를 크게 비판했어요. 거원은 춘추 시대 위나라 사람으로 공자가 존경했다고 해요.

"만약 장공이 모르고 지나갔다면 그 사마귀는 수레바퀴에 깔려 죽었을 테니 사마귀가 수레바퀴 앞을 막아선 행동은 결국 쓸데없는 짓이었다."

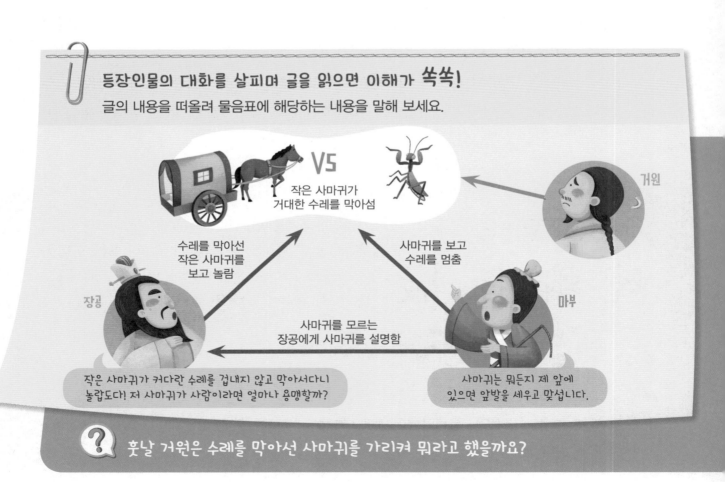

등장인물의 대화를 살피며 글을 읽으면 이해가 쏙쏙!
글의 내용을 떠올려 물음표에 해당하는 내용을 말해 보세요.

VS
작은 사마귀가
거대한 수레를 막아섬

거원

수레를 막아선
작은 사마귀를
보고 놀람

사마귀를 보고
수레를 멈춤

장공

마부

사마귀를 모르는
장공에게 사마귀를 설명함

작은 사마귀가 커다란 수레를 겁내지 않고 막아서다니
놀랍도다! 저 사마귀가 사람이라면 얼마나 용맹할까?

사마귀는 뭐든지 제 앞에
있으면 앞발을 세우고 맞섭니다.

? 훗날 거원은 수레를 막아선 사마귀를 가리켜 뭐라고 했을까요?

1 이야기와 만나는 문장 쓰기 다음 문장을 빈칸에 따라 써 보세요.

| " | 사 | 마 | 귀 | 가 | | 수 | 레 | | 앞 | 을 | | 막 | 아 | 선 | | 것 | 입 | 니 |
| 다 | . | " | | | | | | | | | | | | | | | | |

2 이해하는 문장 쓰기 장공은 수레를 막아선 사마귀를 바라보며 무슨 생각을 했을까요?

장공은 　　　　　　　　　　　　　　　　　　　고 생각했습니다.

3 생각을 발견하는 문장 쓰기 장공은 왜 사마귀를 피해 돌아갔을까요?

장공은 　　　　　　　　　　　　　　　　　　　　　　다.

4 상상하는 문장 쓰기 여러분이라면 수레를 막아선 사마귀를 보고 어떻게 했을까요?

나라면 　　　　　　　　　　　　　　　　　　　　　　다.

모아쓰기 위에서 답으로 쓴 네 문장을 연결해서 써 보세요. 근사하고 재미있는 글이 완성될 거예요!

여덟 번째 이야기

작은 것을 탐내다
큰 것을 잃다

사람은 누구나 크고 작은 욕심이 있답니다. 공부 욕심처럼 스스로를 발전시키는 좋은 욕심도 있지만요. 도둑질처럼 남의 것을 탐내는 나쁜 욕심도 있어요. 때로는 눈앞의 작은 이익 때문에 더 크고 좋은 이익을 놓치게 하는 어리석은 욕심도 있지요. 옛날 중국 전국 시대의 진나라와 촉나라 사이에 있었던 일은 바로 이 어리석은 욕심에 관한 이야기예요.

진나라와 촉나라는 바로 옆에 붙어 있는 나라였어요. 진나라는 호시탐탐 촉나라를 공격할 기회를 엿보았어요. 그러나 촉나라로 가는 길이 온통 가파르고 험한 계곡과 산이어서 좀처럼 쉽게 공격할 수가 없었어요.

'도대체 어떻게 해야 촉나라를 무너뜨릴 수 있을까?'

진나라 혜왕은 촉나라를 차지할 방법을 고민하다 문득 좋은 생각을 떠올렸어요. 당장 자리에서 벌떡 일어나 명령했지요.

"옥으로 황소를 조각하고 그 안에 황금과 비단을 가득 채워 넣어라."

황소 조각이 완성되자 혜왕은 다시 명령을 내렸어요.

"이제 이 황소를 촉나라 왕에게 선물할 것이라고 소문을 내라."

과연 소문은 순식간에 퍼져 나가 촉나라 왕의 귀에도 들어갔지요.

"뭐라? 내게 값비싼 선물을 바칠 준비를 하고 있다고? 후후, 정말 기쁘구나!"

욕심 많은 촉나라 왕은 진나라 사신이 얼른 오기만을 손꼽아 기다렸어요. 그러던 어느 날, 드디어 진나라 사신이 촉나라 왕을 찾아왔지요.

"진나라 혜왕께서 촉나라 왕과 친하게 지내고 싶어 하십니다. 그 마음을 전하고자 큰 선물을 준비하고 계시지요. 이것이 혜왕께서 준비하시는 선물의 목록이옵니다."

촉나라 왕은 사신이 내민 선물의 목록을 보고 눈이 휘둥그레졌어요. 입가에는 흐뭇한 미소가 걸렸지요. 그 모습을 본 사신이 조심스럽게 말을 덧붙였어요.

"다만 저희에게 한 가지 큰 걱정이 있사옵니다."

"무슨 걱정이 있단 말이오?"

"진나라에서 촉나라까지 오는 길이 너무 가파르고 험하더군요. 값비싼 선물을 안전하게 운반할 방법이 없어 고민입니다."

그러자 촉나라 왕이 가슴을 탕탕 치며 큰 소리로 말했어요.

"그런 걱정일랑 하지 마시오. 내 진나라와 촉나라 사이에 평평한 길을 내겠소!"

혹시 궁금하지 않았나요?

小 貪 大 失

작을 **소** / 탐할 **탐** / 클 **대** / 잃을 **실**

작은 것을 탐내다 큰 것을 잃는다는 뜻이에요. 눈앞의 작은 것을 욕심내다가 그만 진짜 소중하고 귀한 것을 놓치거나 잃어버리는 어리석음을 비유하는 말이지요. 작은 이익에 눈이 멀어 큰 손해를 입지 않도록 정신 바짝 차리라는 교훈을 담고 있답니다.

쥐 잡으려다가 쌀독 깬다 : 작은 이익을 얻으려다 오히려 손해를 입는다는 속담이에요. 쌀독이란 쌀을 넣어 두는 독을 말해요. 독은 진흙으로 빚은 다음에 불에 구워 만든 큰 그릇인데요. 비슷한 말로 항아리, 단지가 있어요. 예전에는 독에 쌀, 간장, 고추장, 김치 등을 담아 두곤 했어요. 쌀을 담으면 쌀독, 간장이나 고추장을 담으면 장독, 김치를 담으면 김칫독이라고 했답니다.

촉나라 신하들이 간곡히 뜯어말렸지만 촉나라 왕은 들은 척도 하지 않았어요. 진나라에게서 귀한 선물을 잔뜩 받을 욕심에 눈이 멀었거든요. 그리고 시간이 흘러 마침내 진나라와 촉나라 사이에 평평하고 좋은 길이 뚫렸지요. 진나라 혜왕은 기다렸다는 듯 준비한 선물을 가득 실은 수레를 촉나라로 보냈어요. 촉나라까지 수레를 안전하게 지킬 군사 수만 명도 함께 보냈답니다.

"저 수레에 가득한 보물이 다 내 선물이라는 거지? 좋구나, 아주 좋아!"

촉나라 왕은 친히 성문을 열고 나와 진나라 군사와 수레를 맞이했어요. 값진 금은보화를 선물 받을 생각에 싱글벙글 웃음이 멈추지 않았지요. 그런데 이게 웬일이에요!

"후후, 그대의 욕심이 그대와 촉나라를 망하게 했소!"

갑자기 진나라 군사들이 무기를 꺼내 들고 우르르 덤벼들지 뭐예요. 촉나라 왕은 꼼짝없이 사로잡히고, 촉나라는 진나라 혜왕의 손아귀에 떨어졌지요. 그제야 촉나라 왕은 크게 후회하며 울부짖었답니다.

"아아, 모두가 내 잘못이로다. **작은 것을 탐내다 큰 것을 잃었구나!**"

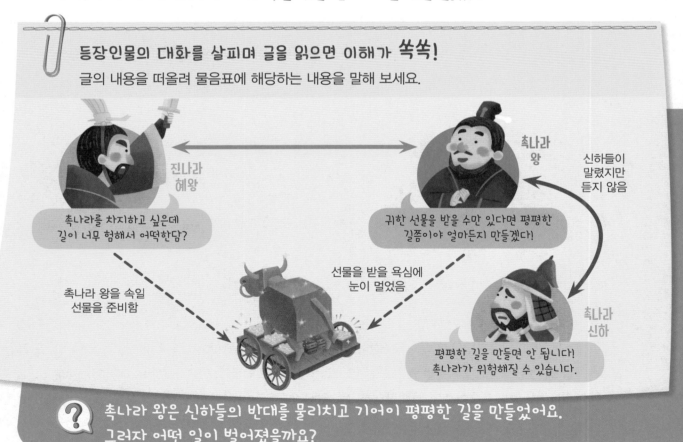

등장인물의 대화를 살피며 글을 읽으면 이해가 **쏙쏙!**
글의 내용을 떠올려 물음표에 해당하는 내용을 말해 보세요.

진나라 혜왕
촉나라를 차지하고 싶은데 길이 너무 험해서 어떡한담?

촉나라 왕
귀한 선물을 받을 수만 있다면 평평한 길쯤이야 얼마든지 만들겠다!

신하들이 말렸지만 듣지 않음

촉나라 왕을 속일 선물을 준비함

선물을 받을 욕심에 눈이 멀었음

촉나라 신하
평평한 길을 만들면 안 됩니다! 촉나라가 위험해질 수 있습니다.

? 촉나라 왕은 신하들의 반대를 물리치고 기어이 평평한 길을 만들었어요. 그러자 어떤 일이 벌어졌을까요?

✏️ **다음 네 가지 질문에 대한 답을 각각 한 문장으로 써 보세요.**

1 이야기와 만나는 문장 쓰기   다음 문장을 빈칸에 따라 써 보세요.

| " | 작 | 은 | | 것 | 을 | | 탐 | 내 | 다 | | 큰 | | 것 | 을 | | 잃 | 었 | 구 |
| 나 | ! | " | | | | | | | | | | | | | | | | |

2 이해하는 문장 쓰기   촉나라를 차지하고 싶었던 진나라 혜왕은 신하들에게 어떤 명령을 내렸나요?

혜왕은   다.

3 생각을 발견하는 문장 쓰기   촉나라 왕은 길이 험해서 선물을 운반하기 힘들다는 진나라 사신의 말을 듣고 어떻게 했나요?

촉나라 왕은   다.

4 상상하는 문장 쓰기   여러분이 촉나라 왕이라면 진나라에서 선물을 준다고 했을 때 어떻게 했을까요?

내가 촉나라 왕이라면   다.

모아쓰기   위에서 답으로 쓴 네 문장을 연결해서 써 보세요. 근사하고 재미있는 글이 완성될 거예요!

_____

_____

_____

_____

_____

나무 위에 올라가 물고기를 구하다

이번에는 중국의 철학자 맹자가 쓴 ≪맹자≫에 실린 이야기를 읽어 보려고 해요. 맹자는 중국의 대표적인 철학자 가운데 한 사람으로 손꼽히는데요. 중국 전국 시대의 추나라 출신으로 공자의 사상을 이어받아 크게 발전시킨 유학자예요. 맹자는 특히 사람은 본래 선하다는 '성선설(性善說)'을 주장한 것으로 유명하지요. 성선설을 비롯한 맹자의 사상을 정리하여 담은 책이 바로 ≪맹자≫랍니다.

중국 전국 시대에는 나라끼리 다툼이 아주 잦았어요. 여러 나라가 틈만 나면 서로 싸우고, 싸움에서 이긴 나라가 진 나라를 통째로 차지하곤 했지요. 그래서 대부분 나라의 왕이 백성을 돌볼 생각보다 전쟁에서 이길 욕심에만 정신이 팔려 있었어요.

'큰일이로다. 백성의 마음을 이해하고 보살펴야 진정 크고 강한 나라가 될 수 있거늘……, 어찌하여 왕들은 이 사실을 모른단 말인가?'

맹자는 툭하면 싸워 대기만 하는 왕들이 답답했어요. 그래서 직접 여러 나라를 돌

아홉 번째 이야기

나무 위에 올라가 물고기를 구하다

이번에는 중국의 철학자 맹자가 쓴 ≪맹자≫에 실린 이야기를 읽어 보려고 해요. 맹자는 중국의 대표적인 철학자 가운데 한 사람으로 손꼽히는데요. 중국 전국 시대의 추나라 출신으로 공자의 사상을 이어받아 크게 발전시킨 유학자예요. 맹자는 특히 사람은 본래 선하다는 '성선설(性善說)'을 주장한 것으로 유명하지요. 성선설을 비롯한 맹자의 사상을 정리하여 담은 책이 바로 ≪맹자≫랍니다.

중국 전국 시대에는 나라끼리 다툼이 아주 잦았어요. 여러 나라가 틈만 나면 서로 싸우고, 싸움에서 이긴 나라가 진 나라를 통째로 차지하곤 했지요. 그래서 대부분 나라의 왕이 백성을 돌볼 생각보다 전쟁에서 이길 욕심에만 정신이 팔려 있었어요.

'큰일이로다. 백성의 마음을 이해하고 보살펴야 진정 크고 강한 나라가 될 수 있거늘……, 어찌하여 왕들은 이 사실을 모른단 말인가?'

맹자는 툭하면 싸워 대기만 하는 왕들이 답답했어요. 그래서 직접 여러 나라를 돌

아다니며 자신의 생각을 전하기로 마음먹었답니다.

"분명 나의 뜻을 알아주는 왕이 있을 것이야."

맹자가 제나라에 갔을 때였어요. 제나라의 선왕이 맹자에게 물었지요.

"제나라의 환공과 진나라의 문공은 춘추 시대를 주름 잡았던 지도자요. 나 또한 그들처럼 되려면 어찌해야 좋소?"

"왕께서는 힘으로 다른 나라를 차지하고 싶으십니까? 전쟁으로 백성들이 목숨을 잃고 이웃 나라와 원수가 되어도 상관없으십니까?"

맹자가 묻자 선왕은 고개를 저으며 대답했어요.

"꼭 그렇지는 않소이다. 그저 내게는 큰 꿈이 있을 뿐이라오."

"어떤 꿈인지 말씀해 주시겠습니까?"

하지만 선왕은 답을 하지 않고 싱긋 웃기만 했어요. 쉽게 속마음을 털어놓지 못하고 주저했지요. 맹자는 포기하지 않고 계속 질문을 했어요.

"먹고 입을 음식과 옷이 부족하십니까? 아니면 아름답고 귀한 보화를 원하십니까? 그도 아니라면 재미있는 놀잇감이 필요하십니까?"

"아니오, 나는 그런 사소한 욕심에 관심 없소."

선왕이 대답하자 맹자는 선왕을 똑바로 바라보며 또박또박 말했어요.

혹시 궁금하지 않았나요?

緣 木 求 魚

인연	나무	구할	고기
연	목	구	어

나무 위에 올라가 물고기를 구한다는 뜻이에요. 물에 사는 물고기를 나무 위에서 어떻게 구할 수 있겠어요? 이처럼 허무맹랑하여 현실적으로 불가능한 일을 굳이 하려고 할 때에 쓰이는 말이랍니다.

우물에 가 숭늉 찾는다 : 일의 순서를 무시하고 급하게 서두른다는 뜻이지요. 연목구어처럼 불가능한 일을 하려는 상황에도 쓸 수 있는 속담이에요.

"왕께서는 당연히 더 큰 뜻을 품고 계시겠지요. 바로 천하를 통일하고 주변의 풍습과 언어가 다른 이민족까지 다스릴 생각을 하고 계시지 않습니까?"

선왕은 깜짝 놀라 눈이 휘둥그레졌어요. 맹자가 자신의 마음을 한 치도 틀림없이 읽어 냈거든요. 맹자는 선왕에게 쐐기를 박듯 강하게 말했어요.

"그것은 나무 위에 올라가 물고기를 구하는 일입니다."

선왕은 맹자의 말에 큰 충격을 받았어요. 떨리는 목소리로 간신히 물었어요.

"내 꿈이 그렇게나 무리한 일이라는 말이오?"

"그보다 더 어렵습니다. 나무 위에 올라가 물고기를 구하는 일은 현실적으로 불가능합니다. 하지만 허무맹랑할 뿐이지 다른 문제가 생기지는 않습니다. 그러나 전쟁은 다릅니다. 많은 백성이 죽고 나라의 곳간이 텅텅 빌 뿐만 아니라 자칫 나라가 멸망할 수도 있습니다."

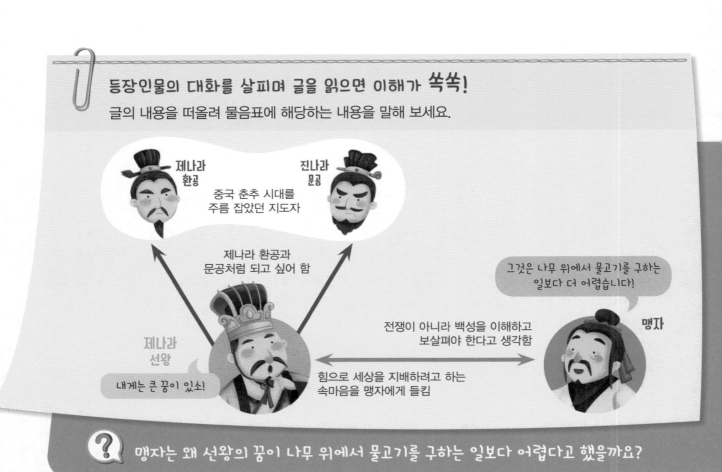

등장인물의 대화를 살피며 글을 읽으면 이해가 쏙쏙!

글의 내용을 떠올려 물음표에 해당하는 내용을 말해 보세요.

제나라 환공 진나라 문공
중국 춘추 시대를 주름 잡았던 지도자

제나라 환공과 문공처럼 되고 싶어 함

그것은 나무 위에서 물고기를 구하는 일보다 더 어렵습니다!

맹자

전쟁이 아니라 백성을 이해하고 보살펴야 한다고 생각함

제나라 선왕

내게는 큰 꿈이 있소!

힘으로 세상을 지배하려고 하는 속마음을 맹자에게 들킴

? 맹자는 왜 선왕의 꿈이 나무 위에서 물고기를 구하는 일보다 어렵다고 했을까요?

1 이야기와 만나는 문장 쓰기   다음 문장을 빈칸에 따라 써 보세요.

"	그	것	은		나	무		위	에		올	라	가		물	고	기	를
구	하	는		일	입	니	다	.	"									

2 이해하는 문장 쓰기   제나라 선왕의 큰 꿈은 무엇이었나요?

제나라 선왕의 꿈은   다.

3 생각을 발견하는 문장 쓰기   맹자는 제나라 선왕의 꿈을 알고 무엇을 걱정했나요?

맹자는   다.

4 상상하는 문장 쓰기   여러분이 제나라 선왕이라면 맹자가 '그것은 나무 위에 올라가 물고기를 구하는 일입니다'라고 했을 때 어떻게 대답했을까요?

내가 제나라 선왕이라면   다.

모아쓰기   위에서 답으로 쓴 네 문장을 연결해서 써 보세요. 근사하고 재미있는 글이 완성될 거예요!

우물 안 개구리

이번에 읽을 이야기는 옛날 중국 후한 시대에 살았던 마원이라는 사람에 관한 일화예요. 이 이야기는 중국 역사서 《후한서》의 〈마원전〉에 실려 있는데요. 《후한서》는 25년부터 220년까지 중국 후한의 역사를 기록한 책이에요. 《후한서》에는 〈동이열전〉이라고 하여 부여, 고구려, 동옥저, 삼한, 왜에 관한 기록이 있어요. 그래서 우리나라 역사를 연구할 때도 아주 중요한 자료가 된답니다.

때는 바야흐로 후한이 일어날 무렵이었어요. 전한을 멸망시킨 왕망은 직접 신나라를 세우고 황제가 되었는데요. 현실과 동떨어진 개혁 정치를 밀어붙이는 바람에 곳곳에서 불만이 터져 나왔지요. 결국 왕망은 한나라 출신의 황족에게 죽임을 당했고요. 왕망의 신나라는 15년 만에 멸망했답니다.

한편, 왕망의 신하였던 공손술은 군사를 이끌고 촉나라를 세웠지요. 그리고 스스로 황제라고 칭하며 점점 힘을 키워 가고 있었어요.

"하하, 세상이 어지러운 지금이야말로 내가 황제에 오를 때이지!"

그때 외효는 농서 지역을 다스리는 제후였어요. 외효는 황제를 자처하며 야금야금 세력을 넓히는 공손술이 궁금했어요.

'공손술이라는 자가 정말 황제가 될 만한 인물인가? 한번 알아봐야겠다.'

외효는 자신의 부하 장수 마원을 불러 명령했어요.

"촉나라에 가서 공손술이 어떤 사람인지 살피고 오너라."

"분부대로 하겠습니다!"

마원은 본래 명문가 출신이었지만 벼슬길에 오르지 않고 고향에 머물러 있었어요. 가슴에 큰 뜻을 품은 채 조상의 무덤을 지키며 하루하루 보냈지요. 그러다 외효가 마원의 실력과 됨됨이를 알아보고 자신의 부하 장수로 삼았답니다.

'공손술은 나와 고향 친구이다. 나를 보면 분명 크게 반가워하겠지.'

마원은 기대와 희망을 품고 촉나라로 향했어요. 하지만 공손술을 만나는 순간, 마원은 공손술에게 아주 큰 실망을 하고 말았어요. 공손술이 마원을 고향 친구로 대접하기는커녕 함부로 아랫사람 취급을 했거든요.

"내 옛정을 생각하여 너를 장군으로 삼아 주마. 여기 남아 내게 충성하라."

공손술은 높은 계단 위의 의자에 앉아 거만한 표정으로 마원을 내려다보았어요. 공손술 양쪽 옆에는 병사가 쭉 늘어서 있었지요. 마원은 오만방자한 공손술을 보고

혹시 궁금하지 않았나요?

井 底 之 蛙

우물	바닥	어조사	개구리
정	저	지	와

우물 안의 개구리라는 뜻이에요. 작은 우물 안에서만 살아온 개구리는 우물 밖에 있는 넓은 세상을 모르지요. 이처럼 아는 것이 적고 세상 물정에 어두운 사람, 세상 넓은 줄 모르고 저 혼자 잘난 줄만 아는 사람을 일컫는 비유적 표현이에요.

우물 안 개구리 : 정저지와를 우리말로 표현한 속담이에요. 일상생활에서도 자주 쓰이는 표현이니까 알아두면 좋아요.

기가 막혔어요.

'잘난 척이 심해도 너무 심하구나. 정말 한심해서 말이 안 나오는군.'

하지만 마원은 속마음을 숨기고 정중히 거절했어요. 그리고 곧바로 촉나라를 떠나 외효에게 돌아왔지요.

"그래, 공손술을 잘 만나고 왔는가? 과연 황제가 될 만한 인물이 맞는가?"

외효가 묻자 마원은 딱 잘라 대답했어요.

"우물 안의 개구리입니다."

"우물 안의 개구리라?"

"자그마한 촉나라에서 제 잘난 맛을 뽐내며 살고 있는 자입니다. 그 작은 그릇으로는 천하를 품을 수 없습니다. 상대할 가치가 없습니다."

외효는 고개를 끄덕이며 말했어요.

"알았네. 자네 말대로 그자를 멀리하겠네."

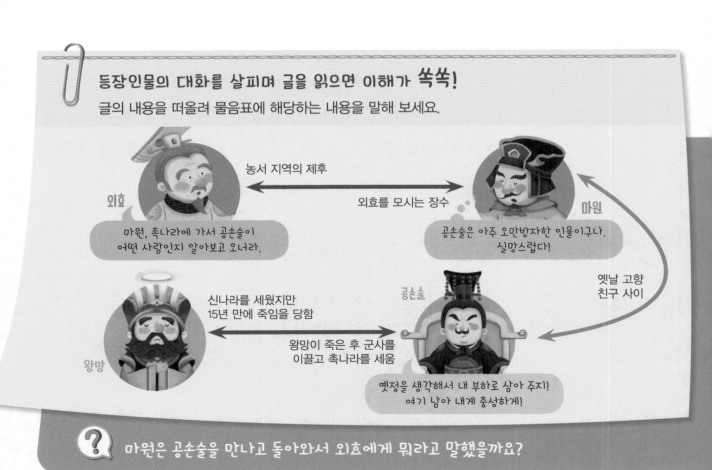

1 이야기와 만나는 문장 쓰기 다음 문장을 빈칸에 따라 써 보세요.

"	우	물		안	의		개	구	리	입	니	다	.	"					

2 이해하는 문장 쓰기 공손술은 옛날 고향 친구인 마원을 어떻게 대했나요?

공손술은 _____ 다.

3 생각을 발견하는 문장 쓰기 마원은 자신을 대하는 공손술의 모습을 보고 어떤 생각을 했나요?

마원은 _____ 다.

4 상상하는 문장 쓰기 여러분이 공손술이라면 고향 친구가 자신을 찾아왔을 때 어떻게 했을까요?

내가 공손술이라면 _____ 다.

모아쓰기 위에서 답으로 쓴 네 문장을 연결해서 써 보세요. 근사하고 재미있는 글이 완성될 거예요!

_____

_____

_____

_____

_____

기억하고 있나요?

다음 속담과 어울리는 고사성어를 연결하고
우리가 함께 읽었던 옛날이야기들을 기억해 보세요.

우물 안 개구리	각주구검
하나만 알고 둘은 모른다	소탐대실
쥐 잡으려다가 쌀독 깬다	정저지와
하룻강아지 범 무서운 줄 모른다	연목구어
우물에 가 숭늉 찾는다	당랑거철

 힌트!

각주구검　판단력이 부족하여 융통성이 없고 어리석은 결정을 하는 경우에 쓰입니다.

소탐대실　작은 이익에 정신이 팔려 큰 것을 놓치고 잃게 되는 어리석은 상황을 가리켜요.

정저지와　세상 넓은 줄 모르고 저 혼자 잘난 줄만 아는 사람을 일컫는 비유적인 표현이랍니다.

연목구어　불가능한 일을 하려고 하는 상황을 말해요.

당랑거철　훨씬 강한 상대에게 함부로 덤비는 무모함을 표현하는 말입니다.

▶ 가이드북 56쪽에 정답

3장

좋은 사람과 행복하기

결	초	보	은
동	병	상	련
망	운	지	정
수	어	지	교
풍	수	지	탄

풀을 묶어서 은혜를 갚는다

옛날에는 지금과 다르게 위험한 풍습이 아무렇지 않게 이루어지곤 했어요. 이를테면 살아 있는 사람을 죽은 사람과 함께 묻던 순장이 있지요. 주로 왕이나 귀족처럼 신분이 높은 사람이 죽으면 신하나 노예뿐만 아니라 가족까지도 산 채로 묻었어요. 옛날에는 순장하면 죽어서도 함께한다 고 믿었거든요.

중국의 춘추 시대에 있었던 일이에요. 진(晉)나라의 대신 위무자는 젊고 예쁜 조희를 첩으로 삼고 무척 아꼈어요. 첩이란 정식으로 혼인한 아내 말고 따로 데리고 사는 여자를 말해요. 옛날에는 지금과 달리 아내가 있어도 첩을 두는 경우가 많았답니다.

하루는 위무자가 큰 병에 걸리고 말았어요. 위무자는 큰아들 위과를 불렀지요.

"혹시라도 내가 죽거든 조희를 순장하지 말고 친정으로 돌려보내라."

그런데 얼마 지나지 않아서 위무자는 급격히 상태가 나빠졌어요. 정신이 오락가락하더니 갑자기 큰아들 위과와 작은아들 위기를 불러 말했어요.

"내가 죽거든 조희를 함께 묻어다오."

말을 마친 위무자는 그대로 숨을 거두었어요. 그러자 위기가 말했어요.

"아버지께서 마지막으로 남긴 말씀입니다. 당연히 조희를 아버지와 순장해야지요."

그러나 위과는 고개를 저으며 반대했답니다.

"아니다. 맑은 정신으로 하신 말씀을 따르자꾸나. 조희를 친정으로 돌려보내자."

결국 위과 덕분에 조희는 살아서 친정으로 돌아갈 수 있었어요. 그리고 얼마나 시간이 흘렀을까요? 어느 날, 진(秦)나라가 군대를 이끌고 진(晉)나라에 쳐들어왔어요. 위과는 군사를 이끌고 전쟁터로 나갔답니다. 목숨을 걸고 치열하게 싸우다가 적의 장수 두회와 맞닥뜨리게 되었지요. 위과는 얼른 두회를 피해 물러났어요. 그러자 두회가 도끼를 휘두르며 큰 소리로 위과를 위협했어요.

"비겁하게 숨지 말고 어서 나와 싸우자!"

하지만 위과는 쉽사리 두회와 싸울 수 없었어요. 아무런 준비 없이 무턱대고 나섰다가는 두회에게 질 테니까요.

'어떻게 해야 두회를 이길 수 있을까?'

고민하던 위과는 저도 모르게 스르르 잠이 들었어요. 그런데 잠결에 누군가가 속삭이는 소리가 들렸지요.

"청초파로 가서 싸우시오."

위과는 화들짝 놀라 잠에서 깨어났어요. 주위를 둘러보았지만 아무도 보이지 않

혹시 궁금하지 않았나요?

結 草 報 恩

맺을	풀	갚을	은혜
결	초	보	은

풀을 묶어서 은혜를 갚는다는 뜻이에요. 조희의 아버지가 위과에게 입은 은혜를 잊지 않고 있다가 결국 갚았던 것처럼 죽은 뒤에도 은혜를 꼭 갚음을 이르는 말이지요. 어떤 상황이 오더라도 은혜를 반드시 갚겠다는 다짐을 말할 때에 많이 쓰인답니다.

머리털 베어 신을 삼는다 : '삼다'는 엮어 짜서 만든다는 뜻이에요. 우리 조상들은 머리카락도 부모님이 주셨으니 함부로 자르면 안 된다고 생각했어요. 그토록 소중한 머리카락을 베어 신발로 만들 정도면 얼마나 고마운 마음이 크겠어요? 그래서 어떤 일이 있더라도 깊은 은혜를 잊지 않고 갚겠다는 의미로 쓰이는 속담이에요.

앗지요. 위과는 고개를 갸웃하며 군사들에게 물었어요.

"청초파가 무엇인지 아느냐?"

"근처에 있는 큰 언덕입니다."

위과는 고민 끝에 두회를 청초파로 끌어들여 싸우기로 했어요. 아무것도 모르는 두회는 도끼를 치켜들고 청초파까지 위과를 뒤쫓았지요.

"내 도끼를 받아라!"

어라, 이게 웬일이에요! 갑자기 두회가 탄 말이 폭 고꾸라지며 두회를 내동댕이치지 않겠어요? 위과는 이때다 싶어 냉큼 두회를 사로잡았답니다. 그리고 두회가 말에서 떨어진 곳을 보니 신기하게도 풀이 죄다 매듭지어져 있지 뭐예요. 매듭에 말이 걸려 고꾸라지는 바람에 두회가 말에서 떨어졌던 게지요. 그날 밤, 위과는 꿈속에서 한 할아버지를 만났어요. 할아버지는 위과를 향해 빙그레 웃으며 말했답니다.

"나는 그대가 살려 준 조희의 아버지요. 내 소중한 딸을 살려 줘서 진심으로 고맙소. **그대에게 은혜를 갚기 위해 풀을 묶었소이다.**"

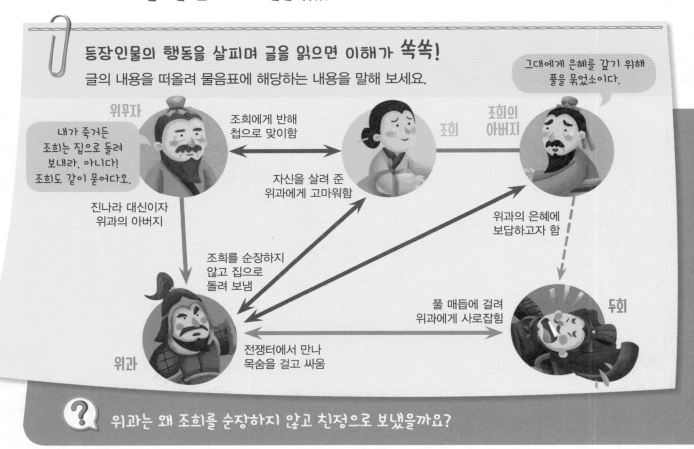

등장인물의 행동을 살피며 글을 읽으면 이해가 쏙쏙!
글의 내용을 떠올려 물음표에 해당하는 내용을 말해 보세요.

그대에게 은혜를 갚기 위해 풀을 묶었소이다.

위무자
내가 죽거든 조희는 집으로 돌려보내라. 아니다! 조희도 같이 묻어다오.
진나라 대신이자 위과의 아버지

조희에게 반해 첩으로 맞이함

자신을 살려 준 위과에게 고마워함

조희

조희의 아버지

위과의 은혜에 보답하고자 함

조희를 순장하지 않고 집으로 돌려 보냄

풀 매듭에 걸려 위과에게 사로잡힘

두회

위과
전쟁터에서 만나 목숨을 걸고 싸움

❓ 위과는 왜 조희를 순장하지 않고 친정으로 보냈을까요?

1 이야기와 만나는 문장 쓰기　다음 문장을 빈칸에 따라 써 보세요.

"	그	대	에	게		은	혜	를		갚	기		위	해		풀	을
묶	었	소	이	다	.	"											

2 이해하는 문장 쓰기　위과는 왜 청초파로 가서 두회와 싸웠을까요?

위과는 　　　　　　　　　　　　　　　　　　　　　　다.

3 생각을 발견하는 문장 쓰기　조희의 아버지는 왜 위과가 두회를 이길 수 있게 도와주었나요?

조희의 아버지는(가) 　　　　　　　　　　　　　　　다.

4 상상하는 문장 쓰기　여러분이 위과라면 꿈에서 청초파로 가서 싸우라는 말을 듣고 어떻게 했을까요?

내가 위과라면 　　　　　　　　　　　　　　　　　　다.

모아쓰기　위에서 답으로 쓴 네 문장을 연결해서 써 보세요. 근사하고 재미있는 글이 완성될 거예요!

같은 병에 걸린 사람끼리 서로 불쌍히 여긴다

이번에는 중국의 춘추 시대 역사를 담고 있는 《오월춘추》에 실린 이야기를 읽어 보려고 해요. 《오월춘추》는 춘추 시대의 오나라와 월나라 역사를 기록하고 있지만 다소 부풀려진 이야기가 꽤 나오는 편이에요. 그래서 역사서보다 역사 소설로 보는 사람도 있답니다.

초나라 사람 오자서는 본래 초나라 왕에게 충성하던 명문가 출신이었어요. 하지만 초나라 평왕 때문에 초나라를 떠날 수밖에 없었지요. 평왕이 간신 비무기의 꼬임에 홀딱 넘어가 오자서의 아버지와 형을 처형했거든요. 간신이란 자기 이익을 위해 나쁜 꾀를 부리는 신하를 말해요.

"내 아버지와 형을 죽인 초나라를 가만두지 않겠다! 반드시 복수하고 말겠어."

오자서는 이를 부득부득 갈며 복수를 맹세했어요. 자기를 쫓아오는 평왕의 병사를 차례차례 물리치고 초나라 동쪽에 있는 오나라로 달아났지요.

"초나라와 사이가 나쁜 오나라야말로 내게 딱 맞는 나라다."

오나라로 무사히 건너간 오자서는 공자 광을 만나 함께 뜻을 모으기로 했어요. 그때 오나라를 다스리는 왕은 광의 사촌 동생 요였어요. 하지만 광은 요를 진정한 오나라의 왕으로 인정하지 않았어요.

'오나라의 왕은 본래 요가 아니라 내가 되어야 했어. 빼앗긴 왕위를 꼭 되찾겠다!'

광은 왕이 될 욕심을 버리지 않고 호시탐탐 기회를 엿보았어요. 오자서는 야심만만한 광이 아주 마음에 들었어요.

'과연 왕이 될 만한 그릇이로다. 광과 손잡고 광이 왕이 될 수 있게 도와줘야겠다. 그러면 광도 내 복수를 도와주겠지.'

결국 광은 오자서의 도움을 받아 요를 죽일 계획을 세웠어요. 요에게 충성하는 척하고 뒤로 자객을 보내 요의 목숨을 빼앗아 버렸지요. 요의 뒤를 이어 왕위에 오른 광은 이름을 합려로 고쳤답니다. 그렇게 공자 광은 오나라의 왕 합려가 되었어요. 오자서 역시 합려를 적극적으로 도와준 공을 인정받아서 높은 관직에 올랐어요.

'잘됐다. 이제 오나라에서 힘을 키워서 초나라를 치는 일만 남았도다.'

오자서는 합려와 함께 오나라를 더 크고 강하게 키울 생각이었어요. 그래서 인재를 모으는 일에도 적극적으로 나섰지요.

"우리와 함께 새로운 나라를 만들어 봅시다! 능력 있고 재주 많은 인재들이여, 우리에게 오라!"

혹시 궁금하지 않았나요?

同 病 相 憐

같을 **동**   병 **병**   서로 **상**   불쌍히 여길 **련**

같은 병에 걸린 사람들이 서로 불쌍히 여긴다는 뜻이에요. 초나라 왕실에 가족을 잃은 오자서와 백비의 처지가 같음을 나타내는 말이지요. 이처럼 같은 처지에 놓인 사람들이 서로를 더 잘 이해하고 위하는 상황에서 주로 쓰인답니다.

과부 설움은 홀아비가 안다 : 과부는 남편을 잃은 여자를 말해요. 반대로 홀아비는 부인을 잃은 남자를 말하고요. 처지가 같은 사람이어야 서로를 이해하고 속사정을 알 수 있다는 뜻으로 쓰이는 속담이에요.

정말 여러 곳에서 많은 인재가 오나라로 와글와글 모여 들었답니다. 그 가운데 초나라에서 도망쳐 온 백비라는 사람도 있었어요. 백비는 오자서처럼 간신의 모함으로 아버지를 잃은 사람이었어요. 오자서는 기꺼이 백비를 받아 주었을 뿐만 아니라 백비가 관직에 오를 수 있게 추천해 주기도 했어요. 그러자 오자서와 가까운 관리가 오자서를 말렸답니다.

"백비라는 자를 처음 봤는데 어찌하여 그리 믿음을 주시는지요? 백비는 눈초리가 매와 같고 걸음걸이가 호랑이를 닮았습니다. 아주 잔인한 얼굴상이니 쉽게 마음을 열어 주지 마십시오."

그러나 오자서는 고개를 절레절레 저으며 말을 듣지 않았지요.

"같은 병을 앓는 사람끼리 서로 불쌍히 여기는 법입니다. 백비는 초나라 왕에게 가족을 잃은 자요. 나 또한 아버님과 형님을 초나라 왕에게 잃었지요. 나는 나와 같은 억울함과 슬픔을 가진 백비를 차마 모른 척하고 내버려 둘 수가 없군요."

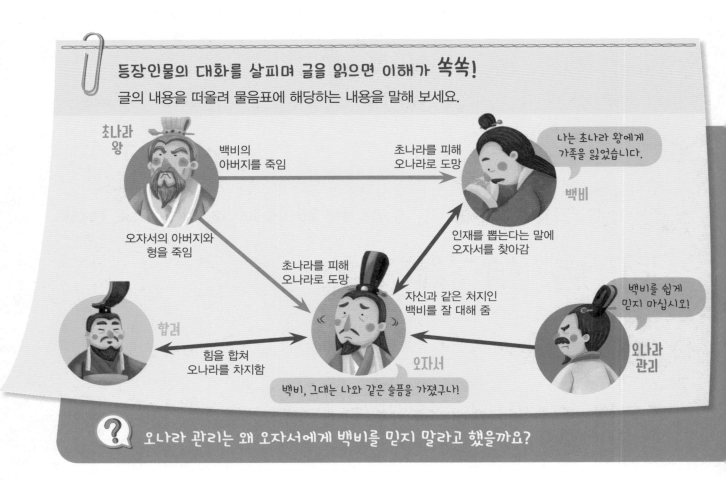

등장인물의 대화를 살피며 글을 읽으면 이해가 쏙쏙!

글의 내용을 떠올려 물음표에 해당하는 내용을 말해 보세요.

초나라 왕 — 백비의 아버지를 죽임 — 초나라를 피해 오나라로 도망 → 백비
나는 초나라 왕에게 가족을 잃었습니다.

오자서의 아버지와 형을 죽임

인재를 뽑는다는 말에 오자서를 찾아감

초나라를 피해 오나라로 도망

자신과 같은 처지인 백비를 잘 대해 줌

합려 — 힘을 합쳐 오나라를 차지함 — 오자서

백비를 쉽게 믿지 마십시오!
오나라 관리

백비, 그대는 나와 같은 슬픔을 가졌구나!

❓ 오나라 관리는 왜 오자서에게 백비를 믿지 말라고 했을까요?

✏️ **다음 네 가지 질문에 대한 답을 각각 한 문장으로 써 보세요.**

1 이야기와 만나는 문장 쓰기 다음 문장을 빈칸에 따라 써 보세요.

| " | 같 | 은 | | 병 | 을 | | 앓 | 는 | | 사 | 람 | 끼 | 리 | | 서 | 로 | | 불 |
| 쌍 | 히 | | 여 | 기 | 는 | | 법 | 입 | 니 | 다 | . | " | | | | | | |

2 이해하는 문장 쓰기 오자서가 초나라에게 복수심을 불태우는 이유는 무엇인가요?

오자서는   다.

3 생각을 발견하는 문장 쓰기 오자서는 왜 처음 보는 백비를 관직에 추천했을까요?

오자서는   다.

4 상상하는 문장 쓰기 여러분이 오자서라면 백비를 믿지 말라는 관리의 말을 듣고 어떻게 했을까요?

내가 오자서라면   다.

모아쓰기 위에서 답으로 쓴 네 문장을 연결해서 써 보세요. 근사하고 재미있는 글이 완성될 거예요!

구름을 바라보며
부모님을 그리워하다

부모와 자식 관계를 천륜(天倫)이라고 해요. 부모와 자식은 하늘이 맺어 준 인연이라는 말이지요. 그래서 부모가 자식을 돌보지 않거나 자식이 부모를 함부로 대하면 천륜을 저버리는 일이라며 크게 비난한답니다. 반대로 자식을 위해 희생하는 부모나 부모를 지극정성으로 모시는 자식은 어떨까요? 사람들이 마땅히 본받아야 할 모범으로 삼고 널리널리 알려서 칭찬했지요. 이번에 읽을 이야기도 그 가운데 하나예요. 함께 찬찬히 읽으며 자식이 부모를 그리워하고 사랑하는 마음을 느껴 보아요.

중국 역사서 ≪당서≫에 실려 있는 이야기예요. 당나라에 적인걸이라는 사람이 살았어요. 한번은 적인걸의 집에 도둑이 들어 조사를 하려고 관리가 찾아왔어요. 그런데 적인걸이 책에서 눈을 떼지 않은 채 무심하게 관리를 대하지 않겠어요? 성난 관리가 야단쳤어요.

"버르장머리 없게 지금 뭘 하고 있는 게냐! 당장 예를 갖추지 못할까?"

"나는 지금 책 속에서 옛 성현과 말씀을 나누느라 바쁘다. 그래서 너 같은 관리에게 내줄 시간이 없다!"

성현은 지혜와 덕이 높아 우러러 본받을 만한 성인과 어질고 슬기로워 성인 다음 가는 현인을 함께 이르는 말이에요. 적인걸은 자신이 옳다고 생각하는 일을 결코 굽히는 법이 없었어요. 스스로가 떳떳했기에 관리에게도 당당하게 소신껏 행동할 수 있었지요. 이처럼 강직하고 총명한 적인걸을 눈여겨본 사람이 바로 염립본이에요.

"적인걸은 똑똑하고 마음이 곧으니 분명 큰일을 할 인물이로다."

염립본은 적인걸의 능력과 됨됨이를 알아보고 적인걸을 병주의 법조참군으로 뽑았어요. 그때만 해도 아주 빠르게 높은 벼슬자리에 올라간 셈이었답니다. 법조는 법률과 제도 등에 관련된 일을 맡아 보는 관직이에요. 적인걸은 병주에서 법조참군으로서 맡은 일을 열심히 하며 하루하루 성실하게 지냈어요.

하루는 적인걸이 사람들과 태항산에 올랐어요. 적인걸은 평소에도 틈날 때마다 태항산에 오르곤 했는데요. 그날도 여느 때처럼 태항산에 올라 먼 곳을 지그시 바라보았어요. 깎아지른 절벽 너머 티 없이 맑고 푸른 하늘이 펼쳐지고, 솜털처럼 새하얀 구름이 한 조각 떠 있었지요. 적인걸은 한참을 말없이 서 있었어요.

그렇게 얼마나 시간이 흘렀을까요? 어느덧 적인걸은 눈가가 촉촉하게 젖어 들며 눈물이 고이기 시작했어요. 주위 사람들이 그 모습을 보고 깜짝 놀라 물었어요.

"어르신, 어찌하여 그리 슬퍼하십니까? 혹시 무슨 일이 있는지요?"

그러자 적인걸이 흰 구름을 가리키며 대답했어요.

혹시 궁금하지 않았나요?

望 雲 之 情

바랄	구름	어조사	뜻
망	운	지	정

구름을 보며 그리워한다는 뜻이에요. 적인걸이 부모님이 계신 방향으로 떠가는 구름을 보며 오랫동안 부모님을 뵙지 못하고 그리워하는 자신의 상황을 비유하여 표현한 말이지요. 그래서 멀리 떨어진 곳에서 부모님을 그리워하는 상황에서 주로 쓰인답니다.

물을 떠난 고기가 물을 그리워한다 : 물고기는 물을 떠나 살 수 없어요. 이처럼 고향이나 자기 나라를 떠나 있으면 그리움이 간절해진다는 뜻으로 쓰이는 속담이에요.

"저기 저 구름이 흘러가는 방향을 보니 내 마음이 몹시 슬퍼지는구나."

하지만 사람들은 선뜻 무슨 뜻인지 이해하지 못했어요. 적인걸이 다시 말을 이었어요.

"저 구름이 흘러가는 곳에 내 부모님이 살고 계신다. 하지만 나는 부모님과 멀리 떨어져 이곳 병주에 있으며 오랫동안 부모님을 찾아뵙지 못했구나. 이 얼마나 불효막심한 일이더냐."

그제야 사람들은 적인걸의 마음을 헤아릴 수 있었어요. 옛날에는 요즘처럼 먼 곳을 재빨리 다녀올 방법이 없었거든요. 그래서 적인걸은 하양에 계신 부모님을 뵈러 갈 엄두를 내지 못하고 계속 마음속으로만 그리워했던 것이지요.

"구름을 바라보며 멀리 계신 부모님을 그리워하기만 하네. 참으로 슬프도다."

적인걸은 눈물이 그렁그렁한 눈으로 하염없이 구름을 바라보았어요. 구름이 보이지 않을 때까지 멀어지고서야 비로소 산을 내려왔답니다.

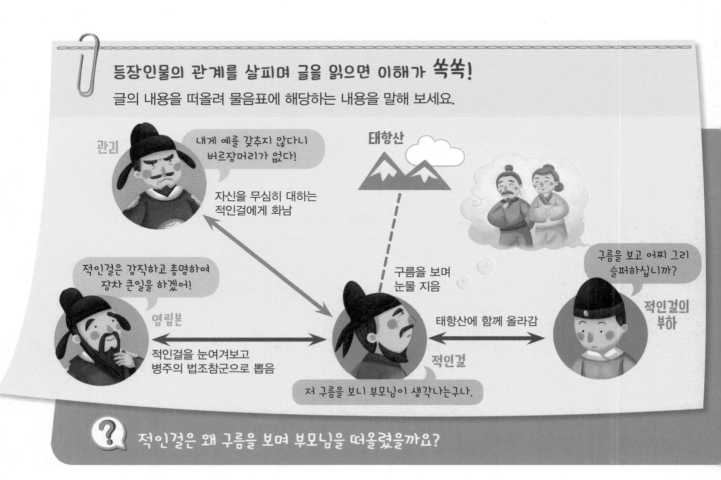

등장인물의 관계를 살피며 글을 읽으면 이해가 쏙쏙!

글의 내용을 떠올려 물음표에 해당하는 내용을 말해 보세요.

관리
내게 예를 갖추지 않다니 버르장머리가 없다!
자신을 무심히 대하는 적인걸에게 화남

태항산

적인걸은 강직하고 총명하여 장차 큰일을 하겠어!
염립본
적인걸을 눈여겨보고 병주의 법조참군으로 뽑음

구름을 보며 눈물 지음

구름을 보고 어찌 그리 슬퍼하십니까?
적인걸의 부하

태항산에 함께 올라감

적인걸
저 구름을 보니 부모님이 생각나는구나.

적인걸은 왜 구름을 보며 부모님을 떠올렸을까요?

1 이야기와 만나는 문장 쓰기 다음 문장을 빈칸에 따라 써 보세요.

"	구	름	을		바	라	보	며		멀	리		계	신		부	모	님
을		그	리	워	하	기	만			하	네	.	"					

2 이해하는 문장 쓰기 적인걸은 왜 부모님이 계신 하양에 있지 않고 병주에 가 있었을까요?

적인걸은 　　　　　　　　　　　　　　　　　　　　　　　　다.

3 생각을 발견하는 문장 쓰기 적인걸은 태항산에 올라 흰 구름을 보며 무엇을 떠올렸나요?

적인걸은 　　　　　　　　　　　　　　　　　　　　　　　　다.

4 상상하는 문장 쓰기 여러분이 적인걸처럼 부모님과 멀리 떨어져 있다고 상상해 보세요. 어떤 생각이나 느낌이 드나요?

나는 　　　　　　　　　　　　　　　　　　　　　　　　　　다.

모아쓰기 위에서 답으로 쓴 네 문장을 연결해서 써 보세요. 근사하고 재미있는 글이 완성될 거예요!

열네 번째 이야기

물고기가
물을 만나다

이번에는 중국의 고전 《삼국지연의》에 실려 있는 이야기를 읽어 보려고 해요. 《삼국지연의》는 중국의 작가 나관중이 쓴 역사 소설이에요. 중국 한나라 말기부터 위·촉·오의 삼국 시대가 끝날 때까지 100년에 가까운 역사를 다루며 수많은 사건과 인물 이야기를 담고 있지요. 그래서 중국 뿐만 아니라 전 세계적으로 유명한 고전이자 오늘날에도 많은 사람이 읽고 좋아하는 이야기랍니다.

중국의 삼국 시대는 한나라가 무너지고 중국이 위나라·촉나라·오나라로 갈라져 서로 힘겨루기를 하며 다투던 시기를 말해요. 이 가운데 촉나라는 한나라 황실의 후손인 유비가 세운 나라인데요. 유비는 갖은 고생 끝에 많은 사람의 도움을 받아 촉나라를 세웠어요. 이때 큰 공을 세운 사람으로 제갈량이 있어요. 유비와 제갈량의 만남은 한나라가 완전히 멸망하기 전으로 거슬러 올라간답니다.

사실 유비는 너그럽고 따뜻한 됨됨이로 백성들에게 인기가 많았어요. 더군다나 용감한 의형제를 둘이나 두고 있었어요. 바로 관우와 장비이지요. 관우와 장비는 둘

다 힘이 세고 무예 실력이 뛰어난 장수였어요. 그러나 싸움을 잘하는 장수만으로는 전쟁에서 승리할 수 없답니다.

'나에게는 훌륭한 손발이 있지만 뛰어난 머리가 없다. 전쟁에서 이길 수 있는 작전을 짜고 나를 도와서 군대를 잘 이끌어 줄 사람이 필요해!'

유비는 바짝바짝 애가 탔어요. 그러다 와룡 제갈량에 관한 이야기를 들었어요.

"와룡 제갈량은 젊지만 아주 총명하고 뛰어난 사람입니다. 하지만 세상에 나오지 않고 작은 초가집에만 머물고 있지요."

"그럼 내가 직접 와룡 선생을 찾아가 모셔 오겠소."

유비는 곧바로 제갈량이 사는 초가집으로 갔어요. 하지만 아무도 없어서 헛걸음만 했지요. 며칠 뒤에 다시 한 번 제갈량을 찾아갔지만, 이번에도 만나지 못한 채 돌아와야 했어요. 관우와 장비가 투덜투덜 불평했어요.

"형님, 형님처럼 높은 사람이 왜 시골 촌구석에 있는 선비를 굳이 만나려고 하십니까? 게다가 벌써 두 번이나 퇴짜를 맞았는데요. 어쩌면 제갈량은 일부러 피하는지도 모릅니다."

관우를 따라 장비도 한마디 했지요.

"형님, 이제 그만하십시오. 제가 제갈량을 데려오겠습니다. 싫다고 하면 밧줄로 꽁꽁 묶어서 잡아오겠습니다."

혹시 궁금하지 않았나요?

水 魚 之 交

물	물고기	어조사	사귈
수	어	지	교

물과 물고기의 사귐을 뜻해요. 물고기는 물이 없으면 살 수 없지요. 그만큼 아주 가깝고 친밀해서 떨어질 수 없는 사이를 비유하는 말이에요. 보통 임금과 신하, 또는 부부 사이의 친밀함을 나타낸답니다.

구름 갈 제 비가 간다 : '제'란 '적에'가 줄어든 말이에요. 그래서 구름이 가는 곳에 비가 뒤따라가서 내린다는 뜻이지요. 사람과 사람 사이의 가깝고 친밀한 관계를 이르는 말로 쓰인답니다. 비슷한 속담으로 '바늘 가는 데 실 간다'가 있어요.

하지만 유비는 고개를 절레절레 저으며 미소 지었어요.

"사람을 얻기가 어디 그리 쉬운 일이더냐. 내가 다음에 다시 오면 된다. 너무 화 내지 마라."

얼마 지나지 않아 유비는 세 번째로 제갈량을 찾아갔고, 드디어 제갈량과 만났어요. 제갈량은 자기를 세 번이나 찾아온 유비의 진심 어린 정성에 깊이 감동했지요. 그래서 기꺼이 유비와 함께하기로 약속했답니다.

이후 유비는 제갈량을 믿고 아끼며 제갈량이 하는 이야기에 항상 귀를 기울였어요. 시간이 지날수록 유비와 제갈량은 사이가 점점 가까워졌어요. 하지만 관우와 장비는 유비가 제갈량에게 너무 절절맨다고 생각했지요.

"형님, 제갈량은 형님보다 한참이나 어린데 지나치게 깍듯이 대할 필요 있습니까?"

"내가 제갈량을 얻은 것은 물고기가 물을 얻은 것이나 다름없다. 즉 나와 제갈량은 물고기와 물의 관계이니 더는 불평하지 마라."

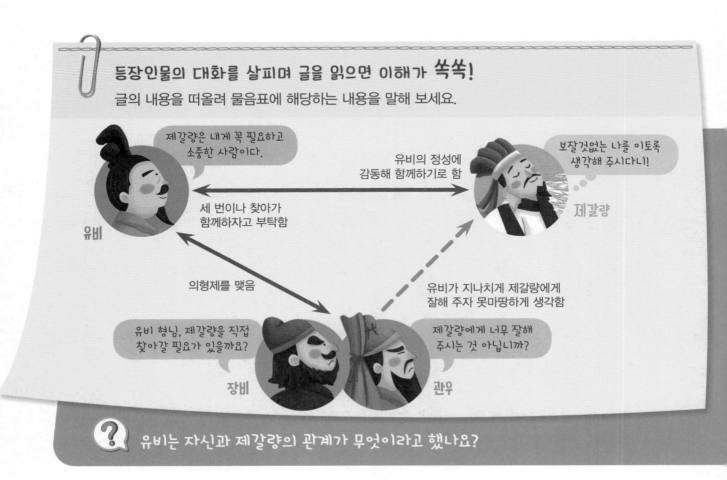

등장인물의 대화를 살피며 글을 읽으면 이해가 **쏙쏙!**
글의 내용을 떠올려 물음표에 해당하는 내용을 말해 보세요.

제갈량은 내게 꼭 필요하고 소중한 사람이다.

유비의 정성에 감동해 함께하기로 함

보잘것없는 나를 이토록 생각해 주시다니!

제갈량

세 번이나 찾아가 함께하자고 부탁함

유비

의형제를 맺음

유비가 지나치게 제갈량에게 잘해 주자 못마땅하게 생각함

유비 형님, 제갈량을 직접 찾아갈 필요가 있을까요?

제갈량에게 너무 잘해 주시는 것 아닙니까?

장비

관우

? 유비는 자신과 제갈량의 관계가 무엇이라고 했나요?

1 이야기와 만나는 문장 쓰기 다음 문장을 빈칸에 따라 써 보세요.

"	내	가		제	갈	량	을		얻	은		것	은		물	고	기	가
물	을		얻	은		것	이	나		다	름	없	다	.	"			

2 이해하는 문장 쓰기 유비는 왜 제갈량을 세 번이나 찾아갔을까요?

유비는 _____ 다.

3 생각을 발견하는 문장 쓰기 관우와 장비는 유비가 한참 어린 제갈량을 공손히 대하는 모습에 어떤 기분이 들었을까요?

관우와 장비는 _____ 다.

4 상상하는 문장 쓰기 여러분이 유비라면 관우와 장비가 제갈량을 두고 불평할 때 어떻게 했을까요?

내가 유비라면 _____ 다.

모아쓰기 위에서 답으로 쓴 네 문장을 연결해서 써 보세요. 근사하고 재미있는 글이 완성될 거예요!

_____

_____

_____

_____

부모님께서 돌아가신 것을 슬퍼한다

공자는 중국의 춘추 시대에 살았던 유학자예요. 중국을 대표하는 철학자 중에서도 으뜸으로 손꼽히며 성인으로 존경받는답니다. 성인이란 지혜와 됨됨이가 뛰어나서 우러러 존경하고 본받을 만한 사람을 뜻하는데요. 어떤 사람들은 공자를 예수·석가모니·소크라테스와 함께 세계 4대 성인으로 높이 평가하여 말하기도 해요.

중국의 춘추 시대에는 나라와 나라가 서로 으르렁거리며 싸우고, 강한 자가 약한 자를 힘으로 누르며, 사람과 사람 사이에 배신이 흔하게 일어났어요. 이를 두고 공자는 옳지 못하다고 생각했어요. 그래서 올바른 정치를 통해 세상을 바꾸고 싶어 했어요.

'정치에서 중요한 것은 힘이 아니라 따뜻한 마음이다. 힘으로 백성들을 억누르고 쥐어짜는 것이 아니라 따뜻한 마음으로 백성들에게 믿음을 얻어야 한다.'

공자는 자신의 뜻을 받아들여 줄 나라를 찾아 제자들과 함께 떠났어요. 하지만 공자의 주장을 이해하고 받아들이는 나라를 좀처럼 찾지 못했어요. 공자는 그저 막연한 바람을 품고 계속해서 떠돌아다닐 수밖에 없었지요.

'어딘가에 분명 나의 생각을 이해하고 백성들을 위한 정치를 펼치고자 할 나라가 있을 게야.'

한나라 사람인 한영이 쓴 《한시외전》에도 그때 제자들을 이끌고 길을 떠났던 공자의 이야기가 실려 있어요. 어느 날, 공자가 제자들과 함께 길을 가는데 어디선가 흐느껴 우는 소리가 들려오지 않겠어요?

"누군가 울고 있구나. 대체 어떤 일로 저리도 슬피 우는가?"

공자는 울음소리가 들리는 쪽으로 향했어요. 그곳에는 낫을 들고 베옷을 입은 채 하염없이 눈물을 흘리는 남자가 있었어요. 공자는 수레에서 내려 남자에게 다가갔어요.

"나는 공자라고 하오. 그대는 왜 여기서 울고 있소이까?"

"흑흑, 저는 고어라고 합니다. 가슴에 한 맺히는 일이 있어서 도저히 울음을 멈출 수가 없습니다."

공자는 안타까운 마음에 고어를 달래며 물었어요.

"무슨 일인지 내게 얘기해 줄 수 있겠소?"

"저는 세 가지 잘못을 저질렀습니다. 첫 번째는 제가 젊어서 배움을 구하느라 집을 떠나 있었던 것입니다. 고향으로 돌아갔을 때에는 이미 부모님께서 세상을 떠

혹시 궁금하지 않았나요?

風 樹 之 嘆

바람	나무	어조사	탄식할
풍	수	지	탄

바람과 나무의 탄식이라는 뜻이에요. 탄식은 분하고 억울하거나 잘못을 뉘우치는 일이 있을 때에 한숨짓는 것을 말하지요. 풍수지탄은 부모님이 돌아가셔서 효도를 하고 싶어도 할 수 없는 자식이 느끼는 슬픔을 비유적으로 표현한 말이에요. 부모님을 잃은 다음에 후회하지 말고 부모님이 살아 계실 때에 효도하라는 교훈을 담고 있답니다.

등걸이 없는 휘추리가 있나 : 등걸은 줄기를 잘라 낸 나무의 밑동이에요. 휘추리는 가늘고 기다란 나뭇가지를 말해요. 등걸이 없으면 휘추리도 없겠지요? 이처럼 부모가 있어야 자식이 있는 법이랍니다. 그러니 부모에게 효도하라는 뜻을 가진 속담이에요.

나신 뒤였습니다. 두 번째는 제 뜻만 옳은 줄 알고 군주를 섬기는 일에 소홀했던 것입니다. 세 번째는 친하게 사귀던 친구와 멀어진 것입니다. 서로 속마음을 터놓고 지내던 친구를 제가 너무 가벼이 여겼습니다."

고어는 다시 슬픔이 복받쳐 올라 목이 메었어요. 굵은 눈물을 뚝뚝 흘리며 어렵사리 말을 이었답니다.

"나무는 가만히 있으려고 하나 바람이 그치지 않고, 자식이 부모에게 효도를 하고 싶어도 그때까지 부모가 기다려 주지 않지요. 지나가 버린 세월을 되돌릴 수 없듯 이미 돌아가신 부모님을 다시 뵐 방법은 없습니다. **그저 부모님이 돌아가신 것을 슬퍼할 뿐입니다.**"

마지막으로 고어는 공자와 제자들에게 간곡히 부탁했어요.

"이제 저는 살아도 의미가 없습니다. 여러분은 제발 저처럼 어리석은 잘못을 하지 않기를 바랍니다."

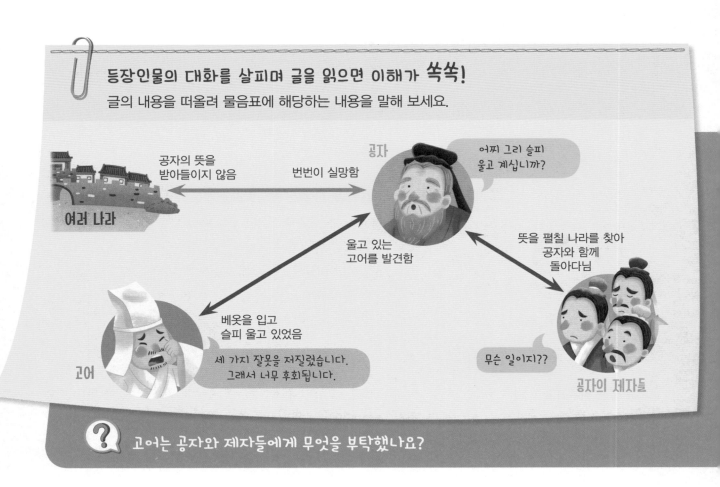

등장인물의 대화를 살피며 글을 읽으면 이해가 쏙쏙!
글의 내용을 떠올려 물음표에 해당하는 내용을 말해 보세요.

여러 나라 — 공자의 뜻을 받아들이지 않음 · 번번이 실망함 → 공자

공자: 어찌 그리 슬피 울고 계십니까?

울고 있는 고어를 발견함

뜻을 펼칠 나라를 찾아 공자와 함께 돌아다님 → 공자의 제자들

베옷을 입고 슬피 울고 있었음

고어: 세 가지 잘못을 저질렀습니다. 그래서 너무 후회됩니다.

공자의 제자들: 무슨 일이지??

? 고어는 공자와 제자들에게 무엇을 부탁했나요?

1 이야기와 만나는 문장 쓰기　다음 문장을 빈칸에 따라 써 보세요.

"	그	저		부	모	님	이		돌	아	가	신		것	을		슬	퍼
할		뿐	입	니	다	.	"											

2 이해하는 문장 쓰기　고어는 자신이 세 가지 잘못을 했다고 했어요. 첫 번째 잘못은 무엇이었나요?

고어는 　　　　　　　　　　　　　　　　　　　　　　　다.

3 생각을 발견하는 문장 쓰기　고어는 왜 공자와 제자들에게 자기와 같은 잘못을 하지 말라고 했을까요?

고어는 　　　　　　　　　　　　　　　　　　　　　　　다.

4 상상하는 문장 쓰기　여러분은 앞으로 부모님께 어떤 효도를 하고 싶은가요?

나는 　　　　　　　　　　　　　　　　　　　　　　　　다.

모아쓰기　위에서 답으로 쓴 네 문장을 연결해서 써 보세요. 근사하고 재미있는 글이 완성될 거예요!

기억하고 있나요?

다음 속담과 어울리는 고사성어를 연결하고
우리가 함께 읽었던 옛날이야기들을 기억해 보세요.

머리털 베어 신을 삼는다	결초보은
등걸이 없는 휘추리가 있나	수어지교
과부 설움은 홀아비가 안다	풍수지탄
구름 갈 제 비가 간다	망운지정
물을 떠난 고기가 물을 그리워한다	동병상련

 힌트!

결초보은 풀을 묶어서 은혜를 갚는다는 뜻으로 죽어서도 은혜를 꼭 갚음을 이르는 말이에요.

동병상련 같은 병에 걸린 사람들이 서로 불쌍히 여긴다는 뜻입니다.

망운지정 구름을 보며 그리워한다는 말로 멀리 떠나온 자식이 부모를 그리워하는 정을 뜻해요.

수어지교 물고기와 물처럼 아주 가깝고 친밀해서 떨어질 수 없는 사이를 뜻한답니다.

풍수지탄 부모님이 돌아가셔서 효도를 할 수 없는 자식이 느끼는 슬픔, 살아 계실 때 효도하라는
교훈을 담고 있어요.

▶ 가이드북 56쪽에 정답

4장

지혜롭게 나쁜 마음 구별하기

구	밀	복	검
양	두	구	육
전	거	후	공
조	삼	모	사
토	사	구	팽

입에는 꿀이 있고
배 속에는 칼이 있다

누구나 자신의 허물이나 단점을 콕 짚어서 따끔하게 나무라는 말은 듣고 싶어 하지 않아요. 그래도 당장 섭섭하고 싫은 마음을 꾹 참고 조언을 받아들인다면 스스로 더욱 발전할 계기로 삼을 수 있지만요. 반대로 귀를 닫고 자기가 원하는 말만 들으려고 한다면 점점 잘못된 방향으로 가기 마련이지요. 이번 이야기 속 주인공 당 현종도 처음에는 다른 사람의 말에 귀를 기울였답니다. 그런데 점점 귀를 닫기 시작했어요. 왜 그랬는지 함께 찬찬히 읽어 볼까요?

중국의 당나라 현종은 매우 어질고 지혜로운 황제였어요. 특히 신하들이 하는 이야기를 모두 귀담아 들으려고 노력했지요. 설령 자신에게 싫은 소리를 하더라도 유능한 인재라면 기꺼이 관직을 주고 곁에 두었답니다. 한번은 사냥을 갔다가 신하들과 약속한 시간보다 늦게 황궁에 도착했어요. 현종이 안절부절못하며 말했어요.

"사냥에 정신이 팔려 시간 가는 줄도 몰랐구나. 이거 참 큰일이군. 신하들이 또 잔소리를 하겠어!"

그러자 옆에 있던 신하가 말했어요.

"폐하, 무얼 그리 걱정하십니까? 폐하께 잔소리하는 신하를 쫓아내시면 되지요."

현종은 허허 웃으며 손사래를 쳤어요.

"그럴 수야 없지. 오히려 내가 고마워해야 할 사람들이지. 내게 바른 소리를 하는 신하들이 있어야 나라가 잘되고 백성들이 잘사는 법이라네."

이처럼 현종이 현명하게 잘 다스린 덕분이었을까요? 당나라는 무려 30여 년 동안 풍요롭고 평화로운 시절을 보낼 수 있었어요. 하지만 긴 시간이 흐르면서 현종은 처음에 품었던 마음가짐을 저도 모르게 잃어버리고 말았어요.

"여봐라, 술과 고기를 가져오너라. 오늘도 신나게 놀아 보자꾸나!"

현종은 여자와 술에 빠져 지내느라 백성도 나라도 뒷전이었어요. 현종이 나랏일을 내팽개치고 날마다 놀아 대니 나라가 제대로 돌아가겠어요? 당연히 나라 안팎이 어지러워지고 백성들이 살기 힘들어졌지요. 그러거나 말거나 간신들은 현종의 눈과 귀를 가린 채 듣기 좋은 말만 속삭였답니다. 그때 간신 가운데 최고 간신은 이임보였는데요. 이임보는 현종을 달콤한 말로 속이고 재상 자리를 얻어 냈어요. 그리고 현종이 자신보다 35세나 어린 양귀비에게 폭 빠져 있는 틈을 타서 나라를 제 마음대로 쥐락펴락하기 시작했지요.

'황제가 내 손안에 있도다. 이는 당나라 역시 내 손안에 있다는 뜻이 아니냐!'

혹시 궁금하지 않았나요?

口 蜜 腹 劍
입 꿀 배 칼
구 밀 복 검

입에는 꿀이 있고 배 속에는 칼이 있다는 뜻이에요. 겉으로는 꿀처럼 달콤하니 듣기 좋은 말을 하며 친절하게 배려해 주는 척을 하지만 속으로는 몰래 해코지를 할 생각을 갖고 있거나 뒤돌아서서 헐뜯는 것을 비유하여 표현하는 말이지요.

웃고 사람 친다 : 앞에서는 웃으며 사람 좋은 척하지만 알고 보면 나쁜 짓을 하고 해를 끼치는 경우를 일컫는 속담이에요. 비슷한 뜻으로 '웃으며 뺨 치듯'이라는 속담이 있어요.

이임보는 자기가 싫어하는 사람을 수단과 방법을 가리지 않고 몰아냈어요. 특히 충성스러운 신하일수록 가차 없이 쫓아냈답니다. 그렇게 이임보는 무려 17년 동안이나 재상 노릇을 하며 나라를 엉망진창으로 만들었어요. 평화로운 당나라는 오간 데 없고 나쁜 관리가 들끓으며 백성들이 헐벗고 굶주리게 되었지요. 그러나 현종은 아무것도 모른 채 이임보의 달콤한 말만 철석같이 믿고 있었어요.

"폐하, 아무 걱정하지 마십시오. 모든 일이 잘되고 있습니다. 그러니 폐하께서는 저만 믿고 즐거운 시간을 보내십시오."

이임보는 얼굴에 부드러운 미소를 띠고 현종을 감쪽같이 속였어요. 현종뿐만 아니라 다른 사람들에게도 겉으로는 웃으며 좋은 말로 마음을 얻고, 뒤로는 사람들을 거짓말로 속이고 싸움을 붙였지요. 그래서 훗날 사람들은 이임보를 두고 이렇게 말했답니다.

"이임보의 입에는 꿀이 있고 배 속에는 칼이 있다."

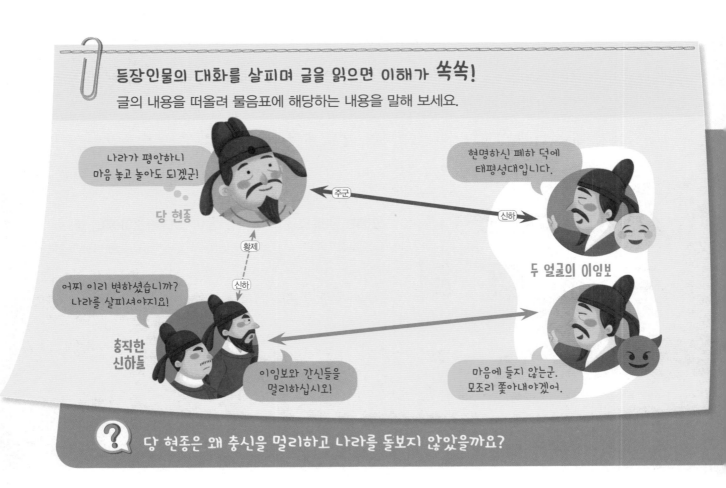

등장인물의 대화를 살피며 글을 읽으면 이해가 쏙쏙!
글의 내용을 떠올려 물음표에 해당하는 내용을 말해 보세요.

나라가 평안하니 마음 놓고 놀아도 되겠군!

당 현종

주군

황제

신하

현명하신 폐하 덕에 태평성대입니다.

신하

두 얼굴의 이임보

어찌 이리 변하셨습니까? 나라를 살피셔야지요!

충직한 신하들

이임보와 간신들을 멀리하십시오!

마음에 들지 않는군. 모조리 쫓아내야겠어.

? 당 현종은 왜 충신을 멀리하고 나라를 돌보지 않았을까요?

1 이야기와 만나는 문장 쓰기 다음 문장을 빈칸에 따라 써 보세요.

"	이	임	보	의		입	에	는		꿀	이		있	고		배		속
에	는		칼	이		있	다	.	"									

2 이해하는 문장 쓰기 이임보를 비롯한 간신들은 현종에게 어떻게 했나요?

간신들은   다.

3 생각을 발견하는 문장 쓰기 이임보는 왜 현종을 달콤한 말로 속였을까요?

이임보는   다.

4 상상하는 문장 쓰기 여러분이 현종이라면 이임보가 듣기 좋은 말로 속였다는 사실을 알았을 때에 어떻게 했을까요?

내가 현종이라면   다.

모아쓰기 위에서 답으로 쓴 네 문장을 연결해서 써 보세요. 근사하고 재미있는 글이 완성될 거예요!

양의 머리를 걸어 놓고 개고기를 판다

우리는 간혹 겉과 속이 다르고, 말과 행동이 따로 노는 사람을 보곤 해요. 아무래도 그런 사람을 쉽게 믿을 수는 없지요. 그 사람이 겉으로 하는 말만 듣고는 속으로 품은 진짜 생각을 알 수 없으니까요. 그래서 사람은 겉과 속이 한결같고, 말과 행동이 같아야 한답니다. 이와 관련하여 재미있는 옛이야기가 전해져요. 다 함께 읽어 볼까요?

중국의 춘추 시대에 있었던 일이에요. 제나라를 다스리는 영공은 아주 특이한 취미가 있었어요. 아리따운 궁녀를 골라 남장을 시키고 구경하는 것이었어요. 남장이란 여자가 남자와 같은 차림새를 하는 일을 말하지요.

"하하, 역시나 아주 잘 어울리는구나! 늠름하니 얼마나 보기 좋으냐."

궁녀는 궁궐 안에서 왕과 왕비를 가까이에서 모시고 온갖 심부름을 하는 여자예요. 힘없는 궁녀는 자기 뜻과 달리 영공이 시키는 대로 남자 옷을 입어야만 했어요. 아무리 부끄럽고 싫어도 감히 영공의 뜻을 거스를 수 없었으니까요.

"좋다, 좋아! 이번에는 다른 옷을 입어 보아라."

영공은 남자 옷을 입은 궁녀를 보며 아주 즐거워했어요. 그러자 궁궐 안 사람들이 영공을 두고 숙덕대기 시작했답니다.

"영공께서는 남장한 여자를 좋아한다는구먼."

"세상에! 별 희한한 취미가 있구려."

남장을 좋아하는 영공의 이야기는 궁궐 밖에도 퍼져 나갔어요. 얼마 지나지 않아 온 나라에 쫙 소문이 돌았지요.

"남장을 하면 왕이 좋아한다면서? 그럼 나도 남장을 하고 다녀야지."

"얼굴도 예뻐야 해. 그래야 남장을 했을 때 왕이 좋아한다더군."

궁궐 밖에서는 어여쁜 여자들이 너도나도 앞다투어 남장을 하고 다녔어요. 모두가 왕의 마음에 들어 출세하고 싶었거든요. 여자들 사이에서 남장이 유행하며 이제 여자 옷을 입은 여자를 찾아보기 힘들어졌어요. 이 사실은 곧 영공에게도 전해졌어요.

"뭐라? 궁 밖의 여자들이 죄다 남자 옷을 입고 다닌다고? 이게 대체 어떻게 된 일이더냐?"

영공은 버럭 화를 내며 신하들을 불러 명령했어요.

"도대체 왜 여자가 남장을 하고 다니는가! 당장 남장을 금지해라."

하지만 영공의 명령에도 불구하고 여자들은 남장을 그만두지 않았어요. 여전히

혹시 궁금하지 않았나요?

羊頭狗肉

羊	頭	狗	肉
양	머리	개	고기
양	두	구	육

양의 머리를 걸어놓고 개고기를 판다는 뜻이에요. 옛날 사람들은 양고기는 질이 좋은 고기, 개고기는 싸고 질이 떨어지는 고기라고 생각했어요. 그래서 입구에는 좋은 고기를 판다고 써 놓고 실제로는 싼 개고기를 팔아 사람들을 속인다는 뜻입니다.

이처럼 말과 행동이 따로 놀거나 겉과 속이 다른 경우를 비유적으로 이르는 말로 쓰인답니다.

겉 다르고 속 다르다 : 겉으로 보이는 모습과 마음속에 품은 생각이 서로 다르다는 뜻이에요. 그래서 됨됨이가 바르지 않고 믿을 수 없는 사람을 가리킬 때에 쓰는 속담이지요. '겉과 속이 다르다'고도 표현해요.

여자 옷 대신 남자 옷을 줄기차게 입고 다녔지요. 영공은 답답한 마음에 재상 안영을 불러 물었어요.

"이보게, 안영. 내 분명히 남장을 금지하라고 했는데 어찌하여 백성들이 따르지 않는 것인가?"

"당연히 왕께서 하시는 말씀과 행동이 다르기 때문이지요. 궁녀들에게 계속 남자 옷을 입히고 즐거워하시면서 백성들에게만 남장을 금지하셨잖습니까?"

안영은 또박또박 힘주어 말을 이어 나갔어요.

"그것은 마치 밖에는 양의 머리를 걸어 놓고 안에서는 개고기를 파는 것과 같습니다.
그런데 어느 백성이 왕의 말씀을 따르겠습니까? 백성들의 남장을 금지하시려면 왕께서 먼저 궁녀들의 남장을 그만두셔야 합니다."

영공은 그제야 자신의 실수를 깨닫고 큰 소리로 말했어요.

"궁녀들은 본래 자기 옷으로 갈아입어라. 다시는 남장을 시키지 않겠다!"

그 뒤로 궁궐 안팎으로 남자 옷을 입고 다니는 여자를 찾아볼 수 없었다고 해요.

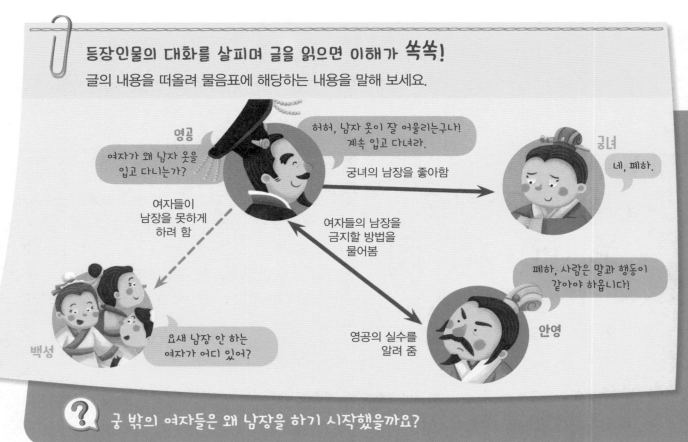

등장인물의 대화를 살피며 글을 읽으면 이해가 쏙쏙!
글의 내용을 떠올려 물음표에 해당하는 내용을 말해 보세요.

영공

여자가 왜 남자 옷을 입고 다니는가?

허허, 남자 옷이 잘 어울리는구나! 계속 입고 다녀라.

궁녀

네, 폐하.

궁녀의 남장을 좋아함

여자들이 남장을 못하게 하려 함

여자들의 남장을 금지할 방법을 물어봄

폐하, 사람은 말과 행동이 같아야 하옵니다!

요새 남장 안 하는 여자가 어디 있어?

백성

영공의 실수를 알려 줌

안영

? 궁 밖의 여자들은 왜 남장을 하기 시작했을까요?

1 이야기와 만나는 문장 쓰기   다음 문장을 빈칸에 따라 써 보세요.

"	그	것	은		마	치		밖	에	는		양	의		머	리	를
걸	어		놓	고		안	에	서	는		개	고	기	를		파	는
것	과		같	습	니	다	.	"								

2 이해하는 문장 쓰기   왜 여자들은 영공이 남장을 금지했는데도 계속 남자 옷을 입고 다녔을까요?

영공이   다.

3 생각을 발견하는 문장 쓰기   안영은 여자들의 남장을 금지하려면 어떻게 해야 한다고 말했나요?

안영은   다.

4 상상하는 문장 쓰기   여러분이라면 다른 사람이 여러분의 실수를 알려 주었을 때에 어떻게 할까요?

나라면   다.

모아쓰기   위에서 답으로 쓴 네 문장을 연결해서 써 보세요. 근사하고 재미있는 글이 완성될 거예요!

이전에는 거만하다가
나중에 공손해진다

이번 이야기 속 주인공은 중국 전국 시대에 살았던 소진이라는 학자예요. 소진은 당시 6개 나라가 동맹을 맺을 수 있게 앞장섰는데요. 동맹이란 둘 이상이 서로 이익이나 목적을 위해 함께하기로 약속한 관계를 뜻해요. 그리고 소진은 동맹을 맺은 6개 나라의 재상이 되었어요. 정말 대단한 사람이지요? 그러나 소진이 처음부터 사람들에게 인정받지는 못했답니다.

소진은 어려서 귀곡자를 스승으로 모시고 학문을 배웠어요. 공부만 열심히 하느라 돈을 벌지 못해 늘 가난하게 살았지요. 다 자라서는 지금까지 배우고 익힌 학문을 바탕으로 큰 뜻을 펼치기 위해 여러 나라를 찾아다녔어요. 하지만 어느 곳에서도 선뜻 소진을 받아 주지 않았어요.

'아아, 어찌하여 나의 뜻을 알아주는 나라가 없는가! 너무나도 안타깝다.'

소진은 잔뜩 실망해서 가족들이 있는 고향 낙양으로 터덜터덜 돌아왔어요. 하지만 가족들은 가뜩이나 상처 입은 소진의 마음을 더욱 아프게 했답니다. 소진을 반겨 주기는커녕 무시했거든요. 특히 소진의 형수는 대놓고 소진을 비웃었어요. 형수는 형의 아내를 말해요.

"성공해서 돌아오시겠다더니 겨우 이 모양 이 꼴이에요? 뻔뻔하기도 하셔라. 나 같으면 부끄러워서 차마 돌아오지 못했겠네요."

소진은 속이 상했지만 꾹 참고 티내지 않았어요.

'모두 내가 부족한 탓이다. 누구의 잘못도 아니야.'

소진은 마음을 다잡고 다시 공부를 했어요. 가족들은 그런 소진이 영 못마땅했지요.

"지금까지 헛수고한 것도 모자라 또 공부를 한다고? 쯧쯧!"

하지만 소진은 아무런 대꾸도 하지 않고 묵묵히 공부만 했어요. 시간이 지날수록 소진은 더욱더 학문과 지혜가 넓고 깊어졌어요. 그리고 마침내 자신의 생각을 정리하여 '합종책'을 세웠답니다. 합종책은 6개 나라, 즉 연나라·조나라·초나라·제나라·위나라·한나라가 서로 힘을 모아 동맹을 맺어서 크고 강한 진(秦)나라에 맞서자는 주장이에요. 소진은 6개 나라를 합종책으로 설득하기 위해 다시 짐을 꾸렸어요. 가장 먼저 조나라를 찾아갔지요. 조나라의 왕은 소진의 합종책을 듣고 감탄했어요.

"오, 대단한 생각이오. 부디 우리 조나라의 재상이 되어 다른 나라를 설득해 주시오."

그 뒤로 소진은 다섯 나라의 왕을 만나 합종책을 이야기했어요. 왕들은 소진의 합

🔍 혹시 궁금하지 않았나요?

前 倨 後 恭

앞 **전**　거만할 **거**　뒤 **후**　공손할 **공**

이전에는 거만하다가 나중에 공손해진다는 뜻이에요. 상대의 지위나 형편에 따라 상대를 대하는 태도가 갑자기 변하는 것을 비유하는 표현이지요. 보통 지위가 높고 재산이 많은 사람에게는 굽실대고, 그 반대의 경우에는 함부로 무시하고 막 대하는 태도를 비판할 때에 쓰인답니다.

대감 죽은 데는 안 가도 대감 말 죽은 데는 간다 : 대감은 높은 벼슬에 있는 사람을 높여 부르는 말이에요. 죽은 대감은 지위도 힘도 없으니 굳이 잘 보일 필요가 없지요. 그러나 살아 있는 대감에게는 잘 보여야 하니 한낱 가축인 말이 죽어도 찾아간다는 뜻이랍니다. 부와 명예가 있으면 아부하며 몰려들지만 반대로 힘을 잃고 어려워지면 매정하게 돌아서서 무시하는 것을 비유하는 속담이에요.

종책에 고개를 끄덕이며 기꺼이 동맹을 맺기로 했답니다. 과연 6개 나라가 함께 맞서자 진나라도 함부로 대하지 못했지요.

소진은 6개 나라가 맺은 동맹의 재상을 맡아 바쁜 나날을 보냈어요. 하루는 소진이 고향 낙양을 지나가다 잠깐 집에 들렀어요.

"고향까지 왔으니 가족들에게 인사라도 해야겠다."

그런데 이게 웬일이에요? 집 앞에 소진의 가족들이 고개를 푹 숙이고 있지 뭐예요. 특히 소진을 대놓고 무시했던 형수가 아주 공손한 태도를 보였지요. 소진은 어이가 없어 헛웃음이 나왔어요.

"이전에는 거만하더니 지금은 공손해지셨습니다. 그 이유가 무엇입니까?"

"그야 지금은 높은 관리가 되셨으니까요. 당연히 예의를 갖춰야지요."

그러자 소진은 길게 한숨을 쉬며 말했어요.

"나는 예나 지금이나 똑같습니다. 그러나 내가 성공하기 전에는 무시하고 함부로 대하더니 성공한 다음에는 두려워하며 쩔쩔매는군요."

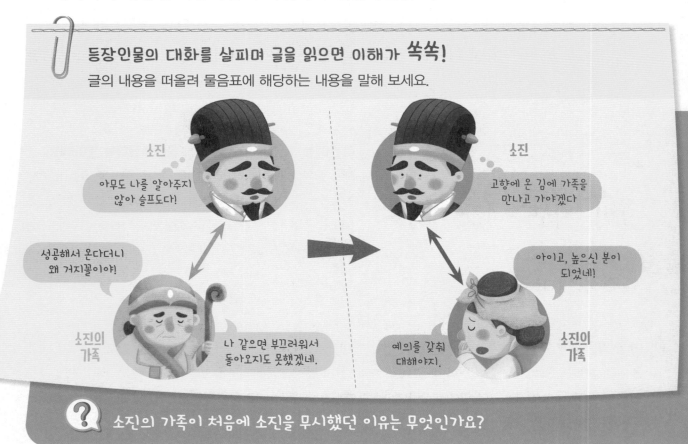

등장인물의 대화를 살피며 글을 읽으면 이해가 쏙쏙!
글의 내용을 떠올려 물음표에 해당하는 내용을 말해 보세요.

소진
아무도 나를 알아주지 않아 슬프도다!

소진의 가족
성공해서 온다더니 왜 거지꼴이야!
나 같으면 부끄러워서 돌아오지도 못했겠네.

소진
고향에 온 김에 가족을 만나고 가야겠다

소진의 가족
아이고, 높으신 분이 되었네!
예의를 갖춰 대해야지.

❓ 소진의 가족이 처음에 소진을 무시했던 이유는 무엇인가요?

1 이야기와 만나는 문장 쓰기   다음 문장을 빈칸에 따라 써 보세요.

"이전에는 거만하더니 지금은 공손해지셨습니다."

2 이해하는 문장 쓰기   소진의 가족이 소진을 대하는 태도가 달라진 이유는 무엇일까요?

소진의 가족은   다.

3 생각을 발견하는 문장 쓰기   소진은 자신을 대하는 가족의 태도 변화를 보고 어떤 생각을 했나요?

소진은   다.

4 상상하는 문장 쓰기   여러분이 소진의 가족이라면 성공하지 못하고 고향에 돌아온 소진을 어떻게 대했을까요?

내가 소진의 가족이었다면   다.

모아쓰기   위에서 답으로 쓴 네 문장을 연결해서 써 보세요. 근사하고 재미있는 글이 완성될 거예요!

아침에 세 개,
저녁에 네 개

이번에는 《열자》에 실려 있는 이야기를 읽어 보려고 해요. 《열자》는 중국의 전국 시대에 살았던 철학자 열자가 쓴 도가 경전이라고 전해져요. 도가는 자연과 우주의 섭리를 깨치고 자연과 어우러져 조화를 이루는 삶을 강조하는 사상이랍니다. 공자로 대표되는 유가 사상과 함께 중국의 양대 사상으로 유명해요.

《열자》에는 우리에게 재미와 깨달음을 주는 이야기가 많이 실려 있는데요. 이번에 읽을 이야기도 그 가운데 하나랍니다. 《열자》의 제2편 〈황제편〉을 보면 중국의 전국 시대에 살았던 송나라 사람 저공의 이야기가 나와요.

저공은 원숭이를 좋아해서 취미로 수십여 마리를 길렀어요. 아침저녁으로 직접 먹이를 주고 정성껏 돌보았지요. 늘 가까이하며 관심 있게 지켜본 덕분일까요. 저공은 원숭이들의 눈빛과 행동만 보고도 원숭이들이 무슨 생각을 하는지 어떤 상태인지 척척 알아맞혔답니다.

"허허, 배가 고프다고? 옛다! 맛있게 먹어라."

"아이고, 다리에 상처가 났구나. 약을 발라 주마."

원숭이들도 저공을 아주 잘 따랐지요. 저공이 나타나면 너도나도 뛰어나와 저공을 반겨 주었어요. 그렇게 저공은 원숭이들과 어울려 하루하루 즐겁게 보냈어요. 하지만 얼마 지나지 않아 큰 문제가 생겼어요. 집안 형편이 넉넉하지 않은데 많은 원숭이를 거두어 먹이느라 음식이 부족해졌지 뭐예요. 저공과 가족이 먹을 음식을 줄여 보았지만 소용없었어요. 곧 사람이 먹을 음식도 바닥이 났거든요. 그나마 있는 먹을거리라고는 도토리뿐이었는데요. 도토리도 남은 양이 많지는 않았어요.

"어쩔 수 없지. 원숭이들의 먹이를 줄여야겠다."

저공은 굳게 마음먹고 원숭이들을 어떻게 따르게 할지 고민하기 시작했어요. 다짜고짜 먹이를 줄인다고 말하면 보나 마나 원숭이들이 버럭버럭 화낼 테니까요. 한참 동안 고민한 끝에 저공은 좋은 꾀를 냈답니다.

"그래, 결정했어! 분명 이 방법이면 원숭이들이 따를 거야."

저공은 빙그레 웃으며 원숭이들을 모두 불러 모았어요.

"자자, 원숭이들아. 중요한 이야기니까 잘 들어 보렴. 앞으로 내가 너희에게 먹이로 도토리를 주려고 한단다. **아침에 세 개, 저녁에 네 개를 주마.** 어떠냐?"

혹시 궁금하지 않았나요?

朝	三	暮	四
아침	석	저물	넉
조	삼	모	사

아침에는 세 개, 저녁에는 네 개를 준다는 뜻이에요. 이야기 속 원숭이들이 받는 도토리는 총 일곱 개예요. 아침에 세 개 저녁에 네 개를 받나, 그 반대로 아침에 네 개 저녁에 세 개를 받나 결국 똑같이 일곱 개를 받는 셈이지요. 하지만 원숭이들은 그저 아침에 하나 더 많이 받는다는 사실에만 정신이 팔려 정작 중요한 총 개수를 신경 쓰지 않았답니다. 이처럼 당장 눈앞의 이익만을 좇는 어리석음이나 말장난 등 꾀를 부려 남을 속이는 일을 비판할 때에 쓰이는 말이에요.

쥐구멍으로 통영갓을 굴려 낼 놈 : 쥐구멍은 쥐가 드나드는 작은 구멍이고요. 통영갓은 통영에서 만든 품질이 좋고 값비싼 갓이에요. 조그만 쥐구멍으로 쥐구멍보다 크고 비싼 통영갓을 상하게 않게 굴려서 빼낸다는 뜻으로 그만큼 남을 감쪽같이 잘 속이는 것을 비꼬는 속담이랍니다. 비슷한 뜻으로 '개구멍으로 통량갓을 굴려 내다'라는 속담이 있어요.

그러자 원숭이들이 대뜸 화를 내며 펄쩍펄쩍 뛰었어요. 있는 힘껏 팔을 휘두르거나 발을 쿵쿵 구르는 원숭이도 있었어요.

'역시 화가 잔뜩 났구나. 내 이럴 줄 알았지.'

저공은 화내는 원숭이들을 지켜보며 잠시 고민하는 척했어요. 이내 헛기침을 흠흠 하더니 어렵게 정했다는 듯 이야기를 했지요.

"너희의 뜻을 잘 알았다. 너희가 너무도 싫어하니 할 수 없구나. 도토리를 아침에 네 개, 저녁에 세 개를 주면 어떻겠느냐?"

이번에는 원숭이들이 아까와 달리 좋아서 어쩔 줄 몰라 했어요. 폴짝폴짝 뛰고 데굴데굴 구르며 온몸으로 기쁨을 표현했답니다. 그 모습을 본 저공은 껄껄 웃으며 생각했어요.

'아침과 저녁의 도토리 개수를 바꿨을 뿐인데 그것도 모르고 아침에 저녁보다 하나 더 먹는다는 생각에 신이 났구나.'

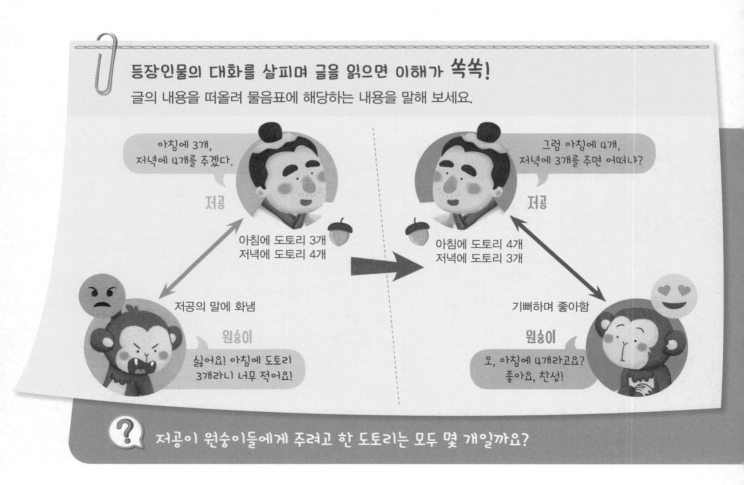

1 이야기와 만나는 문장 쓰기   다음 문장을 빈칸에 따라 써 보세요.

"	아	침	에		세		개	,		저	녁	에		네		개	를		주
마	.	"																	

2 이해하는 문장 쓰기   원숭이들은 도토리를 아침에 세 개, 저녁에 네 개 주겠다는 저공에게 마구 화를 냈어요. 그러자 저공이 다시 뭐라고 이야기했나요?

저공은 화내는 원숭이들에게 _____ 다.

3 생각을 발견하는 문장 쓰기   저공이 아침과 저녁에 주는 도토리 개수를 바꾸자 원숭이들은 매우 기뻐했지요. 저공은 그 모습을 보고 어떤 생각을 했을까요?

기뻐하는 원숭이들을 보고 저공은 _____ 다.

4 상상하는 문장 쓰기   여러분이라면 아침과 저녁에 도토리 개수만 바꾸자는 저공의 말에 어떻게 했을까요?

내가 원숭이라면 _____ 다.

모아쓰기   위에서 답으로 쓴 네 문장을 연결해서 써 보세요. 근사하고 재미있는 글이 완성될 거예요!

_____

_____

_____

_____

토끼를 잡고 나면 사냥개를 삶는다

옛날에는 나라를 세우거나 전쟁에서 이겼을 경우, 신하들이 세운 공에 따라 상을 나누어 주었어요. 큰 공을 세운 신하에게는 큰 상을, 작은 공을 세운 신하에게는 작은 상을 내렸지요. 이처럼 각자가 세운 공에 따라 크고 작은 상을 알맞게 주는 것을 '논공행상'이라고 해요. 논공행상은 고생한 신하를 위로하고 충성심을 일깨우는 중요한 일이었어요. 하지만 그 반대의 경우도 있었답니다. 역사 속에는 공을 세운 신하를 오히려 죽음으로 내몰았던 일이 종종 있었거든요. 이번에 읽을 이야기도 그 가운데 하나예요.

중국의 춘추 시대에 사이가 아주 나쁜 두 나라가 있었어요. 바로 월나라와 오나라였지요. 월나라를 다스리는 왕 구천은 오나라를 끔찍이 싫어했어요. 예전에 오나라 왕 부차에게 크게 져서 항복한 적이 있었거든요. 그때 구천은 간신히 목숨을 건졌지만 자존심에 큰 상처를 입었지요.

'지금은 고개를 숙이지만 언제든 반드시 오나라를 쳐서 이기리라!'

구천은 마음속으로 복수심을 불태우며 차근차근 월나라의 힘을 키웠어요. 그리고 오나라를 무너뜨릴 기회를 호시탐탐 엿보았답니다. 마침 구천에게는 뜻을 함께할 신하들이 있었어요. 특히 범려와 문종은 월나라의 양대 기둥이나 다름없었어요. 구천을 도와 월나라를 강하고 튼튼하게 만들었지요. 그 결과, 구천은 마침내 오나라를 무너뜨리고 오랫동안 가슴속에 품었던 복수를 이룰 수 있었어요.

"하하, 드디어 오나라를 이기고 월나라를 우뚝 세웠노라. 이날이 오기를 얼마나 기다렸던가. 진심으로 기쁘구나!"

구천은 자신을 도와 큰 공을 세운 범려와 문종에게 높은 벼슬을 주었어요. 범려는 나라의 군사를 도맡아 다스리는 상장군, 문종은 나랏일을 두루 맡아 보는 재상이 되었답니다. 앞서 이야기했던 논공행상이 이루어진 셈이었지요. 하지만 범려는 마음이 영 불편했어요. 범려는 구천이 어떤 사람인지 너무나도 잘 알고 있었거든요.

'구천은 믿을 수 없는 사람이다. 고생을 함께 나눌 수 있어도 부귀를 함께 나눌 수는 없지. 목표를 이루면 함께 고생한 사람들을 싹 잊고 죄다 자기가 잘한 줄로만 아니까. 이대로 구천의 옆에 있다가는 목숨까지 위험해질 수 있다.'

범려는 상장군의 벼슬을 마다하고 미련 없이 월나라를 훌쩍 떠났어요. 그리고 제나라로 가서 문종에게 비밀 편지를 썼어요.

"구천은 분명 공을 세운 신하들을 죽일 것이야. 문종도 마찬가지다. 문종에게 어서 도망치라고 해야겠어."

혹시 궁금하지 않았나요?

兎 死 狗 烹

토끼	죽을	개	삶을
토	사	구	팽

토끼가 죽으니 사냥개를 삶는다는 뜻이에요. 토끼 사냥이 끝나면 토끼를 잡던 사냥개가 쓸모없어지기 때문에 주인이 필요 없는 사냥개를 삶아서 잡아먹는다는 말이랍니다. 필요할 때에는 소중히 잘 쓰지만 필요가 없어지면 가차 없이 버리거나 없애는 경우를 가리킬 때 쓰는 표현이지요.

토끼를 다 잡으면 사냥개를 삶는다 : 토사구팽에서 유래한 속담이에요. 쓸모가 없어지면 버림받거나 죽임을 당한다는 뜻이지요. 이처럼 우리나라 속담 중에는 고사성어에서 유래한 것도 있답니다.

〈새 사냥이 끝나면 아무리 좋은 활이라도 창고에 넣는 법일세.

토끼를 잡고 나면 사냥개를 삶아 먹어 버리지.

그러니 어서 관직을 버리고 떠나시게. 부디 걱정하는 내 마음을 알아주게나. 〉

문종은 범려의 편지를 받고 고민에 빠졌어요. 하지만 선뜻 벼슬과 재물을 버리지도, 월나라를 떠나지도 못했답니다. 문종이 고민하느라 차일피일 미루는 사이 결국 일이 터지고 말았어요. 구천은 문종을 잡아들이더니 스스로 목숨을 끊으라고 명령했어요. 문종이 구천을 설득하려고 했지만 아무 소용없었지요. 그제야 문종은 범려의 말을 듣지 않은 것을 후회했어요.

"아아, 범려가 옳았다. 진작 범려가 말한 대로 모든 것을 버리고 떠나야 했다."

하지만 이미 때는 늦었지요. 결국 문종은 스스로 목숨을 끊을 수밖에 없었답니다.

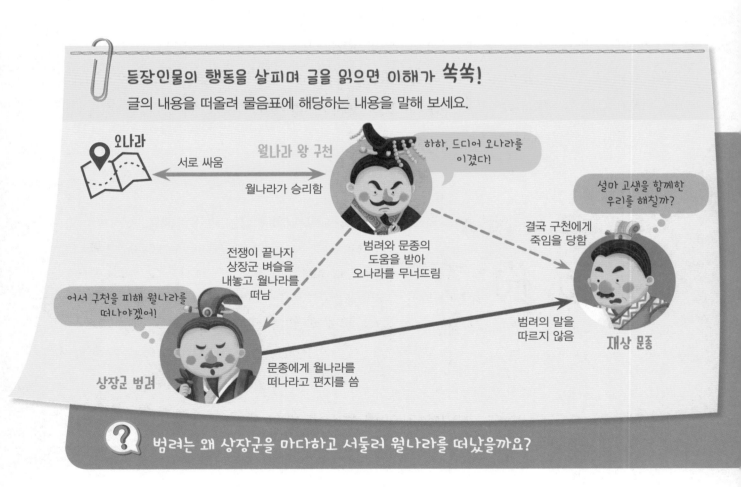

등장인물의 행동을 살피며 글을 읽으면 이해가 쏙쏙!

글의 내용을 떠올려 물음표에 해당하는 내용을 말해 보세요.

오나라

월나라 왕 구천

서로 싸움

월나라가 승리함

하하, 드디어 오나라를 이겼다!

설마 고생을 함께한 우리를 해칠까?

결국 구천에게 죽임을 당함

범려와 문종의 도움을 받아 오나라를 무너뜨림

전쟁이 끝나자 상장군 벼슬을 내놓고 월나라를 떠남

어서 구천을 피해 월나라를 떠나야겠어!

재상 문종

범려의 말을 따르지 않음

상장군 범려

문종에게 월나라를 떠나라고 편지를 씀

? 범려는 왜 상장군을 마다하고 서둘러 월나라를 떠났을까요?

1 이야기와 만나는 문장 쓰기 다음 문장을 빈칸에 따라 써 보세요.

"	토	끼	를		잡	고		나	면		사	냥	개	를		삶	아
먹	어		버	리	지	.	"										

2 이해하는 문장 쓰기 범려는 왜 구천을 믿을 수 없는 사람이라고 생각했나요?

범려는   다.

3 생각을 발견하는 문장 쓰기 문종은 범려의 편지를 받고 어떤 생각을 했을까요?

하지만 문종은   다.

4 상상하는 문장 쓰기 여러분이 문종이라면 범려의 비밀 편지를 읽고 나서 어떻게 했을까요?

내가 문종이라면   다.

모아쓰기 위에서 답으로 쓴 네 문장을 연결해서 써 보세요. 근사하고 재미있는 글이 완성될 거예요!

기억하고 있나요?

다음 속담과 어울리는 고사성어를 연결하고
우리가 함께 읽었던 옛날이야기들을 기억해 보세요.

대감 죽은 데는 안 가도 대감 말 죽은 데는 간다	구밀복검
웃고 사람 친다	양두구육
토끼를 다 잡으면 사냥개를 삶는다	전거후공
겉 다르고 속 다르다	조삼모사
쥐구멍으로 통영갓을 굴려 낼 놈	토사구팽

 힌트!

구밀복검 입에는 꿀이 있고 배 속에는 칼이 있다는 뜻입니다. 겉으로는 듣기 좋은 말을 하지만 실상은 헐뜯거나 해치려고 하는 것을 말해요.

양두구육 양의 머리를 걸어 놓고 개고기를 판다는 뜻으로 말과 행동이 따로 놀거나 겉과 속이 다른 경우에 쓰는 말입니다.

전거후공 이전에는 거만하다가 나중에 공손해진다는 뜻이에요. 상대의 지위나 형편에 따라 상대를 대하는 태도가 갑자기 변하는 것을 비유하는 표현이랍니다.

조삼모사 아침에는 세 개 저녁에는 네 개 준다는 뜻입니다. 눈앞의 이익만을 좇는 어리석음이나 꾀를 부려 남을 속이는 것을 비판하는 말이에요.

토사구팽 토끼가 잡히면 사냥개를 삶아 먹는다는 뜻으로 필요가 없어지면 버리거나 없앤다는 뜻이에요.

▶ 가이드북 56쪽에 정답

5장

재능으로 어려움 극복하기

	낭	중	지	추	
	대	기	만	성	
	마	부	위	침	
	선	종	외	시	
	천	려	일	실	

재능이 주머니를
뚫다

헌칠하게 큰 키나 아름다운 얼굴은 언제 어디서나 돋보이며 많은 사람의 눈을 사로잡지요. 풍부
한 지식, 막힘없는 말솜씨, 고운 노랫소리, 뛰어난 운동 실력 등 훌륭한 재능도 마찬가지예요. 처
음에는 잘 드러나지 않더라도 기회만 주어지면 순식간에 존재감을 드러내며 사람들을 깜짝 놀
라게 해요. 이번에 읽을 내용도 숨길 수 없이 빼어난 재능에 대한 이야기랍니다.

중국 역사서 《사기》에 실려 있는 이야기예요. 중국의 전국 시대 말기, 진(秦)나라
가 조나라로 쳐들어왔어요. 조나라를 다스리던 혜문왕은 깜짝 놀라 자신의 동생이자
재상인 평원군을 불러 말했어요.

"진나라는 우리 조나라보다 강하다. 우리 혼자 힘만으로는 진나라를 상대하기 어
려우니 초나라에 도움을 부탁해야겠구나."

"예, 제가 직접 초나라 왕을 설득하고 오겠습니다."

평원군은 곧바로 초나라로 떠날 준비를 하며 자신과 함께할 인재들을 모았지요.
때마침 평원군이 살던 집에 각지에서 몰려든 인재가 수천 명이나 있었어요. 평소 평
원군은 자신을 찾아온 인재를 후하게 대했고 원한다면 자기 집에 얼마든지 머무를 수

있게 했거든요.

"지혜와 무술이 뛰어난 인재를 스무 명 뽑아서 데려가야겠다."

그런데 한 가지 문제가 생겼어요. 열아홉 명을 뽑고 마지막 한 명만 더 뽑으면 되는데 마땅한 인재가 없지 뭐예요. 그때 평원군 앞에 모수가 턱 나섰어요.

"고민하지 마시고 저를 데려가십시오."

평원군은 고개를 갸웃하며 모수에게 물었지요.

"그대가 여기 온 지 얼마나 지났소?"

"이제 3년입니다."

"재능이 뛰어난 사람은 숨어 있어도 마치 주머니 속 송곳처럼 끝이 밖으로 뚫고 나오기 마련이오. 그런데 그대는 여기 머무르는 3년 동안 내 눈에 한 번도 띄지 않았소이다. 그대를 이야기하는 사람도 없었소. 이는 그대가 별반 재능이 없다는 뜻이 아니겠소이까? 그러니 그대는 여기 남아 있는 편이 좋겠소."

하지만 모수는 한 치도 물러서지 않았어요. 오히려 큰소리를 탕탕 쳤지요.

"나리께서는 지금껏 저를 주머니 속에 넣어 주신 적이 없습니다. 진작 주머니 속에 넣어 주셨더라면 송곳의 끝이 아니라 자루까지 뚫고 나왔을 터입니다."

평원군은 모수의 당찬 자신감이 마음에 들었어요.

"좋소, 그대도 함께 초나라로 갑시다."

혹시 궁금하지 않았나요?

囊中之錐

주머니 / 낭
가운데 / 중
어조사 / 지
송곳 / 추

주머니 속에 있는 송곳이라는 뜻이에요. 주머니 속에 송곳을 넣어 두면 얼마 지나지 않아 날카로운 송곳 끝이 주머니를 뚫고 나오겠지요? 이처럼 재능이 뛰어난 사람은 숨어 있어도 저절로 드러나 사람들에게 알려진다는 것을 비유적으로 표현하는 말이랍니다.

주머니에 들어간 송곳이라 : 주머니 속 송곳이 가만있지 않고 결국 주머니를 뚫고 나오듯 아무리 감추려고 해도 자연히 사람들에게 드러난다는 뜻이에요. 낭중지추와 함께 알아 두면 좋은 속담이랍니다.

평원군은 모수를 비롯한 인재들을 데리고 초나라로 갔어요. 하지만 초나라 왕은 평원군과 인재들이 아무리 설득해도 들은 척도 하지 않았답니다. 바로 그때, 모수가 앞으로 나섰어요.

"지난날 초나라는 진나라와 여러 번 싸워서 번번이 졌습니다. 그러니 진나라를 두려워할 만도 하지요. 함께 맞설 용기를 내지 못한들 어쩌겠습니까?"

모수는 초나라 왕의 눈치를 살피며 잽싸게 말을 이어 나갔어요.

"본디 초나라는 땅이 넓고 군사가 강한 나라입니다. 우리 조나라와 힘을 합치면 분명 진나라를 이길 수 있는데 어찌하여 주저하십니까? 어서 떨치고 일어나 진나라를 무릎 꿇리고 위대한 초나라를 온 세상에 널리 알릴 기회를 잡으소서!"

그제야 초나라 왕은 고개를 끄덕이며 말했어요.

"네 말이 옳다. 곧바로 조나라에 군사를 보내겠다!"

초나라 왕은 약속대로 군사를 보내 조나라를 돕게 했어요. 그 덕분에 조나라는 무사히 진나라를 물리치고 나라를 지킬 수 있었답니다.

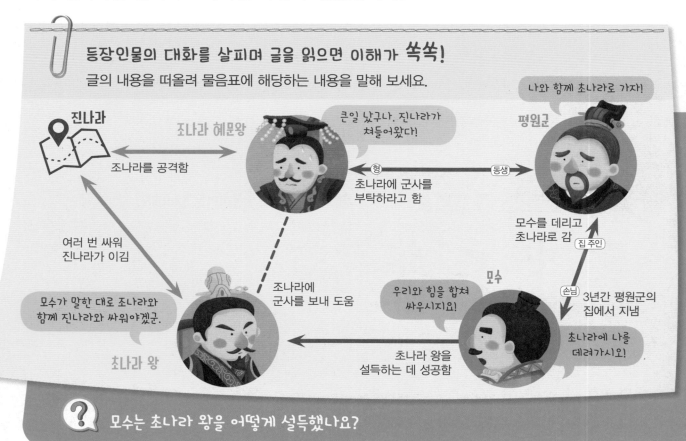

등장인물의 대화를 살피며 글을 읽으면 이해가 쏙쏙!
글의 내용을 떠올려 물음표에 해당하는 내용을 말해 보세요.

나와 함께 초나라로 가자!

진나라

조나라 혜문왕

큰일 났구나. 진나라가 쳐들어왔다!

조나라를 공격함

평원군

형 / 동생
초나라에 군사를 부탁하라고 함

모수를 데리고 초나라로 감

집 주인

여러 번 싸워 진나라가 이김

조나라에 군사를 보내 도움

모수가 말한 대로 조나라와 함께 진나라와 싸워야겠군.

우리와 힘을 합쳐 싸우시지요!

모수

손님 3년간 평원군의 집에서 지냄

초나라에 나를 데려가시오!

초나라 왕을 설득하는 데 성공함

초나라 왕

❓ 모수는 초나라 왕을 어떻게 설득했나요?

1 이야기와 만나는 문장 쓰기 다음 문장을 빈칸에 따라 써 보세요.

"	재	능	이		뛰	어	난		사	람	은		숨	어		있	어	도
마	치		주	머	니		속		송	곳	처	럼		끝	이		밖	으
로		뚫	고		나	오	기		마	련	이	오	.		"	

2 이해하는 문장 쓰기 평원군은 왜 모수를 데려가지 않으려 했을까요?

평원군은   다.

3 생각을 발견하는 문장 쓰기 모수는 자기 자신에 대해 어떻게 생각하고 있었나요?

모수는   다.

4 상상하는 문장 쓰기 여러분이라면 자신을 알아주지 않는 사람들에게 어떻게 했을까요?

나라면   다.

모아쓰기 위에서 답으로 쓴 네 문장을 연결해서 써 보세요. 근사하고 재미있는 글이 완성될 거예요!

큰 그릇을 만들려면 오랜 시간이 걸린다

사람은 삶에서 목표를 이루거나 결과를 얻을 때까지 걸리는 시간이 서로 달라요. 어떤 사람은 순식간에 뚝딱 해내기도 하고요. 어떤 사람은 시간을 들여 서서히 이루기도 하지요. 그러니까 설령 남들보다 느리고 뒤처진대도 조급해할 필요는 전혀 없답니다. 누가 뭐라고 하든, 자기에게 맞는 속도로 착실하게 해 나간다면 어느 순간 커다란 성공을 거둘 수 있을 테니까요.

중국의 삼국 시대 때 있었던 일이에요. 위나라에 최염이라는 장군이 있었어요. 최염은 몸집이 크고 생김새가 빼어났어요. 학문과 무예 실력도 아주 뛰어났지요. 어디 그뿐인가요. 됨됨이 또한 훌륭하여 사람들 사이에서 칭찬이 자자했답니다.

"최염 장군님은 정말 멋진 분이셔."

"그렇고말고. 언제나 몸가짐이 올바르고 일 처리가 공정하시지."

"심지어 겸손하기까지 하시다고. 과연 모두에게 존경받아 마땅해."

위나라를 다스리는 왕도 최염을 높이 평가하며 무척 아꼈지요.

"최염은 아주 믿음직한 신하이다. 최염이 하는 말이라면 믿을 수 있지."

이처럼 많은 사람에게 두루두루 존경과 사랑을 받는 최염에게는 남다른 재주가 하나 더 있었어요. 바로 인재를 알아보는 능력이었어요. 하루는 최염이 평소 친하게 지내던 사마랑에게 사마의를 칭찬했어요. 사마의는 사마랑의 친동생이었어요.

"자네 동생은 참 뛰어난 인재 같구려. 성실하거니와 자신이 해야 할 일을 정확히 파악하지. 아주 영특한 아이일세. 어찌 보면 자네보다 나은 듯하오."

"에헤, 자네가 사마의를 너무 높이 평가하는군. 나는 그렇게 생각하지 않는다네."

사마랑은 최염과 생각을 달리했지요. 그러나 최염은 그 뒤로도 종종 사마의를 칭찬했어요. 과연 시간이 흐르자 사마의는 뛰어난 재능을 인정받기 시작했어요. 많은 사람이 사마의와 큰일을 함께하기를 원했어요. 실제로 사마의는 훗날 나라의 운명이 걸린 전쟁에서 큰 공을 세웠고요. 나아가 직접 나라를 세우기도 했답니다.

이처럼 인재를 잘 알아보는 최염이 일찌감치 눈여겨본 사람은 사마의만이 아니었어요. 사촌 동생 최림도 있었지요. 최림은 최염 못지않게 뛰어난 재능이 있었지만, 번번이 사촌 형 최염과 비교당하느라 잔뜩 움츠러든 상태였어요. 게다가 외모까지 못나서 주변 사람들은 물론이고 가족마저 최림을 무시하기 일쑤였어요.

"어찌 외모가 저리 형편없을까? 최염 장군의 사촌 동생이라고 믿을 수 없군."

"아이고, 나이를 저리 먹고 아직도 출세를 못하다니! 정말 한심하네."

혹시 궁금하지 않았나요?

큰 그릇을 만들려면 오랜 시간이 걸린다는 뜻이에요. 큰 그릇은 큰 인물을 비유하는 표현이기도 하지요. 그래서 장차 큰 인물이 되려면 오랜 시간과 부단한 노력이 필요하다는 의미가 된답니다.

大 器 晚 成

큰	그릇	늦을	이룰
대	기	만	성

개구리도 움쳐야 뛴다 : 개구리가 뛰는 모습을 살펴보면 일단 몸을 움츠리지요. 이내 쫙 펼치면서 폴짝 뛴답니다. 개구리가 뛰기 전에 몸을 움츠려야 하는 것처럼 어떤 일이든 그 일을 하려면 준비할 시간이 필요하다는 뜻이에요. 비슷한 뜻으로 '개구리가 주저앉는[움츠리는] 뜻은 멀리 뛰자는 뜻이다'라는 속담이 있어요.

오직 최염만이 사람들과 생각이 달랐지요. 최림을 무시하기는커녕 최림이 지닌 잠재 능력을 높이 평가했어요.

'최림은 분명 큰일을 할 재능을 가지고 있다. 아직 재능을 펼칠 기회를 만나지 못했을 뿐이지.'

최염은 최림에게 용기를 북돋워 주고 싶었어요. 그래서 최림을 불러 말했답니다.

"큰 종이나 큰 솥은 그리 쉽게 만들어지지 않는다. 오랜 시간을 공들여 만들어야 하는 까닭이지. 너 또한 마찬가지란다. 내가 보기에 너는 아주 큰 그릇이다. **큰 그릇을 만드는 데는 시간이 오래 걸리는 법이야.** 그러니 너무 기죽지 말고 지금처럼 열심히 노력해라. 분명 너에게 기회가 올 테고, 너는 큰일을 해낼 것이다."

최림은 자신을 알아주는 최염에게 크게 감동했어요. 그리고 최염의 말에 따라 열심히 노력을 했지요. 그 결과, 최림은 훗날 능력을 인정받아 황제를 바로 옆에서 모시는 높은 관직에 올랐답니다.

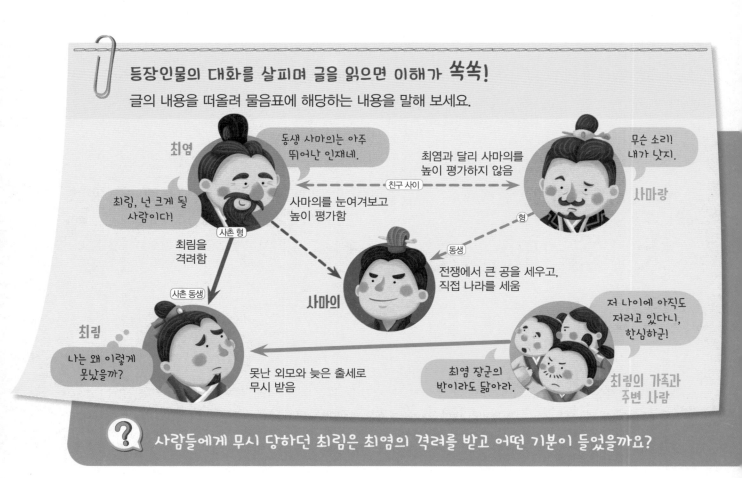

등장인물의 대화를 살피며 글을 읽으면 이해가 쏙쏙!

글의 내용을 떠올려 물음표에 해당하는 내용을 말해 보세요.

최염 — 동생 사마의는 아주 뛰어난 인재네.

사마랑 — 무슨 소리! 내가 낫지.

친구 사이 — 최염과 달리 사마의를 높이 평가하지 않음

최림, 넌 크게 될 사람이다!

사마의를 눈여겨보고 높이 평가함

사촌 형

최림을 격려함

사마의 — 전쟁에서 큰 공을 세우고, 직접 나라를 세움

형 / 동생

사촌 동생

최림 — 나는 왜 이렇게 못났을까?

못난 외모와 늦은 출세로 무시 받음

최림의 가족과 주변 사람 — 저 나이에 아직도 저러고 있다니, 한심하군!

최염 장군의 반이라도 닮아라.

❓ 사람들에게 무시 당하던 최림은 최염의 격려를 받고 어떤 기분이 들었을까요?

1 이야기와 만나는 문장 쓰기   다음 문장을 빈칸에 따라 써 보세요.

"	큰		그	릇	을		만	드	는		데	는		시	간	이		오
래		걸	리	는		법	이	야	.	"								

2 이해하는 문장 쓰기   사람들은 왜 최림을 무시하며 함부로 대했을까요?

사람들은 　　　　　　　　　　　　　　　　　　　　　　　다.

3 생각을 발견하는 문장 쓰기   최염은 최림에게 왜 용기를 북돋워 주려고 했나요?

최염은 　　　　　　　　　　　　　　　　　　　　　　　　다.

4 상상하는 문장 쓰기   여러분이 최염이라면 최림에게 어떤 말을 해 줄 수 있을까요?

내가 최염이라면 　　　　　　　　　　　　　　　　　　　다.

모아쓰기   위에서 답으로 쓴 네 문장을 연결해서 써 보세요. 근사하고 재미있는 글이 완성될 거예요!

도끼를 갈아
바늘을 만든다

예로부터 크게 성공한 사람들을 보면 한 가지 공통점이 있어요. 바로 오랫동안 꾸준히 노력을 했다는 점이에요. 노력이란 목적을 이루고자 온 힘을 다해 정성을 기울이는 것이에요. 세상 어떤 일도 설렁설렁해서는 좀처럼 뜻대로 이룰 수 없어요. 하지만 반대로 마음을 다해 열심히 노력하면 아무리 어려운 일도 마침내 이루어 낼 수 있답니다. 이번에 읽을 이야기도 바로 노력에 관한 옛이야기예요.

옛날 중국 당나라에 이백이라는 시인이 살았어요. 이백은 두보와 함께 중국을 대표하는 시인인데요. 특히 번쩍 떠오르는 생각을 순식간에 술술 시로 읊어 내는 천재 시인으로 유명하답니다. 그런데 이백이 처음부터 타고난 시의 천재는 아니었다고 해요. 어렸을 때에는 이백도 여느 아이들처럼 공부보다 놀기를 더 좋아했어요. 이백의 아버지는 보다 못해 이백을 불러 말했어요.

"내 너의 스승을 구해 놓았으니 가서 배우고 오너라."

그러자 이백이 삐죽거렸어요.

"저는 공부보다 노는 게 더 좋은데요."

"그럴 줄 알고 아예 놀 수 없는 곳으로 널 보내려고 한다."

"그곳이 어딘데요?"

"상의산이다."

아버지의 말씀에 이백은 깜짝 놀라 눈이 휘둥그레졌어요. 상의산으로 간다는 말은 친구도 놀잇감도 구경거리도 없는 외딴 산속에 틀어박혀야 한다는 뜻이었거든요. 이백이 싫어했지만 아버지는 눈을 부라리며 기어이 이백을 상의산으로 보냈답니다. 처음에 이백은 아버지가 무서워 공부하는 척했지만 얼마 못 가서 싫증을 냈지요.

"에잇, 지루해! 따분해! 심심해! 못 참겠다. 공부는 무슨 공부. 집으로 돌아가야지."

결국 참다못한 이백은 상의산에서 도망치기로 마음먹었어요. 스승 몰래 짐을 챙겨서 후다닥 산을 내려갔지요.

"으하하, 드디어 자유다! 야호!"

신나서 산을 내려가던 이백은 우연히 한 할아버지를 만났어요. 할아버지는 물가에 앉아 무언가를 열심히 갈고 있었어요. 궁금해진 이백이 슬그머니 다가갔답니다.

"할아버지, 지금 뭐 하고 계세요?"

"도끼를 갈고 있지."

과연 할아버지는 굵은 도끼를 돌에다 쓱싹쓱싹 문대고 있었어요. 그런데 좀 이상한 점이 있었어요. 할아버지가 도끼를 이리저리 돌려가며 골고루 갈지 뭐예요.

혹시 궁금하지 않았나요?

磨 斧 爲 針

갈	도끼	할	바늘
마	부	위	침

도끼를 갈아 바늘을 만든다는 뜻이에요. 아무리 어렵고 힘든 일도 끈기를 가지고 계속하면 반드시 이루어 낼 수 있다는 의미를 담고 있답니다. 보통 노력의 중요성을 강조하는 경우에 쓰이는 표현이지요.

무쇠도 갈면 바늘 된다 : 아주 단단한 무쇠를 갈고 또 갈고 또 갈면 언젠가 가느다란 바늘로 만들 수 있다는 말이지요. 그만큼 끊임없이 노력하면 어떤 일도 이룰 수 있다는 뜻이에요.

"할아버지, 도끼는 날만 갈면 되지 않아요? 왜 도끼 전체를 가세요?"

"도끼를 전체적으로 다 갈아야 바늘을 만들지."

"예? 도끼로 바늘을 만들어요? 에이, 말도 안 돼요!"

이백은 어이가 없어 헛웃음만 나왔어요. 하지만 할아버지는 이백을 거들떠보지도 않고 무심히 도끼를 계속 갈 뿐이었어요.

"아무리 크고 두꺼운 도끼도 계속 갈면 언젠가 가늘고 뾰족한 바늘이 될 테지. **내가 포기하지 않고 꾸준히 노력한다면 분명 도끼를 갈아 바늘을 만들 수 있다네.**"

그 순간, 이백은 뒤통수를 세게 후려 맞은 듯했어요. 단 며칠도 견디지 못해 공부를 팽개치고 나온 자신이 몹시 부끄러워졌지요.

"제가 할아버지께 큰 깨달음을 얻었네요. 고맙습니다."

이백은 발걸음을 돌려 다시 산으로 올라갔어요. 그 뒤로 아주 열심히 공부했지요. 그 덕분에 훗날 이백은 세상 사람들이 알아주는 천재 시인이 될 수 있었답니다.

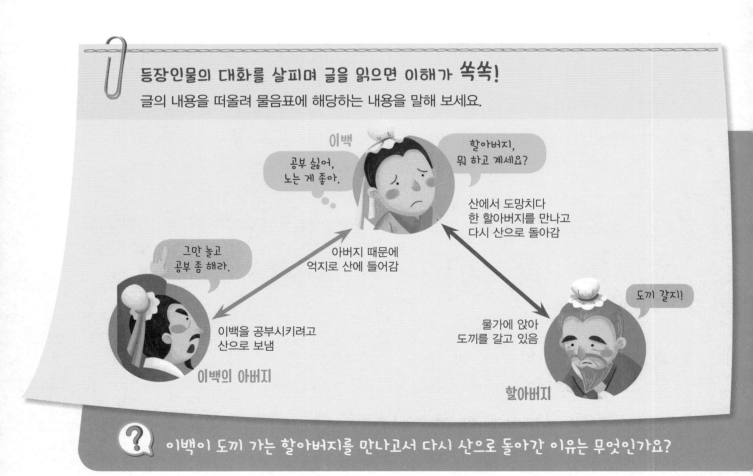

등장인물의 대화를 살피며 글을 읽으면 이해가 쏙쏙!

글의 내용을 떠올려 물음표에 해당하는 내용을 말해 보세요.

이백

공부 싫어, 노는 게 좋아.

할아버지, 뭐 하고 계세요?

산에서 도망치다 한 할아버지를 만나고 다시 산으로 돌아감

그만 놀고 공부 좀 해라.

아버지 때문에 억지로 산에 들어감

도끼 갈지!

이백을 공부시키려고 산으로 보냄

이백의 아버지

물가에 앉아 도끼를 갈고 있음

할아버지

? 이백이 도끼 가는 할아버지를 만나고서 다시 산으로 돌아간 이유는 무엇인가요?

1 이야기와 만나는 문장 쓰기   다음 문장을 빈칸에 따라 써 보세요.

"	내	가		포	기	하	지		않	고		꾸	준	히		노	력	한
다	면		분	명		도	끼	를		갈	아		바	늘	을		만	들
수		있	다	네	.		"								

2 이해하는 문장 쓰기   이백의 아버지는 왜 이백을 상의산으로 보내 공부를 시켰을까요?

이백의 아버지는   다.

3 생각을 발견하는 문장 쓰기   이백은 도끼 가는 할아버지를 만난 뒤로 어떻게 변했나요?

이백은   다.

4 상상하는 문장 쓰기   여러분이라면 오랜 시간이 걸리는 일을 해야 할 때 어떤 생각이 들까요?

나라면   다.

모아쓰기   위에서 답으로 쓴 네 문장을 연결해서 써 보세요. 근사하고 재미있는 글이 완성될 거예요!

스물네 번째
이야기

큰일을 이루려면
작은 일부터 시작해야 한다

세상일이란 한 번에 뚝딱 이루어지는 경우가 거의 없어요. 크고 중요한 일일수록 더욱더 그렇지요. 그럼 어떻게 해야 할까요? 우선 지금 할 수 있는 작은 일부터 시작해야 해요. 그러면 장차 큰일까지 이루어 낼 수 있답니다. 이와 관련하여 재미있는 옛이야기가 전해지는데요. 다 함께 차근차근 읽어 볼까요?

중국의 전국 시대에 있었던 일이에요. 연나라를 다스리는 소왕에게 한 가지 큰 고민거리가 있었어요. 소왕은 날마다 머리를 싸매고 끙끙 고민했지요.

'우리 연나라는 그동안 제나라에 너무 많은 땅을 빼앗겼다. 그 바람에 급격히 약해졌지. 어째야 잃어버린 땅을 되찾고 연나라를 크고 강하게 만들 수 있을까?'

소왕은 제나라를 이겨서 땅을 되찾고 자존심을 회복하고 싶었어요. 그래서 널리 뛰어난 인재를 많이 모으려고 무던히 애썼답니다.

"뛰어난 인재가 많을수록 나라를 잘 이끌어 갈 수 있겠지. 제나라를 이길 지혜를 얻을 수도 있을 테고."

하지만 좀처럼 인재가 모이지 않았어요. 하기야 그도 그럴 만했지요. 뛰어난 인재

를 찾는 나라가 많은데 굳이 약해질 대로 약해진 연나라에 올 이유가 없으니까요. 소
왕은 답답한 마음에 곽외를 불러 물었어요.

"이보게, 곽외. 왜 우리에게는 뛰어난 인재가 오지 않는 건가?"

"전하, 제가 어느 임금의 이야기를 먼저 해 드리겠습니다."

곽외는 흠흠 목소리를 가다듬고 옛이야기를 시작했어요.

옛날에 한 임금이 있었습니다. 임금은 천리마를 갖고 싶어 했지만 좀처럼 구할 수
가 없었습니다. 그래서 천리마를 구해 오는 사람에게 엄청난 상금을 주기로 했습니
다. 3년이 지났을 즈음, 연인이라는 사람이 나타나 천리마를 찾아오겠다고 자신했습
니다. 임금은 연인에게 큰돈을 주며 천리마 찾는 일을 맡겼지요.

과연 연인은 얼마 지나지 않아 천리마가 있는 곳을 알아냈습니다. 임금은 뛸 듯이
기뻐하며 그곳으로 연인을 보냈지만, 한발 늦고 말았습니다. 이미 천리마가 죽은 뒤
였습니다. 하지만 연인은 천리마의 주인에게 예상치 못한 부탁을 했습니다.

"주인장, 죽은 천리마의 뼈를 내게 팔게."

그렇게 연인은 아주 비싼 값을 치르고 죽은 천리마의 뼈를 사 왔습니다. 임금은
이 사실을 알고 크게 화를 내며 펄쩍펄쩍 뛰었지요.

혹시 궁금하지 않았나요?

先 從 隗 始

먼저	좇을	높을	비로소
선	종	외	시

먼저 '외'부터 시작하라는 뜻이에요. 소왕이 원하는 대로 뛰어난 인재를 모으려거든 가까이 있는 곽외를 섬기는 일부터 시작해야 한다는 말에서 나온 표현이지요. 그래서 큰일을 이루려면 먼저 작은 일부터 시작해야 한다는 뜻으로 쓰인답니다. 그리고 이 사자성어의 '외'는 곽외의 이름을 가리키는 것입니다.

천 리 길도 한 걸음부터 : '리'는 거리를 재는 단위예요. 천 리는 약 393킬로미터인데요. 대략 서울에서 부산까지의 거
리와 비슷할 정도로 먼 거리랍니다. 이렇게 먼 길을 가는 일도 첫발을 뗄 때는 일부터 시작하지요. 그래서 아무리 크고 중요한
일도 처음에는 작은 일부터 시작하므로 어떤 일이든 시작이 중요하다는 뜻으로 쓰이는 속담이에요.

"내가 바라는 것은 살아 있는 말이다! 너는 왜 쓸모없는 뼈를 비싸게 사 왔느냐?"

"죽은 천리마를 아주 비싸게 샀다는 소문이 이미 널리 퍼졌을 겁니다. 이 소문을 들은 사람이 어떻게 생각하겠습니까? 죽은 말도 비싼 값을 쳐주는데 살아 있는 말은 얼마나 비싸게 사 줄까 기대하지 않겠습니까? 비록 당장은 천리마를 구하지 못했지만 실망하지 마십시오. 곧 좋은 소식이 있을 것입니다."

임금은 연인이 말한 대로 일단 기다려 보기로 했습니다. 놀랍게도 그 뒤로 1년이 채 지나지 않아 무려 3명이나 천리마를 데리고 왔지 뭡니까? 임금이 3년 동안 단 한 마리도 구하지 못했던 천리마를 연인은 죽은 말의 뼈로 세 마리나 구한 셈이었습니다.

곽외는 이야기를 끝마치고 소왕에게 말했어요.

"왕께서 뛰어난 인재를 구하시려거든 먼저 저부터 시작하십시오. 가까이 있는 저부터 좋은 대우를 해 주시면 저보다 뛰어난 인재들이 더 좋은 대우를 받고자 알아서 찾아올 것입니다. **큰일을 이루려면 먼저 작은 일부터 시작해야 합니다.**"

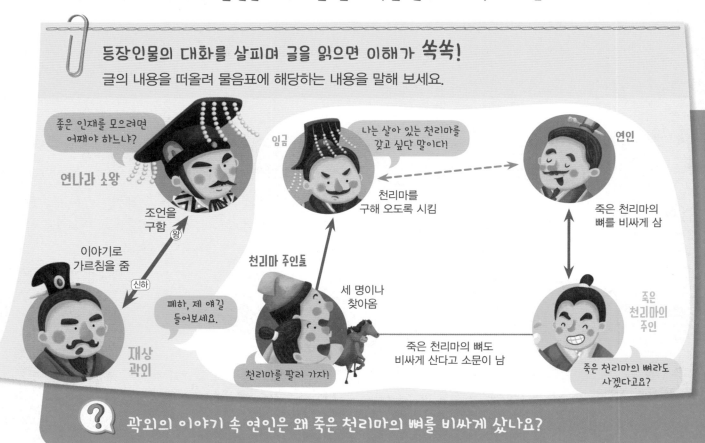

1 이야기와 만나는 문장 쓰기   다음 문장을 빈칸에 따라 써 보세요.

"	큰	일	을		이	루	려	면		먼	저		작	은		일	부	터
시	작	해	야		합	니	다	.	"									

2 이해하는 문장 쓰기   소왕은 왜 인재를 많이 모으려 했을까요?

소왕은   다.

3 생각을 발견하는 문장 쓰기   곽외는 소왕에게 뛰어난 인재를 모으려면 무엇부터 해야 한다고 했나요?

곽외는   다.

4 상상하는 문장 쓰기   여러분이 소왕이라면 인재를 모으기 위해 어떤 방법을 썼을까요?

내가 소왕이라면   다.

모아쓰기   위에서 답으로 쓴 네 문장을 연결해서 써 보세요. 근사하고 재미있는 글이 완성될 거예요!

천 가지 생각 중에 한 가지 실수

중국 최초의 황제 진시황제가 죽자 중국은 다시 혼돈 속으로 빠져들었어요. 중국을 통째로 차지하려고 곳곳에서 들고일어났거든요. 그때 가장 돋보였던 영웅은 초나라의 항우였는데요. 항우를 꺾고 최종 승리를 거둔 사람이 바로 한나라의 유방이었답니다. 하지만 유방이 혼자 힘으로 승리한 것은 아니었어요. 유방에게는 아주 뛰어난 인재가 많았지요. 그 가운데 한신도 있었어요.

한신은 아주 뛰어난 장수였어요. 오죽하면 한나라가 초나라와 맞서 한창 싸우고 있던 시기에 한나라를 배신한 나라들을 모조리 공격해서 무너뜨렸을 정도였어요. 위나라, 대나라, 조나라, 연나라, 제나라, 그리고 마지막에는 한나라와 끝까지 맞서 싸우던 초나라까지 깨부수었답니다.

이처럼 대단한 한신도 위나라를 무너뜨리고 조나라로 향하며 한 가지 고민이 생겼어요.

'조나라로 가려면 협곡을 지나가야 한다. 이때 자칫 조나라에게 공격을 받으면 우리 군대가 손쓸 틈도 없이 당할 텐데……. 어쩌면 좋담.'

협곡이란 좁고 험한 골짜기를 말해요. 그때 조나라에는 이좌거라는 아주 용맹하고 뛰어난 장수가 있었는데요. 한신은 이좌거가 한나라 군대를 휩쓸 기회를 놓칠 리 없다고 생각했지요. 그래서 고민 끝에 이좌거가 지키는 성으로 첩자를 보냈답니다. 얼마 뒤, 첩자가 돌아와서 말했어요.

"장군님, 모든 병사가 성안에 있습니다. 협곡에서 공격할 계획이 없다고 합니다."

"정말 잘됐구나! 그런데 이좌거가 그런 실수를 할 리 없거늘, 확실한 이야기더냐?"

"네, 사실 이좌거는 협곡에서 공격하자고 했는데 조나라 대신 진여가 거절했다고 합니다."

그러자 한신은 뛸 듯이 기뻐하며 잽싸게 군사들을 이끌고 협곡을 지나갔지요. 마침내 한신은 조나라 공격을 시작하며 군사들에게 한 가지 명령을 내렸어요.

"조나라의 이좌거를 사로잡아 오는 자에게 큰 상을 내리겠다!"

싸움이 시작되자 조나라 군사는 한나라 군사에게 상대도 되지 못했어요. 이좌거 역시 꼼짝없이 붙들려 한신 앞으로 끌려왔지요. 그런데 한신이 직접 이좌거를 풀어 주더니 술과 식사를 대접하며 극진히 대하지 뭐예요.

"내게는 그대처럼 뛰어난 사람이 필요하오. 연나라 그리고 제나라와 싸우는 데 지혜를 빌려 주시오."

"저는 싸움에서 진 장수입니다. 어찌 싸움의 방법을 이야기할 수 있겠습니까?"

혹시 궁금하지 않았나요?

千 慮 一 失

일천	생각할	하나	잃을
천	려	일	실

천 가지 생각 중에 한 가지 실수라는 뜻이에요. 아무리 지혜로운 사람이라도 많은 생각을 하다가 잘못 판단하거나 실수를 저지르는 일이 하나쯤 있을 수 있다는 말이지요. 그래서 여러 번 생각하여 신중하게 처리한 일이 잘못되는 경우에 쓰인답니다.

원숭이도 나무에서 떨어진다 : 아무리 익숙하게 잘하는 일이어도 어쩌다 한 번씩 실수할 수 있다는 뜻이에요. 실수를 위로하거나 방심하지 않도록 주의를 줄 때에 쓰이는 속담이랍니다.

하지만 한신은 포기하지 않고 이좌거를 설득했어요.

"백리해가 우나라에 있을 때에 우나라는 망했소. 하지만 백리해가 진나라로 가자 진나라가 세상을 차지했소. 진나라의 왕이 백리해의 뛰어난 재능을 알아보고 백리해의 말에 귀를 기울였기 때문이오. 만약 진여가 그대의 말을 들었다면 우리 한나라가 지고 나는 포로가 되었을 것이오. 지금 나는 그대의 말에 귀를 기울일 준비가 되어 있소. 진심으로 그대의 말을 따를 터이니 부디 말해 주시오."

한신이 예의를 갖추고 거듭 정중하게 부탁하자 이좌거도 더는 거절하지 못했어요.

"옛말에 슬기로운 사람도 천 가지 생각 중에 하나는 실수가 있을 수 있다 했습니다. 반대로 어리석은 사람도 천 가지 중에 하나는 맞을 수 있고요. 그래서 지혜로운 사람은 모자란 사람의 말도 귀를 기울이고 가려듣는다고 하지요. 싸움에서 진 제게도 귀를 기울여 주신다니 최선을 다해 제 생각을 말씀드리겠습니다."

그 뒤로 한신은 정말 이좌거의 의견을 받아들여 제나라와 연나라를 쉽게 이길 수 있었어요. 이좌거는 자신을 극진히 대하는 한신에게 감동해 한신의 부하가 되었지요.

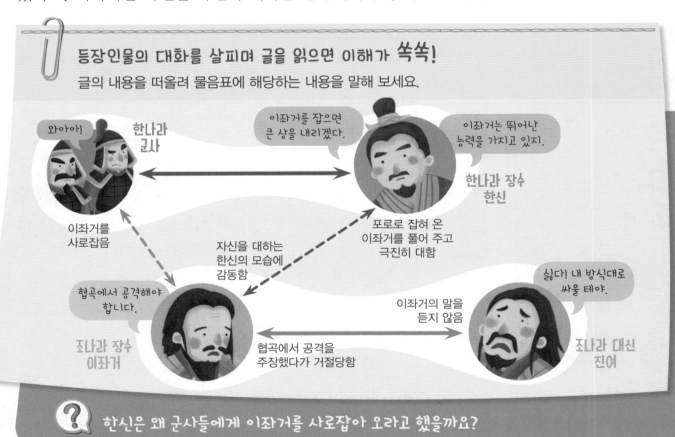

등장인물의 대화를 살피며 글을 읽으면 이해가 쏙쏙!
글의 내용을 떠올려 물음표에 해당하는 내용을 말해 보세요.

? 한신은 왜 군사들에게 이좌거를 사로잡아 오라고 했을까요?

1 이야기와 만나는 문장 쓰기) 다음 문장을 빈칸에 따라 써 보세요.

"	옛	말	에		슬	기	로	운		사	람	도		천		가	지
생	각		중	에		하	나	는		실	수	가		있	을		수
있	다		했	습	니	다	.		"				

2 이해하는 문장 쓰기) 이좌거는 왜 한신의 생각과 달리 협곡에서 공격을 못 했나요?

이좌거는   다.

3 생각을 발견하는 문장 쓰기) 이좌거는 한신의 어떤 모습에 감동하여 마음을 열었을까요?

이좌거는   다.

4 상상하는 문장 쓰기) 여러분이 진여라면 이좌거가 협곡에서 공격하자고 말했을 때에 어떻게 했을까요?

내가 진여라면   다.

모아쓰기) 위에서 답으로 쓴 네 문장을 연결해서 써 보세요. 근사하고 재미있는 글이 완성될 거예요!

기억하고 있나요?

다음 속담과 어울리는 고사성어를 연결하고
우리가 함께 읽었던 옛날이야기들을 기억해 보세요.

무쇠도 갈면 바늘 된다	낭중지추
주머니에 들어간 송곳이라	대기만성
원숭이도 나무에서 떨어진다	마부위침
개구리도 움쳐야 뛴다	선종외시
천 리 길도 한 걸음부터	천려일실

 힌트!

낭중지추 주머니 속에 있는 송곳이란 뜻으로 재능이 아주 빼어난 사람은 숨어 있어도 남의 눈에 드러난다는 뜻입니다.

대기만성 큰 인물을 큰 그릇에 비유한 표현으로 큰 인물이 되려면 오랜 시간과 부단한 노력이 필요하다는 의미랍니다.

마부위침 도끼를 갈아 바늘을 만든다는 뜻으로 노력의 중요성을 강조할 때에 쓰이는 표현이에요.

선종외시 큰일을 이루려면 먼저 작은 일부터 시작해야 한다는 뜻입니다.

천려일실 천 가지 생각 중에 한 가지 실수라는 뜻이에요. 아무리 지혜로운 사람이라도 많은 생각을 하다가 잘못 판단하거나 실수를 저지르는 일이 하나쯤 있을 수 있다는 말입니다.

▶ 가이드북 56쪽에 정답

책을 좋아하는 아이도 **글쓰기**는 **연습**이 필요하다

하루 한 문단 쓰기

휘리릭

초등
4문장
글쓰기

유시나 지음

고사성어편

책을 읽고 느낀 점이 떠오르게 만드는
1 필사 + 3 중심문장 만들기 시스템

정답 및 가이드북

📖 동양북스

하루 한 문단 쓰기

휘리릭

초등
4문장
글쓰기

고사성어 편

유시나 지음

차례

3장 좋은 사람과 행복하기

4장 지혜롭게 나쁜 마음 구별하기

5장 재능으로 어려움 극복하기

이렇게 활용하세요!

《휘리릭 초등 4문장 글쓰기 고사성어 편》은 글쓰기를 어려워하는 아이들에게 다양한 읽을거리로 글감을 제공하고, 문답으로 4문장 독서감상문을 완성할 수 있게 구성했습니다.

특히 《휘리릭 초등 4문장 글쓰기》 시리즈의 두 번째 편인 〈고사성어〉는 우리 국어에서 큰 비중을 차지하는 고사성어를 스토리텔링 형식으로 풀어내고 있습니다. 단순한 뜻풀이가 아닌 각각의 고사성어가 생겨난 유래를 당대 사회·문화적 배경 지식과 함께 아이들의 눈높이에 맞는 동화로 재구성하여 아이들이 보다 쉽고 재미있게 이해할 수 있게 만들었습니다. 아이들은 읽고 쓰는 과정을 통해 이해하고, 생각하고, 표현하는 단계별 학습을 할 수 있습니다.

〈부모님과 선생님을 위한 가이드북〉은 아이들의 생각 쓰기를 위한 지침 정도로 여겨 주세요. 이 책의 목적은 고사성어의 유래를 살펴 이야기의 맥락을 파악하고 주제를 발견하여 자신에게 적용하는 등 사고를 확장하고 자신의 생각을 언어로 표현하도록 돕는 것입니다. 아이에게 모범 답안을 강요하거나 유도하지 마세요. 중요한 것은 조금 서툴더라도 아이가 스스로 생각하고 글로 쓰는 활동, 그 자체입니다. 그러니 아이가 왜 그렇게 생각하고 썼는지 물어보고 찬찬히 의견을 들어 주세요. 문답을 통해 미처 생각하지 못한 부분을 환기시키고, 생각을 확장할 수 있게 충분히 이야기를 나누어 보세요.

〈부모님과 선생님을 위한 가이드북〉은 가이드의 방향을 알려 주는 '가이드 Tip', 본문을 읽기 전 대화를 나눌 수 있는 질문으로 구성된 '읽기 전 생각해 볼 것들', 본문의 주요 문장 따라 쓰기를 시작으로 3개의 예시 문장을 소개하는 '참고하세요!', 작성된 답안과 추가적인 정보를 보면서 이야기를 나누기 위한 '가이드 읽을거리'로 구성되었습니다.

아이들이 글쓰기에서 가장 어려워하는 것은 첫 문장 쓰기입니다. 가까스로 첫 문장을 쓰더라도 다음 문장을 이어 쓰지 못해서 결국 글쓰기를 중단하거나 문맥이 맞지 않는 엉뚱한 문장을 쓰기도 합니다.

이처럼 글쓰기를 어려워하는 아이들을 위해 《휘리릭 초등 4문장 글쓰기》는 주제를 관통하는 핵심 문장 따라 쓰기를 통해 아이가 자연스럽게 첫 문장을 쓸 수 있도록 유도합니다. 이어서 내용을 잘 이해했는지 확인하면서 두 번째 문장을 쓰고, 자신의 생각을 표현하면서 세 번째와 네 번째 문장을 이어 쓰게 합니다. 그리고 첫 번째부터 네 번째 문장까지 모아쓰기를 통해 하나의 문단을 완성하여 아이 스스로 성취감을 느낄 수 있게 구성했습니다.

장마다 5개씩, 총 25개의 이야기와 함께 작은 성취를 이루어 나간다면 어느새 아이는 글쓰기에 익숙해지고 부쩍 자신감이 붙은 스스로를 발견할 수 있을 것입니다. 또한, 표현력과 창의력도 성장하여 더 좋은 글을 쓸 수 있습니다. 아이 스스로 흥미를 느끼고 글쓰기 실력이 향상된다면 4문장에서 더욱 긴 글을 쓸 수 있도록 지도해 주셔도 좋습니다.

다음은 아이가 스스로 글쓰기를 할 수 있도록 응원하고 격려하기 위한 〈부모님과 선생님을 위한 가이드북〉 활용 원칙입니다. 최소한의 원칙에 따라 아이에게 글쓰기 자신감을 심어 주고, 더 좋은 글을 자유롭게 많이 쓸 수 있도록 칭찬을 통해 적극적으로 동기 부여를 해 주세요.

〈부모님과 선생님을 위한 가이드북〉 활용 원칙

1 맞춤법에 연연하지 않습니다.

아이에게 필요한 것은 글쓰기를 어려워하지 않는 자신감입니다. 스스로의 생각을 글로 쓰는 자체를 칭찬하고 격려해 주세요. 맞춤법은 글쓰기에 자신감이 붙은 다음에 차차 깨쳐 나가도 늦지 않습니다. 아이가 맞춤법을 틀릴까 봐 글쓰기를 어려워하거나 망설이지 않게 도와주세요.

2 질문을 주고받으며 생각을 키워 나갈 수 있도록 돕습니다.

질문은 닫혀 있는 생각의 문을 여는 열쇠입니다. 주어진 질문 외에도 다양한 각도에서 여러 질문을 해 보고 아이가 어떤 대답을 하는지 귀 기울여 주세요. 아이에게도 질문할 기회를 주시고 함께 이야기를 나누어 보세요. 생각에 깊이를 더하고 폭을 넓힐 수 있습니다.

3 예시 답안을 정답처럼 여기지 않습니다.

예시 답안은 결코 모범 답안이나 정답이 아닙니다. 따라서 예시 답안과 아이들의 답안을 비교하여 섣불리 평가하기보다는 '이렇게도 쓸 수 있다' 정도로만 참고해 주세요. 오히려 엉뚱하고 참신한 생각일수록 아낌없이 칭찬해 주시는 편이 좋습니다.

4 논리적 타당성이 부족하다면 스스로 점검할 수 있도록 안내합니다.

질문의 의도를 파악하지 못하거나 내용과는 상관없는 답안, 성의 없는 답안 등에 학습 지도가 필요할 수 있습니다. 이럴 때에는 꾸짖기보다 질문을 통해 아이 스스로 문제를 파악하게 해 주세요. 필요하다면 아이가 충분히 내용을 이해할 때까지 반복해서 읽은 뒤 다시 묻고 대답하면서 자연스럽게 내용을 점검할 수 있게 도와주세요. 그런 다음 아이가 나름대로의 타당한 근거를 가지고 답안을 작성할 수 있게 지도해 주세요.

5 본문 속 삽화는 이야기의 내용을 함축하고 있습니다.

이야기별 첫머리의 삽화는 내용을 고증하는 구체적인 자료 그림이 아니라 사건의 인상을 담은 함축적인 장면으로 만들었습니다. 책을 읽기 전 삽화를 보고 아이들과 함께 다양한 이야기를 상상해 보는 용도로 활용해 보세요.

강한 자들 사이에 끼어서 괴로움을 겪다

간 어 제 초

세상을 살면서 항상 좋은 일만 있을 수는 없지요. 때로는 어렵고 힘든 일도 있고, 나와 상관없는 일로 고통 받기도 한답니다. 그래서 나쁜 일이 있다고 해서 반드시 자기 자신을 탓하며 괴로워할 필요는 없어요. 우리 삶에는 내 잘잘못과 관계없이 나쁜 일이 생기는 날도 있으니까요. 이와 관련해서 옛날 중국에서 전해지는 이야기가 있어요. 다 함께 찬찬히 읽어 볼까요?

중국 철학자 맹자가 쓴 《맹자》에 나오는 이야기예요. 때는 바야흐로 전국 시대였지요. 전국 시대는 옛날에 중국이 크고 작은 나라로 갈라져 매우 혼란스러웠던 시기를 말해요. 여러 나라 가운데 조그마한 등나라가 있었어요. 등나라는 제나라와 초나라 사이에 있는 나라였는데요. 크고 강한 제나라와 초나라에 비해 작고 약해서 언제나 두 나라의 눈치를 살살 봐야 했답니다.

그런데 제나라와 초나라는 서로 사이가 매우 나빴어요. 맨날 으르렁! 헐뜯고 싸워대느라 등나라가 두 나라 사이에서 난처할 때가 아주 많았어요. 어디 그뿐인가요? 틈만 나면 등나라에 참견하고 호시탐탐 등나라를 빼앗을 기회를 노리는 등 제나라와 초나라의 등쌀에 등나라는 하루도 마음 편할 날이 없었어요.

"제나라 편을 들면 초나라가 가만있지 않을 테고, 초나라 편을 들면 제나라가 들고일어날 텐데……. 이를 어쩌면 좋단 말인가."

등나라의 문공은 제나라와 초나라 사이에서 어쩔 줄 몰라 한숨만 폭폭 쉬었어요. 나라 걱정에 속이 바짝바짝 타들어 가는 듯했지요.

"그렇다고 우리 등나라가 제나라와 초나라를 상대로 싸울 수도 없지 않은가!"

그러던 어느 날이었어요. 문공은 맹자가 등나라에 머물고 있다는 소식을 듣고 마침 잘되었다는 생각이 들었어요.

"맹자는 뛰어난 학자로 평소 존경하던 분이다. 당장 찾아가 가르침을 얻겠노라."

문공은 그 길로 맹자를 찾아가 등나라의 앞날을 물었답니다.

"우리 등나라는 작은 나라인데 지금 제나라와 초나라 사이에 끼어서 괴로움을 겪고 있습니다. 과연 우리 등나라가 어느 나라와 더 가까이 지내야 좋겠습니까?"

그러자 맹자가 고개를 가로저으며 말했어요.

"이것은 제가 해결할 수 있는 문제가 아니로군요."

하지만 문공은 포기하지 않았어요. 다시 간곡히 맹자에게 부탁했답니다.

"그러지 마시고 제발 말씀해 주십시오."

맹자는 잠시 생각하더니 입을 열었어요.

"굳이 제 이야기를 듣고자 하신다면 한 가지 방법이 있겠군요. 성을 높게 쌓고 그 아래 연못을 깊게 파십시오. 그리고 백성들과 함께 목숨 걸고 지키십시오."

문공은 고개를 갸웃하며 물었어요.

"작고 약한 등나라가 제나라와 초나라를 상대로 맞서 싸울 수 있겠습니까?"

"그건 알 수 없습니다. 다만 백성들이 죽음을 두려워하지 않고 끝까지 등나라를 지키려고 한다면 해볼 만하겠지요. 물론 그 반대라면 서둘러 이곳을 떠나십시오."

맹자는 제나라든 초나라든 믿을 수 없다고 생각했어요. 그래서 문공에게 두 나라의 눈치를 보지 말고 백성들과 함께 스스로 나라를 지키라고 했답니다. 도저히 그럴 용기가 나지 않는다면 차라리 미련을 버리고 떠나야 한다는 말이지요.

인물관계도 예시 답안

성을 높게 쌓고 연못을 깊게 판 뒤 백성들과 나라를 지키라고 했습니다.

답변이 될 수 있는 4개의 문장은 본문의 주요 내용과 등장인물의 생각을 파악하고 이에 대한 자신의 생각을 밝히는 과정으로 구성되었습니다.

> ① 중심 내용이 되는 문장을 따라 쓰기 → ② 따라 쓴 문장의 배경 상황 이해하기 → ③ 인물의 말을 떠올리고 그렇게 말한 이유를 파악하기 → ④ 자신이라면 어떻게 할지 상상하여 쓰기

를 통해 이야기의 핵심 문장을 찾고 이를 자신의 생각으로까지 연결하는 과정을 학습할 수 있도록 이끌어 주세요.

읽기 전 생각해 볼 것들

아이와 함께 동화를 읽기 전에 제목, 삽화 등을 보면서 어떤 내용이 펼쳐질지 유추해 보세요. 아이가 어려워하면 가벼운 질문으로 아이의 생각을 환기해 주세요.

1. 제목을 보고 어떤 이야기일지 상상해 볼까요?
2. 제목과 같은 상황을 보거나 겪은 적이 있었는지 생각해 볼까요?
3. 동화 속 굵은 글씨와 같은 상황은 어떻게 생겨났을까요?

✎ 참고하세요 본책 p.15 정답 예시

1 [이야기와 만나는 문장 쓰기] 이야기의 핵심이 되는 문공의 말을 따라 쓰도록 합니다. (왼쪽 붉은색 글씨 참조)

2 [이해하는 문장 쓰기] 등나라가 어떤 상황에 처해 있는지를 써 보면서 내용을 온전히 이해했는지 확인합니다.

[예시] 등나라는 크고 강한 제나라와 초나라에 비해 작고 약했습니다.

3 [생각을 발견하는 문장 쓰기] 맹자가 문공에게 제시한 해법의 이유를 동화 속에서 파악하고 의미를 생각해 본 후 답합니다.

[예시 1] 맹자는 제나라와 초나라 둘 다 믿을 수 없다고 생각했습니다.

[예시 2] 맹자는 문공이 백성과 함께 스스로 나라를 지키지 않으면 안 된다고 생각했습니다.

4 [상상하는 문장 쓰기] 백성과 함께 목숨 걸고 지키라는 맹자의 말을 듣고 어떻게 했을지 자유롭게 상상해 봅니다.

[예시 1] 내가 문공이라면 백성들과 함께 나라를 지키기 위해 싸우겠습니다.

[예시 2] 내가 문공이라면 백성들은 어떻게 생각하는지 들어 보고 결정하겠습니다.

[모아쓰기] 네 개의 문장을 이어서 하나의 문단을 완성합니다. 모두 쓴 뒤 소리 내어 읽어 보세요.

[예시 1] "우리 등나라는 작은 나라인데 지금 제나라와 초나라 사이에 끼어서 괴로움을 겪고 있습니다."
등나라는 크고 강한 제나라와 초나라에 비해 작고 약했습니다. 맹자는 제나라와 초나라 둘 다 믿을 수 없다고 생각했습니다. 내가 문공이라면 백성들과 함께 나라를 지키기 위해 싸우겠습니다.

[예시 2] "우리 등나라는 작은 나라인데 지금 제나라와 초나라 사이에 끼어서 괴로움을 겪고 있습니다."
등나라는 크고 강한 제나라와 초나라에 비해 작고 약했습니다. 맹자는 문공이 백성과 함께 스스로 나라를 지키지 않으면 안 된다고 생각했습니다. 내가 문공이라면 백성들은 어떻게 생각하는지 들어 보고 결정하겠습니다.

가이드의 읽을거리 ● 본문 속 맹자의 해법만이 옳은 답이라고 할 수는 없습니다. 사람과 사람, 나라와 나라 사이의 관계에서 벌어지는 문제에 꼭 하나의 정답이 있는 것은 아니니까요. 맹자의 말대로 싸울 수도, 백성들의 이야기를 들어 보고 결정할 수도, 아니면 백성들과 도망갈 수도 있습니다. 따라서 아이가 어떠한 답을 내놓아도 존중하고 자유로운 생각을 유도해 주세요. 그리고 아이가 왜 그렇게 생각하는지 이유를 물어보고 생각의 깊이를 더할 수 있게 도와주세요.

많으면 많을수록 좋다

사마천이 지은 《사기》는 중국의 역사서예요. 까마득한 고대부터 한나라의 일곱 번째 왕 무제가 다스리던 시대까지 약 2천여 년의 역사를 담고 있지요. 《사기》에는 긴 역사 속 수많은 사람 이야기가 실려 있는데요. 오늘날까지도 우리에게 많은 깨달음을 준답니다. 이번에 함께 읽을 이야기도 그 가운데 하나예요.

중국 진나라는 진시황제가 중국을 최초로 통일하고 세운 나라랍니다. 하지만 고작 14년 만에 멸망하고 말았지요. 진나라가 무너지자 초나라와 한나라가 서로 중국을 차지하려고 치열한 싸움을 했어요. 초나라를 이끄는 항우는 아주 힘이 세고 싸움을 잘하는 장수였고요. 한나라를 이끄는 유방은 주변에 많은 사람을 불러 모으는 재주가 있는 사람이었어요. 사람들이 하는 말을 귀담아 듣고, 각자의 재주를 잘 살려 썼거든요. 그래서 원래는 항우의 부하였지만 항우에게 실망해서 유방의 부하가 된 사람들도 있었어요.

"초나라의 항우는 도무지 남의 말을 들을 줄 모른다네. 툭하면 무시하기나 하지."

"쯧쯧, 그래서 어찌 큰일을 할 수 있겠나. 유방을 찾아가세. 유방은 누구든 귀하게 대접해 준다고 하네."

그러다 보니 시간이 흐를수록 유방의 곁에는 재주 많은 사람들이 점점 모여 들었지요. 반면 항우는 자기만 믿고 곁에 좋은 사람을 두지 못했어요. 그 결과, 유방은 많은 사람의 도움을 받아 항우를 이기고 중국을 통일할 수 있었답니다. 진나라에 이어 두 번째로 중국을 통일한 한나라의 황제 한고조가 된 것이지요.

하루는 한고조가 한신을 만나 이런저런 이야기를 나누었어요. 한신은 초나라의 항우를 무찌르고 천하 통일에 큰 공을 세운 장수였어요. 한고조는 문득 한신에게 물었지요.

"이보게, 한신. 장수마다 제각각 능력이 다르지. 저마다 능력에 따라 거느릴 수 있는 군사의 수도 다를 테고. 자네가 생각하기에 나는 과연 군사를 얼마쯤

거느릴 수 있겠나?"

한신이 시큰둥하게 대꾸했어요.

"아뢰옵기 황공하오나 폐하께서는 10만 정도를 거느리실 수 있을 듯합니다."

한고조는 고개를 갸웃하며 물었어요.

"뭐라, 겨우 10만이라고? 그렇다면 그대는 얼마쯤 거느릴 수 있겠나?"

그러자 한신이 당당히 대답했어요.

"신은 많으면 많을수록 좋습니다."

한고조는 껄껄 웃으며 다시 물었어요.

"그대가 말한 대로라면 나는 겨우 10만의 군사를 거느릴 수 있는 장수일세. 반면 자네는 셀 수 없이 많은 군사를 거느릴 수 있는 장수이지. 50만 아니 100만도 가능하다는 뜻이지 않은가? 그런 자네가 어찌 나의 신하가 됐는가?"

한신은 다시 차분하게 대답했답니다.

"그건 전혀 다른 이야기입니다. 폐하께서는 장수로서의 능력이 저보다 부족합니다. 하지만 저 같은 장수를 이끄는 능력이 있습니다. 제가 군사의 장수라면 폐하는 장수의 장수이신 셈이지요. 그게 바로 제가 폐하의 신하가 된 이유입니다. 이와 같은 능력은 인간이 노력한다고 가질 수 있는 게 아닙니다. 하늘이 내려 주신 능력이니까요."

인물관계도 예시 답안

10만 명 정도 거느릴 수 있다고 했습니다.

답변이 될 수 있는 4개의 문장은 인물의 특징과 행동을 중심으로 본문의 주요 내용을 파악하고 이를 토대로 자기 생각을 밝힐 수 있도록 구성되었습니다.

> ① 중심 내용이 되는 문장을 따라 쓰기 → ② 인물의 특징을 이해하기 → ③ 인물이 하는 행동의 이유를 찾기 → ④ 남들보다 뛰어난 능력으로 어떤 것을 갖고 싶은지를 상상하여 쓰기

를 통해 이야기의 흐름을 자연스럽게 파악하고 자신의 생각은 어떠한지 쓸 수 있도록 이끌어 주세요.

읽기 전 생각해 볼 것들

아이와 함께 동화를 읽기 전에 제목, 삽화 등을 보면서 어떤 내용이 펼쳐질지 유추해 보세요. 아이가 어려워하면 가벼운 질문으로 아이의 생각을 환기해 주세요.

1. 제목을 보고 많으면 많을수록 좋은 게 뭐가 있는지 생각해 볼까요?
2. 삽화를 보고 삽화 속 인물들이 어떤 관계인지 유추해 볼까요?
3. 동화 속 굵은 글씨는 어떤 상황에서 나온 말일까요?

✏️ 참고하세요   본책 p.19 정답 예시

1 이야기와 만나는 문장 쓰기   이야기의 핵심이 되는 한신의 말을 따라 쓰도록 합니다. (왼쪽 붉은색 글씨 참조)

2 이해하는 문장 쓰기   한고조 유방의 특징을 써 보면서 동화의 내용과 인물의 성격을 잘 파악했는지 확인합니다.

예시 유방은 사람들이 하는 말을 귀담아 듣고 각자의 재주를 잘 살려 썼습니다.

3 생각을 발견하는 문장 쓰기   한신과 한고조 유방의 대화 속에서 한신이 한고조의 신하가 된 이유를 찾습니다.

예시 ① 한신은 한고조 유방이 자신과 같이 뛰어난 장수를 이끄는 능력이 있다고 생각했습니다.

예시 ② 한신은 자기가 군사의 장수라면 한고조 유방은 장수의 장수라고 생각했습니다.

4 상상하는 문장 쓰기   한고조 유방과 한신처럼 남보다 뛰어난 능력으로 무엇을 가질 수 있는지 자유롭게 상상해 봅니다.

예시 ① 나는 사람들 앞에서 당당하고 멋지게 말을 잘하는 능력을 갖고 싶습니다.

예시 ② 나는 사람들을 즐겁게 웃겨 줄 수 있는 능력이 있으면 좋겠습니다.

모아쓰기   네 개의 문장을 이어서 하나의 문단을 완성합니다. 모두 쓴 뒤 소리 내어 읽어 보세요.

예시 ① "신은 많으면 많을수록 좋습니다."
유방은 사람들이 하는 말을 귀담아 듣고 각자의 재주를 잘 살려 썼습니다. 한신은 한고조 유방이 자신과 같이 뛰어난 장수를 이끄는 능력이 있다고 생각했습니다. 나는 사람들 앞에서 당당하고 멋지게 말을 잘하는 능력을 갖고 싶습니다.

예시 ② "신은 많으면 많을수록 좋습니다."
유방은 사람들이 하는 말을 귀담아 듣고 각자의 재주를 잘 살려 썼습니다. 한신은 자기가 군사의 장수라면 한고조 유방은 장수의 장수라고 생각했습니다. 나는 사람들을 즐겁게 웃겨 줄 수 있는 능력이 있으면 좋겠습니다.

가이드의 읽을거리 ● 남들보다 뛰어난 능력으로 어떤 것이 갖고 싶은지 생각하는 것에 그치지 말고, 원하는 능력을 갖추려면 노력을 해야 한다는 사실을 환기시켜 주세요. 나아가 아이가 스스로 어떤 노력을 해야 할지 생각해 볼 수 있게 생각의 보폭을 넓혀 주세요. 초능력같이 엉뚱한 상상을 해도 좋습니다. 현실적 기준으로 규격화된 틀에 맞추기보다 아이가 자유롭게 상상의 나래를 펼칠 수 있게 아이의 생각을 존중하고 격려해 주세요.

세상 일은 좋고 나쁨을 예측할 수 없다

새 옹 지 마

누구나 세상을 살아가는 동안 많고 많은 일을 겪는답니다. 그 가운데에는 좋은 일도 나쁜 일도 있어요. 그런데 신기하게도 시간이 지나면 좋은 줄 알았던 일이 안 좋은 결과를 가져오거나, 별로 좋지 않거나 불행하게 보였던 일이 뜻밖의 행운이 되기도 해요. 무슨 뜻이냐고요? 우리 함께 다음 이야기를 읽고 곰곰이 생각해 보아요!

옛날 중국에서 있었던 일이에요. 중국 북쪽 변방의 마을에 한 할아버지가 가족과 함께 살고 있었어요. 할아버지는 말을 한 마리 키웠는데요. 어느 날, 갑자기 말이 "힝힝!" 울부짖으며 사방팔방 거칠게 날뛰지 뭐예요. 그러다 할아버지가 잡을 틈도 없이 어디론가 쏜살같이 달아나 버렸지요. 마을 사람들이 이 모습을 보고 깜짝 놀라서 말했어요.

"아이고, 말이 도망가서 어째요!"

"할아버지, 많이 속상하시죠? 힘내세요."

그때 사람들에게 말은 아주 쓸모가 많은 재산이었어요. 기차나 자동차 같은 탈것이 없던 시절이었거든요. 멀리 가거나 무거운 짐을 옮겨야 하는 경우, 말이 있으면 쉽고 편하게 뚝딱! 그런데 그 소중한 말을 잃어버렸으니 얼마나 큰 손해겠어요! 하지만 마을 사람들과 달리 할아버지는 아무렇지 않아 보였어요.

"괜찮소. 오히려 좋은 일이 될지 모르지 않소?"

할아버지는 평소와 똑같이 잘 지냈어요. 그런데 얼마 지나지 않아 뜻밖의 일이 벌어졌어요. 난데없이 야생마 한 무리가 마을에 나타나지 않았겠어요? 알고 보니 국경 너머로 달아났던 할아버지의 말이 야생마 무리를 데리고 집에 돌아온 것이었어요! 마을 사람들은 놀랍고 부러워서 한마디씩 했지요.

"우와, 정말 좋으시겠어요!"

"세상에. 말 부자가 되셨네요. 축하드려요!"

하지만 할아버지는 표정이 영 좋지 않았어요. 걱정스러운 목소리로 말했지요.

"후유, 도리어 안 좋은 일이 될까 걱정되는구려."

마을 사람들은 할아버지를 이해할 수 없었어요.

'할아버지는 왜 부자가 되었는데 기뻐하지 않을까?'

그 뒤로도 마을 사람들이 이해할 수 없는 일이 일어났어요. 할아버지의 아들이 야생마 가운데 가장 좋은 말을 골라 타고 다녔는데요. 하루는 말에서 뚝 떨어져서 크게 다쳤어요. 정성껏 치료했지만 끝내 다리 한쪽을 절뚝거리게 되었답니다.

"아들이 평생 다리를 절뚝여야 한다니 정말 큰일이구려."

마을 사람 모두가 안타까워하는데 정작 할아버지만 담담했지요.

"이 일로 또 좋은 일이 생길지 모르잖소?"

과연 할아버지가 말한 대로였어요. 곧 나라에서 큰 전쟁이 일어나서 대부분의 젊은이가 전쟁터로 끌려가 죽었답니다. 다리가 불편한 할아버지의 아들만 빼고요. 다리를 다친 덕분에 목숨을 건진 셈이었지요. 그제야 마을 사람들은 무릎을 탁 쳤어요.

"할아버지의 말씀이 옳았어요!"

할아버지는 허허 웃으며 말했답니다.

"세상일은 좋고 나쁨을 예측하기 어려우니 좋은 일에 기뻐하거나 나쁜 일에 슬퍼할 필요 없소."

인물관계도 예시 답안

나쁜 일이 좋은 일로, 좋은 일이 나쁜 일로 바뀔 수 있다고 생각했기 때문입니다.

답변으로 나올 수 있는 4개의 문장은 본문의 주요 내용을 파악하고 이에 대한 자신의 생각을 밝히는 과정을 학습하기 위해 구성되었습니다.

> ① 중심 내용이 되는 문장을 따라 쓰기 → ② 인물의 행동 파악하기
> → ③ 인물이 한 행동의 이유 찾기 → ④ 자신이라면 어떻게 할지를
> 상상하여 쓰기

를 하면서 이야기 속 인물이 하는 말과 행동의 이유를 이해하고 자신의 경우에 적용하여 생각해 볼 수 있게 도와주세요.

읽기 전 생각해 볼 것들

아이와 함께 동화를 읽기 전에 제목, 삽화 등을 보면서 어떤 내용이 펼쳐질지 유추해 보세요. 아이가 어려워하면 가벼운 질문으로 아이의 생각을 환기해 주세요.

1. 삽화를 보고 어떤 상황일지 상상해 볼까요?
2. 예상했던 것과 다른 결과가 나오는 일을 생각해 볼까요?
3. 어떤 상황에서 동화 속 굵은 글씨와 같은 말을 할까요?

참고하세요 본책 p.23 정답 예시

1 [이야기와 만나는 문장 쓰기] 이야기의 핵심이 되는 할아버지의 말을 따라 쓰도록 합니다. (왼쪽 붉은색 글씨 참조)

2 [이해하는 문장 쓰기] 동화 속 할아버지가 해당 상황에서 보인 모습을 써 보면서 동화의 내용을 잘 파악했는지 확인합니다.

예시 할아버지는 평소와 똑같이 잘 지냈습니다.

3 [생각을 발견하는 문장 쓰기] 할아버지와 마을 사람들이 묻고 대답하는 대화 속에서 할아버지의 상황별 태도의 이유를 찾습니다.

예시 1 왜냐하면 말이 도망친 게 오히려 좋은 일이 될지 모른다고 생각했기 때문입니다.

예시 2 왜냐하면 말이 도망친 일이 나쁜 일인지 아닌지 알 수 없었기 때문입니다.

4 [상상하는 문장 쓰기] 할아버지와 이야기를 나누는 마을 사람이라고 상상하며 답해 봅니다.

예시 1 내가 마을 사람이라면 할아버지의 말이 정말 맞다고 생각할 것입니다.

예시 2 내가 마을 사람이라면 앞으로 좋은 일이 생겼다고 막 좋아하거나 나쁜 일이 있다고 엄청 슬퍼하지 않을 것입니다.

모아쓰기 네 개의 문장을 이어서 하나의 문단을 완성합니다. 모두 쓴 뒤 소리 내어 읽어 보세요.

예시 1 "세상일은 좋고 나쁨을 예측하기 어려우니 좋은 일에 기뻐하거나 나쁜 일에 슬퍼할 필요 없소."
할아버지는 평소와 똑같이 잘 지냈습니다. 왜냐하면 말이 도망친 게 오히려 좋은 일이 될지 모른다고 생각했기 때문입니다. 내가 마을 사람이라면 할아버지의 말이 정말 맞다고 생각할 것입니다.

예시 2 "세상일은 좋고 나쁨을 예측하기 어려우니 좋은 일에 기뻐하거나 나쁜 일에 슬퍼할 필요 없소."
할아버지는 평소와 똑같이 잘 지냈습니다. 왜냐하면 말이 도망친 일이 나쁜 일인지 아닌지 알 수 없었기 때문입니다. 내가 마을 사람이라면 앞으로 좋은 일이 생겼다고 막 좋아하거나 나쁜 일이 있다고 엄청 슬퍼하지 않을 것입니다.

가이드의 읽을거리 ● 새옹지마는 아이가 이해하기에 다소 어려울 수 있습니다. 따라서 비슷한 교훈을 담고 있는 《탈무드》 이야기를 함께 들려주어 아이의 이해를 도와주세요. (《휘리릭 초등 4문장 글쓰기 탈무드 편》 72쪽을 참고하세요.)
한 랍비가 개와 당나귀를 데리고 빈 헛간에서 하룻밤 묵었습니다. 헛간 앞에 개와 당나귀를 묶고 등불을 켜서 책을 읽었지요. 바람이 불어 등불이 꺼지는 바람에 랍비는 할 수 없이 책을 덮고 잤습니다. 다음 날 랍비가 밖에 나와 보니 밤사이에 개와 당나귀가 맹수에게 물려 죽었고 근처 마을이 도적 떼의 습격으로 쑥대밭이 되었습니다. 만약 지난밤에 등불이 꺼지지 않고 개와 당나귀가 죽지 않았다면 어떻게 되었을까요? 도적 떼가 랍비를 발견하고 죽였을 테지요. 그야말로 간밤의 불행이 랍비를 살린 것이었습니다.

한 가지 일로 두 가지 이익을 얻다

일 거 양 득

우리는 종종 둘 중 하나를 골라야 하는 선택의 순간에 서곤 해요. 대개는 한쪽을 선택하고 다른 한쪽을 포기하게 되지만요. 때때로 잘못된 선택으로 둘 다 놓치는 경우도 있답니다. 반대로 곰곰이 잘 생각해서 손쉽게 양쪽 모두를 얻는 선택을 할 수도 있지요. 이와 관련된 재미난 옛날이야기가 전해져요.

옛날 중국에 변장자라고 힘이 세고 몸집이 큰 장사가 살았어요. 하루는 변장자가 길을 가다가 작은 산골 마을에 들렀는데요. 이미 날이 어둑어둑해서 마을 여관에서 하룻밤을 묵기로 했답니다.

"후유, 많이 걸었더니 피곤하구나. 어서 씻고 쉬어야겠다."

변장자가 여관에서 짐을 풀고 쉬는데 밖에서 사람들이 시끌시끌 떠드는 소리가 들렸어요.

"밤중에 웬 소란이람?"

변장자는 궁금증을 못 참고 밖에 나갔어요. 그러자 이게 웬일이에요?

"으악, 호랑이다! 호랑이가 나타났다!"

"호랑이 두 마리가 서로 소를 잡아먹으려고 싸우고 있어!"

"엉엉, 저러다 내 소가 잡아먹히겠어. 누가 내 소를 좀 구해 줘요!"

세상에나, 산에서 집채만 한 호랑이가 두 마리나 내려왔지 뭐예요. 호랑이들은 소 한 마리를 두고서 무시무시한 기세로 싸워 대고 있었어요. 마을 사람들은 잔뜩 겁에 질려 호랑이들의 싸움을 지켜보며 발만 동동 구르고 있었답니다. 그러다 한 사람이 변장자를 보고 냉큼 소맷자락을 붙잡고 부탁했어요.

"아이고, 제발 저 호랑이들을 물리쳐 주세요!"

"알겠소, 내 반드시 호랑이들을 잡아 드리겠소."

변장자는 잽싸게 방에서 활과 화살을 챙겨 나왔어요. 그리고 호랑이를 향해 활을 겨누었지요. 변장자가 활시위를 놓으려는 순간!

"안 돼요, 활을 쏘지 마세요!"

누군가가 변장자의 팔을 잡아당기며 말리지 않겠어요? 여관에서 허드렛일을 하는 시동이었어요.

"이게 무슨 짓이냐? 활을 겨누는데 방해하다니!"

"보세요, 호랑이 두 마리가 소를 차지하기 위해 서로 죽일 듯 물어뜯고 있잖아요? 어차피 조금만 기다리면 호랑이 한 마리는 죽겠지요. 남은 호랑이 한 마리도 상처 입고 힘이 다 빠진 상태일 테고요. 그럼 호랑이 한 마리만 잡아도 죽은 호랑이 두 마리를 얻을 수 있어요. 그런데 굳이 지금 힘들게 두 마리를 사냥할 필요가 있나요?"

"옳거니, 네 말이 맞다!"

변장자는 당장 활을 거두고 호랑이들의 싸움이 끝나기를 기다렸어요. 잠시 후, 과연 호랑이 한 마리가 물려 죽고, 상처투성이 한 마리가 남았어요. 그제야 변장자는 활을 들어 남은 호랑이 한 마리를 향해 쏘았어요. 휙! 화살을 맞은 호랑이는 비틀비틀하다가 쿵 쓰러졌어요. 이 모습을 본 마을 사람들은 크게 기뻐하며 소리쳤어요.

"와, 한 번에 호랑이 두 마리를 잡았어!"

변장자는 부드러운 미소를 지으며 시동에게 말했어요.

"네 말대로 **한 가지 일로 두 가지 이익을 얻었다**. 정말 고맙구나."

인물관계도 예시 답안

싸우던 호랑이 두 마리 중 한 마리가 물려 죽고, 상처투성이 한 마리만 살아남았습니다.

답변으로 나올 수 있는 4개의 문장은 본문의 주요 내용을 파악하고 이에 대한 자신의 생각을 밝히는 과정으로 구성되었습니다.

> ① 중심 내용이 되는 문장을 따라 쓰기 → ② 인물의 행동 이해하기 → ③ 인물이 한 말의 의미를 생각하기 → ④ 자신이라면 어떻게 할지를 상상하며 쓰기

를 통해 이야기의 흐름을 정리하고 자신의 생각을 표현할 수 있도록 지도해 주세요.

읽기 전 생각해 볼 것들

아이와 함께 동화를 읽기 전에 제목, 삽화 등을 보면서 어떤 내용이 펼쳐질지 유추해 보세요. 아이가 어려워하면 가벼운 질문으로 아이의 생각을 환기해 주세요.

1. 제목을 보고 어떤 내용일지 상상해 볼까요?
2. 삽화를 보고 어떤 상황인지 유추해 볼까요?
3. 어떤 상황에서 동화 속 굵은 글씨와 같은 말을 할 수 있을까요?

✎ 참고하세요 본책 p.27 정답 예시

1 [이야기와 만나는 문장 쓰기] 이야기의 핵심이 되는 변장자의 말을 따라 쓰도록 합니다. (왼쪽 붉은색 글씨 참조)

2 [이해하는 문장 쓰기] 동화 속 인물들의 행동을 써 보면서 동화 내용을 잘 이해했는지 확인합니다.

[예시 1] 마을 사람들은 잔뜩 겁에 질려 호랑이들의 싸움을 지켜보기만 했습니다.
[예시 2] 마을 사람들은 변장자에게 호랑이를 잡아 달라고 도움을 요청했습니다.

3 [생각을 발견하는 문장 쓰기] 시동이 변장자를 말리면서 한 말을 떠올리고 가장 핵심이 되는 이유를 찾아서 정리합니다.

[예시 1] 시동은 호랑이 한 마리가 죽은 뒤 남은 한 마리도 상처 입고 힘이 빠지면 쉽게 잡을 수 있다고 생각했습니다.
[예시 2] 시동은 호랑이 한 마리가 죽으면 남은 한 마리만 잡아도 두 마리를 모두 잡을 수 있다고 생각했습니다.

4 [상상하는 문장 쓰기] 동화 속 변장자라고 상상하며 어떻게 할지 자유롭게 답해 봅니다.

[예시 1] 내가 변장자라면 시동이 말한 대로 한 마리가 쓰러질 때까지 기다리겠습니다.
[예시 2] 내가 변장자라면 마음 놓고 호랑이들의 싸움을 구경하겠습니다.

[모아쓰기] 네 개의 문장을 이어서 하나의 문단을 완성합니다. 모두 쓴 뒤 소리 내어 읽어 보세요.

[예시 1] "한 가지 일로 두 가지 이익을 얻었다."
마을 사람들은 잔뜩 겁에 질려 호랑이들의 싸움을 지켜보기만 했습니다. 시동은 호랑이 한 마리가 죽은 뒤 남은 한 마리도 상처 입고 힘이 빠지면 쉽게 잡을 수 있다고 생각했습니다. 내가 변장자라면 시동이 말한 대로 한 마리가 쓰러질 때까지 기다리겠습니다.

[예시 2] "한 가지 일로 두 가지 이익을 얻었다."
마을 사람들은 변장자에게 호랑이를 잡아 달라고 도움을 요청했습니다. 시동은 호랑이 한 마리가 죽으면 남은 한 마리만 잡아도 두 마리를 모두 잡을 수 있다고 생각했습니다. 내가 변장자라면 마음 놓고 호랑이들의 싸움을 구경하겠습니다.

가이드의 읽을거리 ● 일거양득과 비슷한 뜻을 가진 속담으로 '임도 보고 뽕도 딴다'가 있습니다. 뽕잎으로 누에의 먹이도 장만하고 함께 뽕잎을 따면서 사랑하는 사람도 만난다는 뜻이지요. 두 가지 일을 동시에 이룬다는 의미로 일상생활에서도 자주 사용하는 표현이니 알아 두면 좋습니다. 예를 들어 음료수 뚜껑을 땄더니 '하나 더'가 당첨되는 경우처럼 일상에서 경험할 수 있는 일거양득의 상황을 이야기하며 아이들이 의미를 보다 쉽게 기억하고 활용할 수 있도록 도와주세요.

앞문의 호랑이를 막으니 뒷문으로 이리가 들어온다 전 호 후 랑

한나라는 진나라에 이어 중국을 두 번째로 통일한 나라에요. 나라 밖으로는 영토를 확장하고 비단길을 개척하는 등 강한 힘을 널리 떨쳤고요. 안으로는 세계 최초로 종이를 발명하는 등 문화를 크게 발전시켰지요. 그러나 한나라가 다스리던 400여 년 역사가 항상 태평성대였던 것은 아니에요. 나쁜 일이 연달아 줄줄 일어나 나라가 매우 어지럽고 약해진 때도 있었답니다. 과연 한나라에 어떤 일이 있었는지 살펴볼까요?

한나라 19대 황제인 장제가 세상을 떠나자 장제의 넷째 아들이 황위에 올랐어요. 20대 황제 화제이지요. 화제는 나이가 고작 9세밖에 되지 않은 어린아이였어요.

"지금이야말로 한나라를 우리 마음대로 주무를 때야!"

"그렇고말고. 꼬마 황제가 뭘 할 수 있겠어? 이제 우리 세상이지!"

아직 어린 황제를 제치고 권력을 휘어잡은 사람은 바로 두태후와 태후의 오빠 두헌이었어요. 두태후는 장제의 황후로 화제의 의붓어머니였는데요. 어린 화제를 앞에 내세우고 이래라 저래라 사사건건 나랏일에 간섭했지요. 오빠 두헌은 아예 스스로를 대장군으로 삼았답니다. 어린 화제가 보기에도 두태후와 두헌은 문제가 많았어요.

"아직은 내가 나이가 어려서 어머니와 삼촌을 지켜볼 수밖에 없구나. 하지만 힘이 생기는 대로 꼭 두 씨 집안을 몰아내고 나라를 바로잡겠어."

물론 두태후와 두헌도 가만있지만은 않았어요. 두헌은 하루가 다르게 무럭무럭 자라는 화제를 보며 나쁜 생각을 품었지요.

'차라리 화제를 없애고 내가 직접 황제가 되어야겠다!'

두헌의 꿍꿍이는 곧 화제에게도 알려졌어요. 화제는 깊은 고민에 빠졌어요.

'이대로 눈 뜨고 당할 수는 없다. 어쩌면 좋을까?'

이때 화제의 머릿속에 환관 정중이 떠올랐어요. 정중은 아주 똑똑하고 일을 잘하는 실력자였지요. 화제는 정중을 불러 말했어요.

"내 비록 어리지만 이 나라를 다스리는 황제입니다. 그러니 내 소중한 신하인 당신이 나를 도와주면 좋겠습니다."

"황제 폐하, 성은이 망극하옵니다."

정중은 화제를 도와 반역자 두헌을 처단하는 데 앞장섰어요. 결국 두헌은 황제가 되기는커녕 스스로 목숨을 끊었고요. 다른 두 씨 집안의 사람들도 싹 쫓겨났답니다.

"그대 덕분에 나라의 질서를 바로잡을 수 있겠군요. 정말 고맙습니다."

화제는 정중에게 감사하며 높은 벼슬을 내렸어요. 이제 황제인 자신을 중심으로 나라를 잘 이끌어 갈 수 있다고 믿었지요. 그러나 화제의 생각은 틀렸어요.

"폐하, 제 말만 따르시옵소서."

정중은 화제 옆에 딱 달라붙어 나라를 쥐락펴락하기 시작했습니다. 두태후와 두헌을 쫓아낸 자리를 정중이 대신 차지한 셈이었지요.

화제의 이야기는 그 뒤로 많은 사람에게 전해졌어요. 천여 년이 지나 원나라 사람 조설항은 자신의 책에 다음과 같이 쓰기도 했어요.

"두 씨를 제거하자 환관의 힘이 강해졌구나. 속담에서 말하기를 '**앞문의 호랑이를 막으니 뒷문으로 이리가 들어온다**'고 했다."

인물관계도 예시 답안

환관 정중이 화제 옆에 붙어서 나라를 쥐락펴락했습니다.

답변으로 나올 수 있는 4개의 문장은 본문의 주요 내용을 파악하고 인물의 생각을 이해하여 이에 대한 자신의 생각을 이끌어 내는 단계별 학습과정으로 구성되었습니다.

> ① 중심 내용이 되는 문장을 따라 쓰기 → ② 주인공의 행동 이해하기 → ③ 주인공의 말을 떠올리며 생각 헤아려 보기 → ④ 자신이라면 어떻게 위기를 벗어날지 상상하며 쓰기

를 하면서 이야기의 주제를 이해하고 이를 바탕으로 자신의 생각을 이끌어 내는 과정을 연습할 수 있도록 도와주세요.

읽기 전 생각해 볼 것들

아이와 함께 동화를 읽기 전에 제목, 삽화 등을 보면서 어떤 내용이 펼쳐질지 유추해 보세요. 아이가 어려워하면 가벼운 질문으로 아이의 생각을 환기해 주세요.

1. 제목을 보고 어떤 상황이 벌어질지 상상해 볼까요?

2. 삽화를 보고 삽화 속 인물들이 어떤 사람이고, 서로 어떤 관계일지 유추해 볼까요?

3. 호랑이와 이리를 맞닥뜨리는 일처럼 무서운 일로 무엇이 있을지 떠올려 볼까요?

참고하세요 본책 p.31 정답 예시

1 이야기와 만나는 문장 쓰기 화제의 이야기를 한 문장으로 요약한 조설항의 평가를 따라 써 봅니다. (왼쪽 붉은색 글씨 참조)

2 이해하는 문장 쓰기 화제가 해당 상황에서 어떤 행동을 했는지 써 보면서 동화의 내용을 이해했는지 확인합니다.

예시1 화제는 환관 정중을 불러 자신을 도와 달라고 했습니다.
예시2 화제는 똑똑하고 일 잘하는 신하 정중에게 도움을 부탁했습니다.

3 생각을 발견하는 문장 쓰기 화제가 정중에게 한 말과 행동에서 화제의 심중을 헤아려 보고 답합니다.

예시1 정중은 화제를 도와 반역자 두헌을 처단했습니다.
예시2 정중은 화제가 부탁한 대로 두헌과 두 씨 집안사람들을 몰아냈습니다.

4 상상하는 문장 쓰기 이야기 속 화제가 처한 상황을 떠올리며 위기에서 벗어나는 방법을 상상해 봅니다.

예시1 내가 화제라면 당장 두헌을 잡아서 감옥에 가두라고 명령했을 것입니다.
예시2 내가 화제라면 먼저 두헌의 꿍꿍이를 소문내서 두헌을 꼼짝 못하게 했을 것입니다.

모아쓰기 네 개의 문장을 이어서 하나의 문단을 완성합니다. 모두 쓴 뒤 소리 내어 읽어 보세요.

예시1 '앞문의 호랑이를 막으니 뒷문으로 이리가 들어온다.'
화제는 환관 정중을 불러 자신을 도와 달라고 했습니다. 정중은 화제를 도와 반역자 두헌을 처단했습니다. 내가 화제라면 당장 두헌을 잡아서 감옥에 가두라고 명령했을 것입니다.

예시2 '앞문의 호랑이를 막으니 뒷문으로 이리가 들어온다.'
화제는 똑똑하고 일 잘하는 신하 정중에게 도움을 부탁했습니다. 정중은 화제가 부탁한 대로 두헌과 두 씨 집안사람들을 몰아냈습니다. 내가 화제라면 먼저 두헌의 꿍꿍이를 소문내서 두헌을 꼼짝 못하게 했을 것입니다.

가이드의 읽을거리 ● 전호후랑 혹은 설상가상과 비슷한 뜻을 가진 고사성어로 설상가설(雪上加雪)이 있습니다. 눈(설), 윗(상), 더할(가), 눈(설)이라는 한자를 쓰지요. 눈 위에 눈이 또 내린다는 뜻으로 어려운 일이 겹쳐서 생길 때 쓰는 말입니다. 설상가상과 함께 많이 쓰이는 표현이니 알아 두면 좋습니다. 아이에게 단순히 암기하게 하는 것보다는 일상생활 속에서 아이가 경험할 수 있는 상황을 통해 자연스럽게 기억할 수 있도록 도와주세요. 감기 걸려서 열나고 아픈데 배탈까지 나서 설사하는 경우를 쉽게 예로 들어도 좋겠지요.

십 년이면 강산도 변한다는 속담이 있어요. 세월이 흐르면 세상 모든 것이 변하기 마련이라는 뜻이지요. 시간이 지나 세상이 예전과 달라졌는데도 불구하고 과거에 하던 대로만 생각하고 행동하면 어떻게 될까요? 어리석고 잘못된 판단을 내리지 않을까요? 이번에 읽을 이야기는 바로 이러한 어리석음을 경계하는 교훈을 담고 있답니다.

옛날 중국의 춘추 전국 시대에 있었던 일이에요. 춘추 전국 시대는 춘추 시대와 전국 시대를 합쳐서 이르는 말이지요. 이때는 중국이 여러 나라로 갈라져서 끊임없이 대립하던 시기였는데요. 쉽게 전반기를 춘추 시대, 후반기를 전국 시대라고 말해요.

어느 날, 초나라 사람이 양쯔강을 건너기 위해 나룻배를 탔어요. 양쯔강은 중국에서 가장 긴 강이라 장강(長江)이라고도 불린답니다. 남자는 품속에 검을 꼭 끌어안고 뱃전에 앉았지요. 뱃사공이 그 모습을 보고 말했어요.

"검을 무척 아끼시는군요. 좋은 검인가 봅니다."

남자는 씩 웃으며 자랑스레 대답했어요.

"예, 아주 좋은 검입니다. 전쟁터에서 저를 영웅으로 만들어 줄 명검이지요. 그래서 한시도 제 품에서 떼어 놓지 않는답니다."

그러다 나룻배가 양쯔강을 절반쯤 건넜을 무렵이었어요.

풍당!

세상에나, 남자가 품속의 검을 만지작대다 실수로 강물에 빠뜨렸지 뭐예요!

"아이고, 내 검을 물에 빠뜨렸네!"

남자는 깜짝 놀라 물속을 향해 손을 뻗으며 허우적댔지요. 그 바람에 나룻배가 균형을 잃고 기우뚱! 뱃사공도 깜짝 놀라 남자를 말렸어요.

"진정하세요! 그렇게 난리를 피우시면 안 돼요. 배가 기울어서 자칫하면 뒤집힌다고요!"

그러자 남자는 작은 칼을 꺼내 들더니 배에다 뭔가를 새겼어요. 뱃사공이 고개를 갸웃하며 물었지요.

"아니, 작은 칼로 뭘 하시는 건가요?"

"배에 작은 흠집을 냈습니다. 검을 빠뜨린 위치를 표시한 거죠."

뱃사공은 남자를 도저히 이해할 수 없었어요. 혀를 끌끌 차며 한마디 했답니다.

"이미 강물 속에 빠진 검을 나중에 어떻게 찾습니까? 아까 그 자리에서 바로 뛰어들어 찾았어야지요."

하지만 남자는 듣는 둥 마는 둥 천하태평이었어요.

"걱정하지 마세요. 검을 빠뜨린 위치만 알면 금방 다시 찾을 수 있을 테니까요."

이윽고 나룻배가 강가에 닿자 남자는 벌떡 일어났어요. 홀렁홀렁 옷을 벗더니 뱃전에 표시해 둔 위치를 확인하고 강물 속으로 휘적휘적 들어갔답니다. 그렇게 얼마나 물속을 들락거리며 찾았을까요. 한참 만에 물 밖으로 나온 남자가 울먹이며 말했어요.

"왜 내 검이 없을까요? 분명히 검을 빠뜨린 곳을 표시해 놓았는데요. 바로 여기요. 그런데 아무리 찾아도 내 소중한 검이 보이지 않습니다."

뱃사공은 어이없다는 듯한 표정으로 남자를 빤히 바라보았어요.

"검을 빠뜨린 곳은 강의 중간이지 않았습니까? 배에 표시한들 이미 강을 건너왔는데 무슨 소용이 있을까요? 지금은 너무 멀리 왔습니다."

인물관계도 예시 답안

이미 강물 속에 빠진 검을 나중에
찾을 수는 없다고 말했습니다.

답변으로 나올 수 있는 4개의 문장은 이야기의 핵심을 파악하고 등장인물의 행동과 이유를 이해하여 그에 대한 자신의 생각을 밝히는 과정으로 구성되었습니다.

> ① 이야기의 핵심 문장 따라 쓰기 → ② 등장인물의 행동과 그 이유 이해하기 → ③ 등장인물의 관점에서 사건 바라보기 → ④ 자신이라면 어떻게 할지 상상하여 쓰기

를 통해 이야기의 교훈을 발견하고 자신의 경우에 적용해 보는 과정을 학습할 수 있게 지도해 주세요.

읽기 전 생각해 볼 것들

아이와 함께 동화를 읽기 전에 제목, 삽화 등을 보면서 어떤 내용이 펼쳐질지 유추해 보세요. 아이가 어려워하면 가벼운 질문으로 아이의 생각을 환기해 주세요.

1. 제목을 보고 어떤 이야기가 펼쳐질지 유추해 볼까요?
2. 삽화 속 인물들의 표정을 살펴보고 어떤 상황인지 상상해 볼까요?
3. 물건이나 위치를 표시하는 방법으로 어떤 것이 있을까요?

✏ 참고하세요 본책 p.37 정답 예시

1 이야기와 만나는 문장 쓰기 │ 이야기의 핵심이 되는 초나라 남자의 말을 따라 써 봅니다. (왼쪽 붉은색 글씨 참조)

2 이해하는 문장 쓰기 │ 초나라 남자의 행동 원인을 설명하는 부분을 찾아 써 보면서 내용을 잘 이해하고 있는지 확인합니다.
예시 남자는 검을 빠뜨린 위치를 표시해 두면 나중에 다시 찾을 수 있다고 생각했습니다.

3 생각을 발견하는 문장 쓰기 │ 뱃사공이 남자에게 어떤 말을 했는지 찾아본 다음 그에 대한 반응을 확인합니다.
예시1 뱃사공은 남자가 왜 그 자리에서 바로 검을 찾지 않는지 이해할 수 없었습니다.
예시2 뱃사공은 남자가 강의 중간에 빠뜨린 검을 엉뚱한 곳에서 찾는 어리석은 사람이라고 생각했습니다.

4 상상하는 문장 쓰기 │ 초나라 남자의 말과 행동을 떠올리며 자신이라면 어떻게 할지 상상해 봅니다.
예시1 나라면 소중한 물건을 어디서 잃어버렸는지 생각해 보고, 그곳으로 가서 찾을 것입니다.
예시2 나라면 다시는 물건을 잃어버리지 않게 앞으로 더욱 조심할 것입니다.

모아쓰기 │ 네 개의 문장을 이어서 하나의 문단을 완성합니다. 모두 쓴 뒤 소리 내어 읽어 보세요.

예시1 "배에 작은 흠집을 냈습니다."
남자는 검을 빠뜨린 위치를 표시해 두면 나중에 다시 찾을 수 있다고 생각했습니다. 뱃사공은 남자가 왜 그 자리에서 바로 검을 찾지 않는지 이해할 수 없었습니다. 나라면 소중한 물건을 어디서 잃어버렸는지 생각해 보고, 그곳으로 가서 찾을 것입니다.

예시2 "배에 작은 흠집을 냈습니다."
남자는 검을 빠뜨린 위치를 표시해 두면 나중에 다시 찾을 수 있다고 생각했습니다. 뱃사공은 남자가 강의 중간에 빠뜨린 검을 엉뚱한 곳에서 찾는 어리석은 사람이라고 생각했습니다. 나라면 다시는 물건을 잃어버리지 않게 앞으로 더욱 조심할 것입니다.

가이드의 읽을거리 ● 누구나 물건을 잃어버리거나 망가뜨리는 등 실수를 할 수 있습니다. 중요한 것은 실수를 깨닫고 난 뒤에 어떻게 대처하고 수습하느냐 하는 것이지요. 본문 속 남자는 실수로 검을 강물 속에 빠뜨렸지만, 어리석은 행동으로 검을 찾을 기회를 영영 잃어버리고 말았습니다. 이와 같은 남자의 어리석음을 아이와 함께 이야기하며 실수 그 자체보다 실수를 바로잡는 노력과 똑같은 실수를 하지 않으려는 깨달음이 더 중요하다는 것을 알려 주세요.

사마귀가 수레를 막아선다

당 랑 거 철

용기는 굳세고 씩씩하여 겁내지 않는 마음을 말해요. 때때로 우리 앞을 막아서는 고난과 시련을 이겨 내기 위해서는 실패를 두려워하지 않는 용기가 필요하지요. 그러나 용기가 너무 지나치면 좋지 않아요. 자신의 힘과 능력을 과하게 믿은 나머지 상대를 가리지 않고 날뛴다면 아주 큰코다칠 수도 있답니다. 그래서 이번에는 자기 분수를 생각하지 않고 무모하게 날뛰는 용기를 꼬집는 옛이야기를 읽어 보려고 해요.

옛날 중국의 춘추 시대에 있었던 일이에요. 앞서 춘추 시대는 중국이 여러 나라로 갈라져 다투던 시대라고 했는데요. 이때 제나라는 진나라, 초나라, 오나라, 월나라와 함께 춘추 시대를 대표하는 강한 나라로 꼽힌답니다.

하루는 제나라를 다스리는 장공이 수레를 타고 사냥터로 가고 있었어요. 덜커덩덜커덩. 그런데 잘만 굴러가던 수레가 느닷없이 끽 멈춰 서지 않겠어요? 장공이 고개를 갸웃하며 마부에게 물었지요.

"이보게, 대체 무슨 일이기에 갑자기 수레를 멈춰 세우는가?"

"벌레 한 마리가 길 한복판을 가로막고 비키지 않습니다."

장공은 기가 막혔지요. 과연 어떤 벌레이기에 제나라의 우두머리가 탄 수레를 멈춰 세우게 하는지 궁금하기도 했어요. 하지만 아무리 눈을 크게 뜨고 둘러봐도 아무것도 보이지 않았어요. 장공이 다시 마부에게 물었어요.

"내 눈에는 당최 보이지 않는구나. 그래, 수레를 막아 세운 벌레가 어디 있다는 말이냐?"

그러자 마부가 피식 웃으며 수레바퀴 앞을 가리켰어요. 장공은 수레에서 내려 수레바퀴 앞으로 천천히 걸어갔어요. 허리를 굽히고 땅바닥을 내려다보자 그제야 작고 길쭉한 몸을 꼿꼿하게 곧추세운 벌레 한 마리가 눈에 들어왔지요. 장공은 난생 처음 보는 벌레에 고개를 갸우뚱갸우뚱했어요.

"커다란 수레바퀴 앞에서 꼼짝도 않다니 정말 신기하구나. 이 벌레 이름이 뭔가?"

"사마귀라고 합니다. 사마귀는 무엇이든 제 앞에 있으면 날카로운 앞발을 치켜들고 맞섭니다. 도무지 뒤로 물러서거나 옆으로 비키는 법이 없습니다. 지금도 마찬가지죠. 사마귀가 수레 앞을 막아선 것입니다."

장공은 고개를 끄덕이며 마부의 설명을 들었어요. 다시 사마귀를 쳐다보자 과연 사마귀는 당장이라도 앞발을 도끼처럼 휘두르며[당랑지부(螳螂之斧)] 수레바퀴를 공격할 기세였지요. 장공은 사마귀를 바라보며 잠시 생각에 잠겼어요.

'커다란 수레바퀴에 비하면 턱없이 작은 벌레이거늘 참으로 겁이 없구나.'

이윽고 장공은 마부에게 말했어요.

"사마귀란 정말 대단한 벌레로다. 작디작은 몸으로 커다란 수레바퀴를 겁내지 않고 막아서다니 놀랍구나. 만약 저 사마귀가 사람이라면 아마 무시무시한 장수이리라. 나에게도 저 사마귀처럼 씩씩하고 용감한 사람이 있으면 좋겠구나."

장공은 자리에서 일어나 사마귀에게 존경의 뜻을 담아 인사했어요. 그리고 수레를 살짝 틀어서 사마귀를 피해 갔답니다. 장공이 사마귀의 용기를 높이 평가했다는 뜻이지요. 그러나 훗날 거원은 장공과 달리 사마귀를 크게 비판했어요. 거원은 춘추시대 위나라 사람으로 공자가 존경했다고 해요.

"만약 장공이 모르고 지나갔다면 그 사마귀는 수레바퀴에 깔려 죽었을 테니 사마귀가 수레바퀴 앞을 막아선 행동은 결국 쓸데없는 짓이었다."

인물관계도 예시 답안

장공이 모르고 지나갔다면 사마귀는 수레바퀴에 깔려 죽었을 것이라고 말했습니다.

가이드 tip 질문의 의도

답변으로 나올 수 있는 4개의 문장은 이야기의 핵심을 찾고 인물의 생각과 행동에 대해 이해하는 과정을 거쳐 자신의 생각으로 나아갈 수 있게 구성되었습니다.

> ① 중심 내용이 되는 문장을 따라 쓰기 → ② 인물의 생각을 이해하기 → ③ 인물이 하는 행동의 이유 찾기 → ④ 자신이 사마귀를 만났다면 어떻게 할지 상상하여 쓰기

를 통해 이야기의 흐름을 파악하고 자신의 생각을 쓸 수 있도록 도와주세요.

읽기 전 생각해 볼 것들

아이와 함께 동화를 읽기 전에 제목, 삽화 등을 보면서 어떤 내용이 펼쳐질지 유추해 보세요. 아이가 어려워하면 가벼운 질문으로 아이의 생각을 환기해 주세요.

1. 제목과 삽화를 보고 어떤 상황인지 유추해 볼까요?

2. 삽화 속 인물들이 사마귀를 보고 어떻게 생각할지 상상해 볼까요?

3. 사마귀가 실제로 내 앞을 턱 가로막으면 어떤 느낌이 들까요?

참고하세요   본책 p.41 정답 예시

1 `이야기와 만나는 문장 쓰기` 이야기의 핵심이 되는 마부의 말을 따라 쓰도록 합니다. (왼쪽 붉은색 글씨 참조)

2 `이해하는 문장 쓰기` 장공이 사마귀를 보고 생각한 것을 써 보면서 동화의 내용과 인물의 생각을 이해합니다.

예시1 장공은 커다란 수레바퀴에 비해 턱없이 작은 벌레가 참으로 겁 없다고 생각했습니다.
예시2 장공은 자기에게도 사마귀처럼 씩씩하고 용감한 사람이 있으면 좋겠다고 생각했습니다.

3 `생각을 발견하는 문장 쓰기` 장공의 생각과 행동을 통해 장공이 수레를 틀어 사마귀를 피해 간 이유를 찾습니다.

예시1 장공은 작은 몸으로 커다란 수레에 맞선 사마귀의 용기를 높이 평가했습니다.
예시2 장공은 용감한 사마귀를 수레바퀴에 깔려 죽게 할 수 없었습니다.

4 `상상하는 문장 쓰기` 장공처럼 수레를 가로막은 사마귀를 만났다면 어떻게 할지 자유롭게 상상해 봅니다.

예시1 나라면 사마귀가 다치지 않게 길가 풀숲으로 옮겨 주겠습니다.
예시2 나라면 다른 사람도 사마귀를 알아볼 수 있게 돌멩이나 막대기로 표시를 하겠습니다.

`모아쓰기` 네 개의 문장을 이어서 하나의 문단을 완성합니다. 모두 쓴 뒤 소리 내어 읽어 보세요.

예시1 "사마귀가 수레바퀴 앞을 막아선 것입니다."
장공은 커다란 수레바퀴에 비해 턱없이 작은 벌레가 참으로 겁 없다고 생각했습니다. 장공은 작은 몸으로 커다란 수레에 맞선 사마귀의 용기를 높이 평가했습니다. 나라면 사마귀가 다치지 않게 길가 풀숲으로 옮겨 주겠습니다.

예시2 "사마귀가 수레바퀴 앞을 막아선 것입니다."
장공은 자기에게도 사마귀처럼 씩씩하고 용감한 사람이 있으면 좋겠다고 생각했습니다. 장공은 용감한 사마귀를 수레바퀴에 깔려 죽게 할 수 없었습니다. 나라면 다른 사람도 사마귀를 알아볼 수 있게 돌멩이나 막대기로 표시를 하겠습니다.

가이드의 읽을거리 ● 본문에 '사마귀는 당장이라도 앞발을 도끼처럼 휘두르며[당랑지부(螳螂之斧)]'라는 구절이 나옵니다. 당랑지부(螳螂之斧)는 사마귀(당), 사마귀(랑), 어조사(지), 도끼(부)라는 한자를 쓰는데요. 사마귀의 도끼라는 뜻으로 당랑은 사마귀를 가리키는 말입니다. 약한 사람이 자기 힘을 생각하지 않고 함부로 날뛰는 모습을 비유하는 표현이지요. 아이와 함께 동화를 읽을 때에 부연 설명으로 아이의 이해를 도와주세요. 그리고 본문에 나오듯 당랑거철은 중의적인 표현으로 쓰이는 사자성어입니다. 자기보다 강한 자에게도 겁먹지 않고 맞서는 용맹함을 가리키는 한편, 제 분수를 생각하지 않고 강한 자에게 덤비는 무모함을 비판하기도 하지요. 이 두 가지 관점에서 아이와 이야기를 나누고 똑같은 사마귀의 행동도 관점에 따라 전혀 다르게 평가될 수 있다는 것을 아이에게 알려 주세요.

작은 것을 탐내다 큰 것을 잃다

소 탐 대 실

사람은 누구나 크고 작은 욕심이 있답니다. 공부 욕심처럼 스스로를 발전시키는 좋은 욕심도 있지만요. 도둑질처럼 남의 것을 탐내는 나쁜 욕심도 있어요. 때로는 눈앞의 작은 이익 때문에 더 크고 좋은 이익을 놓치게 하는 어리석은 욕심도 있지요. 옛날 중국 전국 시대의 진나라와 촉나라 사이에 있었던 일은 바로 이 어리석은 욕심에 관한 이야기예요.

진나라와 촉나라는 바로 옆에 붙어 있는 나라였어요. 진나라는 호시탐탐 촉나라를 공격할 기회를 엿보았어요. 그러나 촉나라로 가는 길이 온통 가파르고 험한 계곡과 산이어서 좀처럼 쉽게 공격할 수가 없었어요.

'도대체 어떻게 해야 촉나라를 무너뜨릴 수 있을까?'

진나라 혜왕은 촉나라를 차지할 방법을 고민하다 문득 좋은 생각을 떠올렸어요. 당장 자리에서 벌떡 일어나 명령했지요.

"옥으로 황소를 조각하고 그 안에 황금과 비단을 가득 채워 넣어라."

황소 조각이 완성되자 혜왕은 다시 명령을 내렸어요.

"이제 이 황소를 촉나라 왕에게 선물할 것이라고 소문을 내라."

과연 소문은 순식간에 퍼져 나가 촉나라 왕의 귀에도 들어갔지요.

"뭐라? 내게 값비싼 선물을 바칠 준비를 하고 있다고? 후후, 정말 기쁘구나!"

욕심 많은 촉나라 왕은 진나라 사신이 얼른 오기만을 손꼽아 기다렸어요. 그러던 어느 날, 드디어 진나라 사신이 촉나라 왕을 찾아왔지요.

"진나라 혜왕께서 촉나라 왕과 친하게 지내고 싶어 하십니다. 그 마음을 전하고자 큰 선물을 준비하고 계시지요. 이것이 혜왕께서 준비하시는 선물의 목록이옵니다."

촉나라 왕은 사신이 내민 선물의 목록을 보고 눈이 휘둥그레졌어요. 입가에는 흐뭇한 미소가 걸렸지요. 그

모습을 본 사신이 조심스럽게 말을 덧붙였어요.

"다만 저희에게 한 가지 큰 걱정이 있사옵니다."

"무슨 걱정이 있단 말이오?"

"진나라에서 촉나라까지 오는 길이 너무 가파르고 험하더군요. 값비싼 선물을 안전하게 운반할 방법이 없어 고민입니다."

그러자 촉나라 왕이 가슴을 탕탕 치며 큰 소리로 말했어요.

"그런 걱정일랑 하지 마시오. 내 진나라와 촉나라 사이에 평평한 길을 내겠소!"

촉나라 신하들이 간곡히 뜯어말렸지만 촉나라 왕은 들은 척도 하지 않았어요. 진나라에게서 귀한 선물을 잔뜩 받을 욕심에 눈이 멀었거든요. 그리고 시간이 흘러 마침내 진나라와 촉나라 사이에 평평하고 좋은 길이 뚫렸지요. 진나라 혜왕은 기다렸다는 듯 준비한 선물을 가득 실은 수레를 촉나라로 보냈어요. 촉나라까지 수레를 안전하게 지킬 군사 수만 명도 함께 보냈답니다.

"저 수레에 가득한 보물이 다 내 선물이라는 거지? 좋구나, 아주 좋아!"

촉나라 왕은 친히 성문을 열고 나와 진나라 군사와 수레를 맞이했어요. 값진 금은보화를 선물 받을 생각에 싱글벙글 웃음이 멈추지 않았지요. 그런데 이게 웬일이에요!

"후후, 그대의 욕심이 그대와 촉나라를 망하게 했소!"

갑자기 진나라 군사들이 무기를 꺼내 들고 우르르 덤벼들지 뭐예요. 촉나라 왕은 꼼짝없이 사로잡히고, 촉나라는 진나라 혜왕의 손아귀에 떨어졌지요. 그제야 촉나라 왕은 크게 후회하며 울부짖었답니다.

"아아, 모두가 내 잘못이로다. 작은 것을 탐내다 큰 것을 잃었구나!"

인물관계도 예시 답안

진나라에서 선물을 핑계 삼아 평평한 길을 타고 쳐들어왔습니다.

◎ 가이드 tip 질문의 의도

답변으로 나올 수 있는 4개의 문장은 본문의 주요 내용을 파악하고 이에 대한 자신의 생각을 밝히는 과정을 학습하기 위해 구성되었습니다.

> ① 중심 내용이 되는 문장 따라 쓰기 → ② 사건을 일으킨 인물의 행동 파악하기 → ③ 인물이 선택한 행동의 의미 생각하기 → ④ 자신이 촉나라 왕이라면 어떻게 할지를 상상하여 쓰기

를 통해 이야기 속 인물이 하는 말과 행동의 이유를 이해하고 자신의 경우에 적용하여 생각해 볼 수 있게 도와주세요.

읽기 전 생각해 볼 것들

아이와 함께 동화를 읽기 전에 제목, 삽화 등을 보면서 어떤 내용이 펼쳐질지 유추해 보세요. 아이가 어려워하면 가벼운 질문으로 아이의 생각을 환기해 주세요.

1. 제목처럼 작은 것을 욕심내다 더 큰 것을 잃는 경우를 떠올려 볼까요?
2. 삽화를 보고 어떤 상황인지 유추해 볼까요?
3. 삽화 속 인물들이 어떤 관계일지 생각해 볼까요?

✎ 참고하세요 본책 p.45 정답 예시

1 이야기와 만나는 문장 쓰기 │ 이야기의 핵심이 되는 촉나라 왕의 말을 따라 쓰도록 합니다. (왼쪽 붉은색 글씨 참조)

2 이해하는 문장 쓰기 │ 이야기 속 혜왕이 한 말을 정리해 써 보면서 내용을 잘 이해했는지 확인합니다.

예시 혜왕은 황금과 비단을 가득 넣은 옥 황소가 촉나라에 보낼 선물이라는 소문을 내라고 명령했습니다.

3 생각을 발견하는 문장 쓰기 │ 촉나라 왕이 진나라 사신을 만난 뒤에 한 말과 행동을 떠올리며 답합니다.

예시 1 촉나라 왕은 값비싼 선물을 받으려고 진나라와 촉나라 사이에 평평한 길을 냈습니다.

예시 2 촉나라 왕은 신하들의 반대를 무시하고 진나라의 선물을 운반할 길을 뚫었습니다.

4 상상하는 문장 쓰기 │ 스스로 촉나라 왕이라고 상상하며 과연 어떻게 해야 할지 자신의 생각을 써 봅니다.

예시 1 내가 촉나라 왕이라면 진나라가 선물을 보내는 진짜 이유가 무엇인지 조사하겠습니다.

예시 2 내가 촉나라 왕이라면 진나라에 신하를 보내서 선물을 받아오게 하겠습니다.

모아쓰기 │ 네 개의 문장을 이어서 하나의 문단을 완성합니다. 모두 쓴 뒤 소리 내어 읽어 보세요.

예시 1 "작은 것을 탐내다 큰 것을 잃었구나!"
혜왕은 황금과 비단을 가득 넣은 옥 황소가 촉나라에 보낼 선물이라는 소문을 내라고 명령했습니다. 촉나라 왕은 값비싼 선물을 받으려고 진나라와 촉나라 사이에 평평한 길을 냈습니다. 내가 촉나라 왕이라면 진나라가 선물을 보내는 진짜 이유가 무엇인지 조사하겠습니다.

예시 2 "작은 것을 탐내다 큰 것을 잃었구나!"
혜왕은 황금과 비단을 가득 넣은 옥 황소가 촉나라에 보낼 선물이라는 소문을 내라고 명령했습니다. 촉나라 왕은 신하들의 반대를 무시하고 진나라의 선물을 운반할 길을 뚫었습니다. 내가 촉나라 왕이라면 진나라에 신하를 보내서 선물을 받아오게 하겠습니다.

가이드의 읽을거리 ● 이솝 우화에도 소탐대실의 교훈을 전하는 이야기가 있습니다. 바로 〈황금알을 낳는 거위〉입니다. 어느 날부터 한 농부네 거위가 황금알을 낳기 시작했습니다. 농부는 거위가 날마다 하나씩 낳는 황금알을 내다 팔아서 큰돈을 벌었습니다. 하지만 농부는 만족할 줄 몰랐습니다. 거위의 배를 갈라 황금알을 한 번에 많이 가지려고 했지요. 그러나 농부의 기대와 달리 거위의 배 속은 텅텅 비어 있었습니다. 결국 농부는 순간의 욕심에 눈이 멀어 황금알을 낳는 거위를 영영 잃은 것입니다.

나무 위에 올라가 물고기를 구하다

이번에는 중국의 철학자 맹자가 쓴 ≪맹자≫에 실린 이야기를 읽어 보려고 해요. 맹자는 중국의 대표적인 철학자 가운데 한 사람으로 손꼽히는데요. 중국 전국 시대의 추나라 출신으로 공자의 사상을 이어받아 크게 발전시킨 유학자예요. 맹자는 특히 사람은 본래 선하다는 '성선설(性善說)'을 주장한 것으로 유명하지요. 성선설을 비롯한 맹자의 사상을 정리하여 담은 책이 바로 ≪맹자≫랍니다.

중국 전국 시대에는 나라끼리 다툼이 아주 잦았어요. 여러 나라가 틈만 나면 서로 싸우고, 싸움에서 이긴 나라가 진 나라를 통째로 차지하곤 했지요. 그래서 대부분 나라의 왕이 백성을 돌볼 생각보다 전쟁에서 이길 욕심에만 정신이 팔려 있었어요.

'큰일이로다. 백성의 마음을 이해하고 보살펴야 진정 크고 강한 나라가 될 수 있거늘……, 어찌하여 왕들은 이 사실을 모른단 말인가?'

맹자는 툭하면 싸워 대기만 하는 왕들이 답답했어요. 그래서 직접 여러 나라를 돌아다니며 자신의 생각을 전하기로 마음먹었답니다.

"분명 나의 뜻을 알아주는 왕이 있을 것이야."

맹자가 제나라에 갔을 때였어요. 제나라의 선왕이 맹자에게 물었지요.

"제나라의 환공과 진나라의 문공은 춘추 시대를 주름 잡았던 지도자요. 나 또한 그들처럼 되려면 어찌해야 좋소?"

"왕께서는 힘으로 다른 나라를 차지하고 싶으십니까? 전쟁으로 백성들이 목숨을 잃고 이웃 나라와 원수가 되어도 상관없으십니까?"

맹자가 묻자 선왕은 고개를 저으며 대답했어요.

"꼭 그렇지는 않소이다. 그저 내게는 큰 꿈이 있을 뿐이라오."

"어떤 꿈인지 말씀해 주시겠습니까?"

하지만 선왕은 답을 하지 않고 싱긋 웃기만 했어요.

쉽게 속마음을 털어놓지 못하고 주저했지요. 맹자는 포기하지 않고 계속 질문을 했어요.

"먹고 입을 음식과 옷이 부족하십니까? 아니면 아름답고 귀한 보화를 원하십니까? 그도 아니라면 재미있는 놀잇감이 필요하십니까?"

"아니오, 나는 그런 사소한 욕심에 관심 없소."

선왕이 대답하자 맹자는 선왕을 똑바로 바라보며 또박또박 말했어요.

"왕께서는 당연히 더 큰 뜻을 품고 계시겠지요. 바로 천하를 통일하고 주변의 풍습과 언어가 다른 이민족까지 다스릴 생각을 하고 계시지 않습니까?"

선왕은 깜짝 놀라 눈이 휘둥그레졌어요. 맹자가 자신의 마음을 한 치도 틀림없이 읽어 냈거든요. 맹자는 선왕에게 쐐기를 박듯 강하게 말했어요.

"그것은 나무 위에 올라가 물고기를 구하는 일입니다."

선왕은 맹자의 말에 큰 충격을 받았어요. 떨리는 목소리로 간신히 물었어요.

"내 꿈이 그렇게나 무리한 일이라는 말이오?"

"그보다 더 어렵습니다. 나무 위에 올라가 물고기를 구하는 일은 현실적으로 불가능합니다. 하지만 허무맹랑할 뿐이지 다른 문제가 생기지는 않습니다. 그러나 전쟁은 다릅니다. 많은 백성이 죽고 나라의 곳간이 텅텅 빌 뿐만 아니라 자칫 나라가 멸망할 수도 있습니다."

인물관계도 예시 답안

나무 위에서 물고기를 구하는 일은 허무맹랑할 뿐이지만 전쟁은 나라가 멸망할 수도 있기 때문입니다.

답변으로 나올 수 있는 4개의 문장은 이야기의 흐름을 이해하고 자신의 생각을 주장하는 과정으로 구성되었습니다.

> ① 중심 문장 따라 쓰기 → ② 제나라 선왕의 생각 이해하기 → ③ 맹자가 한 말의 의미를 생각하기 → ④ 자신이 선왕이라면 어떻게 할지를 상상하며 쓰기

를 통해 이야기의 주요 내용을 정리하고 자신의 생각을 표현할 수 있도록 지도해 주세요.

아이와 함께 동화를 읽기 전에 제목, 삽화 등을 보면서 어떤 내용이 펼쳐질지 유추해 보세요. 아이가 어려워하면 가벼운 질문으로 아이의 생각을 환기해 주세요.

1. 제목을 보고 어떤 생각이 드는지 말해 볼까요?
2. 삽화 속 인물들은 어떤 사람이고 무엇을 하고 있는지 생각해 볼까요?
3. 동화 속 굵은 글씨는 어떤 상황에서 쓸 수 있는 말일까요?

✎ **참고하세요** 본책 p.49 정답 예시

1 [이야기와 만나는 문장 쓰기] 이야기의 핵심이 되는 맹자의 말을 따라 쓰도록 합니다. (왼쪽 붉은색 글씨 참조)

2 [이해하는 문장 쓰기] 맹자가 제나라 선왕의 생각을 짐작한 말을 써 보면서 동화 내용을 잘 파악했는지 확인합니다.

　예시 제나라 선왕의 꿈은 천하를 통일하고 주변의 풍습과 언어가 다른 이민족까지 다스리는 것이었습니다.

3 [생각을 발견하는 문장 쓰기] 맹자가 제나라 선왕의 꿈을 반대하면서 한 말을 떠올리며 맹자의 생각을 유추해 봅니다.

　예시 1 맹자는 제나라 선왕이 전쟁을 일으켜 많은 백성을 죽게 할까 봐 걱정했습니다.

　예시 2 맹자는 제나라 선왕이 자기 꿈을 이루려다 나라를 망하게 할 수 있다고 걱정했습니다.

4 [상상하는 문장 쓰기] 제나라 선왕이라면 어떻게 할지 자유롭게 상상해서 답합니다.

　예시 1 내가 제나라 선왕이라면 어떤 꿈을 가져야 올바른지 맹자에게 물어보겠습니다.

　예시 2 내가 제나라 선왕이라면 맹자 말고 다른 사람은 어떻게 생각하는지 의견을 들어 보겠습니다.

▶ **모아쓰기** 네 개의 문장을 이어서 하나의 문단을 완성합니다. 모두 쓴 뒤 소리 내어 읽어 보세요.

　예시 1 "그것은 나무 위에 올라가 물고기를 구하는 일입니다."
제나라 선왕의 꿈은 천하를 통일하고 주변의 풍습과 언어가 다른 이민족까지 다스리는 것이었습니다. 맹자는 제나라 선왕이 전쟁을 일으켜 많은 백성을 죽게 할까 봐 걱정했습니다. 내가 제나라 선왕이라면 어떤 꿈을 가져야 올바른지 맹자에게 물어보겠습니다.

　예시 2 "그것은 나무 위에 올라가 물고기를 구하는 일입니다."
제나라 선왕의 꿈은 천하를 통일하고 주변의 풍습과 언어가 다른 이민족까지 다스리는 것이었습니다. 맹자는 제나라 선왕이 자기 꿈을 이루려다 나라를 망하게 할 수 있다고 걱정했습니다. 내가 제나라 선왕이라면 맹자 말고 다른 사람은 어떻게 생각하는지 의견을 들어 보겠습니다.

가이드의 읽을거리 ● 연목구어와 비슷한 뜻을 가진 고사성어로 사어지천(射魚指天)이 있습니다. 쏠(사), 물고기(어), 가리킬(지), 하늘(천)이라는 한자를 쓰지요. 물고기를 잡으려고 하늘을 향해 쏜다는 뜻입니다. 물에 사는 물고기를 하늘에서 잡을 수 있을 리 만무하지요. 따라서 연목구어와 마찬가지로 도저히 불가능한 일을 하려 한다는 뜻으로 쓰입니다.
연목구어와 사어지천은 불가능한 일을 하려고 애쓰는 어리석음을 비판하거나 노력하지도 않고 허무맹랑한 꿈을 꾸는 사람을 나무라는 경우에도 사용하지요. 이루고자 하는 목적과 그를 위한 수단이 맞지 않아서 뜻대로 이룰 수 없는 상황에서도 쓸 수 있습니다.

이번에 읽을 이야기는 옛날 중국 후한 시대에 살았던 마원이라는 사람에 관한 일화예요. 이 이야기는 중국 역사서 《후한서》의 〈마원전〉에 실려 있는데요. 《후한서》는 25년부터 220년까지 중국 후한의 역사를 기록한 책이에요. 《후한서》에는 〈동이열전〉이라고 하여 부여, 고구려, 동옥저, 삼한, 왜에 관한 기록이 있어요. 그래서 우리나라 역사를 연구할 때도 아주 중요한 자료가 된답니다.

때는 바야흐로 후한이 일어날 무렵이었어요. 전한을 멸망시킨 왕망은 직접 신나라를 세우고 황제가 되었는데요. 현실과 동떨어진 개혁 정치를 밀어붙이는 바람에 곳곳에서 불만이 터져 나왔지요. 결국 왕망은 한나라 출신의 황족에게 죽임을 당했고요. 왕망의 신나라는 15년 만에 멸망했답니다.

한편, 왕망의 신하였던 공손술은 군사를 이끌고 촉나라를 세웠지요. 그리고 스스로 황제라고 칭하며 점점 힘을 키워 가고 있었어요.

"하하, 세상이 어지러운 지금이야말로 내가 황제에 오를 때이지!"

그때 외효는 농서 지역을 다스리는 제후였어요. 외효는 황제를 자처하며 야금야금 세력을 넓히는 공손술이 궁금했어요.

'공손술이라는 자가 정말 황제가 될 만한 인물인가? 한번 알아봐야겠다.'

외효는 자신의 부하 장수 마원을 불러 명령했어요.

"촉나라에 가서 공손술이 어떤 사람인지 살피고 오너라."

"분부대로 하겠습니다!"

마원은 본래 명문가 출신이었지만 벼슬길에 오르지 않고 고향에 머물러 있었어요. 가슴에 큰 뜻을 품은 채 조상의 무덤을 지키며 하루하루 보냈지요. 그러다 외효가 마원의 실력과 됨됨이를 알아보고 자신의 부하 장수로 삼았답니다.

'공손술은 나와 고향 친구이다. 나를 보면 분명 크게 반가워하겠지.'

마원은 기대와 희망을 품고 촉나라로 향했어요. 하지만 공손술을 만나는 순간, 마원은 공손술에게 아주 큰 실망을 하고 말았어요. 공손술이 마원을 고향 친구로 대접하기는커녕 함부로 아랫사람 취급을 했거든요.

"내 옛정을 생각하여 너를 장군으로 삼아 주마. 여기 남아 내게 충성하라."

공손술은 높은 계단 위의 의자에 앉아 거만한 표정으로 마원을 내려다보았어요. 공손술 양쪽 옆에는 병사가 쭉 늘어서 있었지요. 마원은 오만방자한 공손술을 보고 기가 막혔어요.

'잘난 척이 심해도 너무 심하구나. 정말 한심해서 말이 안 나오는군.'

하지만 마원은 속마음을 숨기고 정중히 거절했어요. 그리고 곧바로 촉나라를 떠나 외효에게 돌아왔지요.

"그래, 공손술을 잘 만나고 왔는가? 과연 황제가 될 만한 인물이 맞는가?"

외효가 묻자 마원은 딱 잘라 대답했어요.

"우물 안의 개구리입니다."

"우물 안의 개구리라?"

"자그마한 촉나라에서 제 잘난 맛을 뽐내며 살고 있는 자입니다. 그 작은 그릇으로는 천하를 품을 수 없습니다. 상대할 가치가 없습니다."

외효는 고개를 끄덕이며 말했어요.

"알았네. 자네 말대로 그자를 멀리하겠네."

인물관계도 예시 답안

작은 촉나라에서 제 잘난 맛을 뽐내며 살고 있다고 했습니다.

답변이 될 수 있는 4개의 문장은 이야기의 핵심을 찾고 인물의 행동과 생각을 파악한 다음 자신의 생각을 표현하는 과정으로 구성되었습니다.

> ① 핵심적인 비유를 담은 문장 따라 쓰기 → ② 공손술의 행동 이해하기 → ③ 마원의 말을 떠올리며 생각 정리하기 → ④ 자신이 공손술이라면 어떻게 할지 상상하며 쓰기

를 하면서 이야기의 주제를 이해하고 자신의 생각을 밝히는 과정을 연습할 수 있게 지도해 주세요.

읽기 전 생각해 볼 것들

아이와 함께 동화를 읽기 전에 제목, 삽화 등을 보면서 어떤 내용이 펼쳐질지 유추해 보세요. 아이가 어려워하면 가벼운 질문으로 아이의 생각을 환기해 주세요.

1. 제목을 보고 어떤 느낌이 드는지 말해 볼까요?
2. 삽화를 보고 어떤 상황인지 유추해 볼까요?
3. 제목과 삽화를 함께 보고 삽화 속 인물 중에 우물 안 개구리는 누구일지 생각해 볼까요?

✎ 참고하세요 본책 p.53 정답 예시

1 이야기와 만나는 문장 쓰기 이야기의 핵심이 되는 마원의 말을 따라 쓰도록 합니다. (왼쪽 붉은색 글씨 참조)

2 이해하는 문장 쓰기 공손술이 마원에게 한 말과 행동을 정리하여 써 보면서 동화의 내용을 온전히 이해했는지 확인합니다.

예시 공손술은 마원을 함부로 아랫사람 취급하며 오만방자하게 대했습니다.

3 생각을 발견하는 문장 쓰기 마원이 공손술을 보고 느낀 점과 외효에게 한 말을 떠올려 보고 답합니다.

예시1 마원은 잘난 척이 심한 공손술을 정말 한심하게 생각했습니다.
예시2 마원은 공손술의 그릇이 너무 작아 천하를 품을 수 없다고 생각했습니다.

4 상상하는 문장 쓰기 자신이 공손술이라면 오랜만에 만나는 고향 친구를 어떻게 대할지 상상해 보고 답합니다.

예시1 내가 공손술이라면 고향 친구를 아주 반가워하며 잘 대해 주겠습니다.
예시2 내가 공손술이라면 고향 친구가 찾아온 이유를 먼저 알아보겠습니다.

모아쓰기 네 개의 문장을 이어서 하나의 문단을 완성합니다. 모두 쓴 뒤 소리 내어 읽어 보세요.

예시1 "우물 안의 개구리입니다."
공손술은 마원을 함부로 아랫사람 취급하며 오만방자하게 대했습니다. 마원은 잘난 척이 심한 공손술을 정말 한심하게 생각했습니다. 내가 공손술이라면 고향 친구를 아주 반가워하며 잘 대해 주겠습니다.

예시2 "우물 안의 개구리입니다."
공손술은 마원을 함부로 아랫사람 취급하며 오만방자하게 대했습니다. 마원은 공손술의 그릇이 너무 작아 천하를 품을 수 없다고 생각했습니다. 내가 공손술이라면 고향 친구가 찾아온 이유를 먼저 알아보겠습니다.

가이드의 읽을거리 ● 정저지와와 비슷한 뜻을 가진 고사성어로 좌정관천(坐井觀天)이 있습니다. 앉을(좌), 우물(정), 볼(관), 하늘(천)이라는 한자를 씁니다. 우물 속에 앉아 하늘을 본다는 뜻으로 아는 게 적고 세상 물정을 모를 때 쓰는 말입니다. 좌정관천과 정저지와는 빈번하게 쓰이는 표현이므로 알고 있으면 좋습니다.

더불어 아이와 함께 우물 안 개구리가 되지 않으려면 어떻게 해야 할지 이야기를 나누어 보세요. 책을 읽고 새로운 사실을 알아낸 일, 여행을 가서 낯선 풍경을 본 경험 등을 이야기하는 것도 좋지요.

풀을 묶어서 은혜를 갚는다

옛날에는 지금과 다르게 위험한 풍습이 아무렇지 않게 이루어지곤 했어요. 이를테면 살아 있는 사람을 죽은 사람과 함께 묻던 순장이 있지요. 주로 왕이나 귀족처럼 신분이 높은 사람이 죽으면 신하나 노예뿐만 아니라 가족까지도 산 채로 묻었어요. 옛날에는 순장하면 죽어서도 함께한다고 믿었거든요.

중국의 춘추 시대에 있었던 일이에요. 진(晉)나라의 대신 위무자는 젊고 예쁜 조희를 첩으로 삼고 무척 아꼈어요. 첩이란 정식으로 혼인한 아내 말고 따로 데리고 사는 여자를 말해요. 옛날에는 지금과 달리 아내가 있어도 첩을 두는 경우가 많았답니다.

하루는 위무자가 큰 병에 걸리고 말았지요. 위무자는 큰아들 위과를 불렀어요.

"혹시라도 내가 죽거든 조희를 순장하지 말고 친정으로 돌려보내라."

그런데 얼마 지나지 않아서 위무자는 급격히 상태가 나빠졌어요. 정신이 오락가락하더니 갑자기 큰아들 위과와 작은아들 위기를 불러 말했어요.

"내가 죽거든 조희를 함께 묻어다오."

말을 마친 위무자는 그대로 숨을 거두었어요. 그러자 위기가 말했어요.

"아버지께서 마지막으로 남긴 말씀입니다. 당연히 조희를 아버지와 순장해야지요."

그러나 위과는 고개를 저으며 반대했답니다.

"아니다. 맑은 정신으로 하신 말씀을 따르자꾸나. 조희를 친정으로 돌려보내자."

결국 위과 덕분에 조희는 살아서 친정으로 돌아갈 수 있었어요. 그리고 얼마나 시간이 흘렀을까요? 어느 날, 진(秦)나라가 군대를 이끌고 진(晉)나라에 쳐들어왔어요. 위과는 군사를 이끌고 전쟁터로 나갔답니다. 목숨을 걸고 치열하게 싸우다가 적의 장수 두회와 맞닥뜨리게 되었지요. 위과는 얼른 두회를 피해 물러났어요. 그러자 두회가 도끼를 휘두르며 큰 소리로 위과를 위협

했어요.

"비겁하게 숨지 말고 어서 나와 싸우자!"

하지만 위과는 쉽사리 두회와 싸울 수 없었어요. 아무런 준비 없이 무턱대고 나섰다가는 두회에게 질 테니까요.

'어떻게 해야 두회를 이길 수 있을까?'

고민하던 위과는 저도 모르게 스르르 잠이 들었어요. 그런데 잠결에 누군가가 속삭이는 소리가 들렸지요.

"청초파로 가서 싸우시오."

위과는 화들짝 놀라 잠에서 깨어났어요. 주위를 둘러보았지만 아무도 보이지 않았지요. 위과는 고개를 갸웃하며 군사들에게 물었어요.

"청초파가 무엇인지 아느냐?"

"근처에 있는 큰 언덕입니다."

위과는 고민 끝에 두회를 청초파로 끌어들여 싸우기로 했어요. 아무것도 모르는 두회는 도끼를 치켜들고 청초파까지 위과를 뒤쫓았지요.

"내 도끼를 받아라!"

어라, 이게 웬일이에요! 갑자기 두회가 탄 말이 폭 고꾸라지며 두회를 내동댕이치지 않겠어요? 위과는 이때다 싶어 냉큼 두회를 사로잡았답니다. 그리고 두회가 말에서 떨어진 곳을 보니 신기하게도 풀이 죄다 매듭지어져 있지 뭐예요. 매듭에 말이 걸려 고꾸라지는 바람에 두회가 말에서 떨어졌던 게지요. 그날 밤, 위과는 꿈속에서 한 할아버지를 만났어요. 할아버지는 위과를 향해 빙그레 웃으며 말했답니다.

"나는 그대가 살려 준 조희의 아버지요. 내 소중한 딸을 살려 줘서 진심으로 고맙소. **그대에게 은혜를 갚기 위해 풀을 묶었소이다.**"

인물관계도 예시 답안

아버지께서 맑은 정신으로 하신 말씀이 진심이라고 생각했기 때문입니다.

26

답변으로 나올 수 있는 4개의 문장은 본문의 주요 내용과 등장인물의 생각을 이해하고 이에 대한 자신의 생각을 밝히는 과정으로 구성되었습니다.

> ① 중심 문장 따라 쓰기 → ② 주인공 행동의 이유 이해하기 → ③ 조력자의 행동을 떠올리고 그 의미를 생각하기 → ④ 자신이 위과라면 어떻게 할지 상상하여 쓰기

를 통해 이야기의 흐름을 파악하고 주요 사건의 인과관계를 이해할 수 있도록 도와주세요.

읽기 전 생각해 볼 것들

아이와 함께 동화를 읽기 전에 제목, 삽화 등을 보면서 어떤 내용이 펼쳐질지 유추해 보세요. 아이가 어려워하면 가벼운 질문으로 아이의 생각을 환기해 주세요.

1. 제목을 보고 어떤 이야기가 펼쳐질지 생각해 볼까요?

2. 삽화를 보고 어떤 상황인지 상상해 볼까요?

3. 동화 속 굵은 글씨를 보고 은혜를 갚는 다른 방법을 생각해 볼까요?

✏ 참고하세요   본책 p.59 정답 예시

1 이야기와 만나는 문장 쓰기 이야기의 핵심이 되는 조희의 아버지가 한 말을 따라 쓰도록 합니다. (왼쪽 붉은색 글씨 참조)

2 이해하는 문장 쓰기 동화 속 위과가 한 행동의 이유를 써 보면서 동화 내용을 온전히 이해했는지 확인합니다.

 예시 위과는 꿈속에서 청초파로 가서 싸우라는 소리를 들었습니다.

3 생각을 발견하는 문장 쓰기 위과가 조희에게 어떤 행동을 했는지 떠올리며 조희 아버지의 행동과 그 의미를 생각해 봅니다.

 예시 1 조희의 아버지는 딸을 무사히 친정에 보내 준 위과에게 은혜를 갚고 싶었습니다.

 예시 2 조희의 아버지가 위과를 딸의 목숨을 구해 준 은인이라고 생각했기 때문입니다.

4 상상하는 문장 쓰기 자신이 위과라고 상상하며 꿈속의 말을 듣고서 어떻게 할지를 생각하고 써 봅니다.

 예시 1 내가 위과라면 다시 잠들어 청초파로 가서 싸우라고 하는 이유를 물어보겠습니다.

 예시 2 내가 위과라면 꿈속의 말을 믿고 청초파로 가서 싸우겠습니다.

 모아쓰기   네 개의 문장을 이어서 하나의 문단을 완성합니다. 모두 쓴 뒤 소리 내어 읽어 보세요.

 예시 1 "그대에게 은혜를 갚기 위해 풀을 묶었소이다."
위과는 꿈속에서 청초파로 가서 싸우라는 소리를 들었습니다. 조희의 아버지는 딸을 무사히 친정에 보내 준 위과에게 은혜를 갚고 싶었습니다. 내가 위과라면 다시 잠들어 청초파로 가서 싸우라고 하는 이유를 물어보겠습니다.

 예시 2 "그대에게 은혜를 갚기 위해 풀을 묶었소이다."
위과는 꿈속에서 청초파로 가서 싸우라는 소리를 들었습니다. 조희의 아버지가 위과를 딸의 목숨을 구해 준 은인이라고 생각했기 때문입니다. 내가 위과라면 꿈속의 말을 믿고 청초파로 가서 싸우겠습니다.

가이드의 읽을거리 ● 결초보은과 비슷한 교훈을 주는 이야기가 우리나라에도 전해집니다. 바로 〈은혜 갚은 꿩(치악산의 전설)〉 혹은 〈은혜 갚은 까치〉로 알려져 있는 전래 동화입니다. 한 선비가 과거 시험을 보러 한양으로 가다가 우연히 산길에서 구렁이에게 잡아먹힐 위기에 놓인 새끼 까치들을 발견했습니다. 선비는 주저하지 않고 구렁이를 활로 쏘아 죽였습니다. 그러자 죽은 구렁이의 아내 구렁이가 앙심을 품고 선비를 죽이려고 했습니다. 선비가 살려 달라고 간청하자 아내 구렁이는 날이 밝기 전에 종이 세 번 울리면 살려 주겠노라 약속했지요. 사실상 종이 울릴 리 없으니 사형선고나 마찬가지였는데 놀랍게도 종소리가 들려왔습니다. 아내 구렁이는 약속대로 선비를 풀어 주고 사라져 버렸습니다. 선비가 신기하고 감사한 마음에 종 앞에 가 보니 까치들이 머리가 깨진 채로 죽어 있었지요. 선비가 살려 준 새끼 까치의 부모 까치였습니다. 선비에게 은혜를 갚기 위해 제 머리로 종을 받아 소리를 냈던 것이지요.

같은 병에 걸린 사람끼리 서로 불쌍히 여긴다 동 병 상 련

이번에는 중국의 춘추 시대 역사를 담고 있는 《오월춘추》에 실린 이야기를 읽어 보려고 해요. 《오월춘추》는 춘추 시대의 오나라와 월나라 역사를 기록하고 있지만 다소 부풀려진 이야기가 꽤 나오는 편이에요. 그래서 역사서보다 역사 소설로 보는 사람도 있답니다.

초나라 사람 오자서는 본래 초나라 왕에게 충성하던 명문가 출신이었어요. 하지만 초나라 평왕 때문에 초나라를 떠날 수밖에 없었지요. 평왕이 간신 비무기의 꼬임에 홀딱 넘어가 오자서의 아버지와 형을 처형했거든요. 간신이란 자기 이익을 위해 나쁜 꾀를 부리는 신하를 말해요.

"내 아버지와 형을 죽인 초나라를 가만두지 않겠다! 반드시 복수하고 말겠어."

오자서는 이를 부득부득 갈며 복수를 맹세했어요. 자기를 쫓아오는 평왕의 병사를 차례차례 물리치고 초나라 동쪽에 있는 오나라로 달아났지요.

"초나라와 사이가 나쁜 오나라야말로 내게 딱 맞는 나라다."

오나라로 무사히 건너간 오자서는 공자 광을 만나 함께 뜻을 모으기로 했어요. 그때 오나라를 다스리는 왕은 광의 사촌 동생 요였어요. 하지만 광은 요를 진정한 오나라의 왕으로 인정하지 않았어요.

'오나라의 왕은 본래 요가 아니라 내가 되어야 했어. 빼앗긴 왕위를 꼭 되찾겠다!'

광은 왕이 될 욕심을 버리지 않고 호시탐탐 기회를 엿보았어요. 오자서는 야심만만한 광이 아주 마음에 들었어요.

'과연 왕이 될 만한 그릇이로다. 광과 손잡고 광이 왕이 될 수 있게 도와줘야겠다. 그러면 광도 내 복수를 도와주겠지.'

결국 광은 오자서의 도움을 받아 요를 죽일 계획을 세웠어요. 요에게 충성하는 척하고 뒤로 자객을 보내 요의 목숨을 빼앗아 버렸지요. 요의 뒤를 이어 왕위에 오른 광은 이름을 합려로 고쳤답니다. 그렇게 공자 광은 오나라의 왕 합려가 되었어요. 오자서 역시 합려를 적극적으로 도와준 공을 인정받아서 높은 관직에 올랐어요.

'잘됐다. 이제 오나라에서 힘을 키워서 초나라를 치는 일만 남았도다.'

오자서는 합려와 함께 오나라를 더 크고 강하게 키울 생각이었어요. 그래서 인재를 모으는 일에도 적극적으로 나섰지요.

"우리와 함께 새로운 나라를 만들어 봅시다! 능력 있고 재주 많은 인재들이여, 우리에게 오라!"

정말 여러 곳에서 많은 인재가 오나라로 와글와글 모여 들었답니다. 그 가운데 초나라에서 도망쳐 온 백비라는 사람도 있었어요. 백비는 오자서처럼 간신의 모함으로 아버지를 잃은 사람이었어요. 오자서는 기꺼이 백비를 받아 주었을 뿐만 아니라 백비가 관직에 오를 수 있게 추천해 주기도 했어요. 그러자 오자서와 가까운 관리가 오자서를 말렸답니다.

"백비라는 자를 처음 봤는데 어찌하여 그리 믿음을 주시는지요? 백비는 눈초리가 매와 같고 걸음걸이가 호랑이를 닮았습니다. 아주 잔인한 얼굴상이니 쉽게 마음을 열어 주지 마십시오."

그러나 오자서는 고개를 절레절레 저으며 말을 듣지 않았지요.

"같은 병을 앓는 사람끼리 서로 불쌍히 여기는 법입니다. 백비는 초나라 왕에게 가족을 잃은 자요. 나 또한 아버님과 형님을 초나라 왕에게 잃었지요. 나는 나와 같은 억울함과 슬픔을 가진 백비를 차마 모른 척하고 내버려 둘 수가 없군요."

인물관계도 예시 답안

백비를 처음 봐서 성품이 좋은 사람인지 알 수 없기 때문입니다.

답변으로 나올 수 있는 4개의 문장은 본문의 주요 내용을 파악하고 이를 토대로 자기 생각을 밝힐 수 있도록 구성되었습니다.

> ① 중심 문장 따라 쓰기 → ② 인물의 상황을 이해하기 → ③ 인물의 말을 통해 생각을 유추하기 → ④ 자신이 오자서라면 어떻게 할지 상상하여 쓰기

의 과정을 통해 등장인물의 상황과 심리를 이해하고, 자신의 입장에서 한 번 더 생각할 수 있게 이끌어 주세요.

읽기 전 생각해 볼 것들

아이와 함께 동화를 읽기 전에 제목, 삽화 등을 보면서 어떤 내용이 펼쳐질지 유추해 보세요. 아이가 어려워하면 가벼운 질문으로 아이의 생각을 환기해 주세요.

1. 제목을 보고 어떤 이야기일지 상상해 볼까요?
2. 감기나 배탈 등으로 아팠던 일을 떠올려 봐요. 그때 나처럼 감기나 배탈로 아픈 친구를 보면 어떤 생각이 들까요?
3. 삽화를 보고 삽화 속 인물들의 관계와 상황을 유추해 볼까요?

✎ 참고하세요 본책 p.63 정답 예시

1 이야기와 만나는 문장 쓰기 이야기의 핵심이 되는 오자서의 말을 따라 써 봅니다. (왼쪽 붉은색 글씨 참조)

2 이해하는 문장 쓰기 오자서가 초나라에서 겪은 일을 써 보면서 동화의 내용을 잘 이해했는지 확인합니다.

예시 오자서는 아버지와 형을 처형한 초나라 왕에게 복수를 맹세했습니다.

3 생각을 발견하는 문장 쓰기 오자서가 한 말을 통해 오자서의 생각을 헤아린 후 답합니다.

예시 1 오자서는 자신처럼 초나라 왕에게 가족을 잃은 백비를 불쌍히 여겼습니다.

예시 2 오자서는 자신과 같은 억울함과 슬픔을 가진 백비를 모른 척할 수 없었습니다.

4 상상하는 문장 쓰기 백비에게 쉽게 마음을 열지 말라는 관리의 조언을 떠올리며 자신이 오자서라면 어떻게 했을지 상상합니다.

예시 1 내가 오자서라면 관리에게 사람을 의심하지 말고 믿어야 한다고 말하겠습니다.

예시 2 내가 오자서라면 관리의 말대로 백비를 다 믿지 않고 지켜보겠습니다.

모아쓰기 네 개의 문장을 이어서 하나의 문단을 완성합니다. 모두 쓴 뒤 소리 내어 읽어 보세요.

예시 1 "같은 병을 앓는 사람끼리 서로 불쌍히 여기는 법입니다."
오자서는 아버지와 형을 처형한 초나라 왕에게 복수를 맹세했습니다. 오자서는 자신처럼 초나라 왕에게 가족을 잃은 백비를 불쌍히 여겼습니다. 내가 오자서라면 관리에게 사람을 의심하지 말고 믿어야 한다고 말하겠습니다.

예시 2 "같은 병을 앓는 사람끼리 서로 불쌍히 여기는 법입니다."
오자서는 아버지와 형을 처형한 초나라 왕에게 복수를 맹세했습니다. 오자서는 자신과 같은 억울함과 슬픔을 가진 백비를 모른 척할 수 없었습니다. 내가 오자서라면 관리의 말대로 백비를 다 믿지 않고 지켜보겠습니다.

가이드의 읽을거리 ● 한 남매가 제주사회복지공동모금회를 찾아와 머리카락과 세뱃돈을 기부한 일이 있었습니다. 고등학생 2학년 누나는 백혈병 환자를 위한 가발을 만드는 데 사용해 달라며 수년 동안 고이 기른 머리카락을 아낌없이 잘라 기부했고요. 중학교 3학년 남동생은 누나를 따라 세뱃돈을 함께 기부했지요. 아직 어린 십대 남매가 기부한 이유는 바로 남동생의 투병 경험 때문이었습니다. 남동생이 초등학교 2학년일 때, 뇌종양으로 투병하면서 머리카락이 몽땅 빠지는 바람에 또래 친구들에게 놀림을 많이 받았다고 합니다. 다행히 남동생은 그 뒤에 병이 완치되었지만, 남동생처럼 아픈 아이가 머리카락이 빠졌다는 이유로 놀림받는 일이 없으면 하는 마음에서 기부를 하게 되었다는 것이지요. 이처럼 남매의 기부는 동병상련의 마음에서 나온 나눔이었습니다. [출처: 제민일보, 2014.02.16. '동병상련' 나눔 실천한 남매]

구름을 바라보며 부모님을 그리워하다

부모와 자식 관계를 천륜(天倫)이라고 해요. 부모와 자식은 하늘이 맺어 준 인연이라는 말이지요. 그래서 부모가 자식을 돌보지 않거나 자식이 부모를 함부로 대하면 천륜을 저버리는 일이라며 크게 비난한답니다. 반대로 자식을 위해 희생하는 부모나 부모를 지극정성으로 모시는 자식은 어떨까요? 사람들이 마땅히 본받아야 할 모범으로 삼고 널리널리 알려서 칭찬했지요. 이번에 읽을 이야기도 그 가운데 하나예요. 함께 찬찬히 읽으며 자식이 부모를 그리워하고 사랑하는 마음을 느껴 보아요.

중국 역사서 ≪당서≫에 실려 있는 이야기예요. 당나라에 적인걸이라는 사람이 살았어요. 한번은 적인걸의 집에 도둑이 들어 조사를 하려고 관리가 찾아왔어요. 그런데 적인걸이 책에서 눈을 떼지 않은 채 무심하게 관리를 대하지 않겠어요? 성난 관리가 야단쳤어요.

"버르장머리 없게 지금 뭘 하고 있는 게냐! 당장 예를 갖추지 못할까?"

"나는 지금 책 속에서 옛 성현과 말씀을 나누느라 바쁘다. 그래서 너 같은 관리에게 내줄 시간이 없다!"

성현은 지혜와 덕이 높아 우러러 본받을 만한 성인과 어질고 슬기로워 성인 다음가는 현인을 함께 이르는 말이에요. 적인걸은 자신이 옳다고 생각하는 일을 결코 굽히는 법이 없었어요. 스스로가 떳떳했기에 관리에게도 당당하게 소신껏 행동할 수 있었지요. 이처럼 강직하고 총명한 적인걸을 눈여겨본 사람이 바로 염립본이에요.

"적인걸은 똑똑하고 마음이 곧으니 분명 큰일을 할 인물이로다."

염립본은 적인걸의 능력과 됨됨이를 알아보고 적인걸을 병주의 법조참군으로 뽑았어요. 그때만 해도 아주 빠르게 높은 벼슬자리에 올라간 셈이었답니다. 법조는 법률과 제도 등에 관련된 일을 맡아 보는 관직이에요. 적인걸은 병주에서 법조참군으로서 맡은 일을 열심히 하며 하루하루 성실하게 지냈어요.

하루는 적인걸이 사람들과 태항산에 올랐어요. 적인걸은 평소에도 틈날 때마다 태항산에 오르곤 했는데요. 그날도 여느 때처럼 태항산에 올라 먼 곳을 지그시 바라보았어요. 깎아지른 절벽 너머 티 없이 맑고 푸른 하늘이 펼쳐지고, 솜털처럼 새하얀 구름이 한 조각 떠 있었지요. 적인걸은 한참을 말없이 서 있었어요.

그렇게 얼마나 시간이 흘렀을까요? 어느덧 적인걸은 눈가가 촉촉하게 젖어 들며 눈물이 고이기 시작했어요. 주위 사람들이 그 모습을 보고 깜짝 놀라 물었어요.

"어르신, 어찌하여 그리 슬퍼하십니까? 혹시 무슨 일이 있는지요?"

그러자 적인걸이 흰 구름을 가리키며 대답했어요.

"저기 저 구름이 흘러가는 방향을 보니 내 마음이 몹시 슬퍼지는구나."

하지만 사람들은 선뜻 무슨 뜻인지 이해하지 못했어요. 적인걸이 다시 말을 이었어요.

"저 구름이 흘러가는 곳에 내 부모님이 살고 계신다. 하지만 나는 부모님과 멀리 떨어져 이곳 병주에 있으며 오랫동안 부모님을 찾아뵙지 못했구나. 이 얼마나 불효막심한 일이더냐."

그제야 사람들은 적인걸의 마음을 헤아릴 수 있었어요. 옛날에는 요즘처럼 먼 곳을 재빨리 다녀올 방법이 없었거든요. 그래서 적인걸은 하양에 계신 부모님을 뵈러 갈 엄두를 내지 못하고 계속 마음속으로만 그리워했던 것이지요.

"구름을 바라보며 멀리 계신 부모님을 그리워하기만 하네. 참으로 슬프도다."

적인걸은 눈물이 그렁그렁한 눈으로 하염없이 구름을 바라보았어요. 구름이 보이지 않을 때까지 멀어지고서야 비로소 산을 내려왔답니다.

인물관계도 예시 답안

구름이 흘러가는 곳에 사시는 부모님 생각이 났기 때문입니다.

답변으로 나올 수 있는 4개의 문장은 이야기의 핵심 내용을 찾고 자신의 생각으로 연결하는 과정을 학습할 수 있게 구성되었습니다.

> ① 이야기의 핵심 문장 따라 쓰기 → ② 인물의 상황 이해하기 →
> ③ 인물의 말을 통해 심정을 파악하기 → ④ 자신의 경우에 대입하여
> 상상하고 써 보기

를 하면서 이야기 속 인물의 생각과 그 이유를 파악하고 자신이라면 어떻게 느끼고 생각할지를 표현할 수 있도록 도와주세요.

읽기 전 생각해 볼 것들

아이와 함께 동화를 읽기 전에 제목, 삽화 등을 보면서 어떤 내용이 펼쳐질지 유추해 보세요. 아이가 어려워하면 가벼운 질문으로 아이의 생각을 환기해 주세요.

1. 제목을 보고 어떤 내용일지 상상해 볼까요?
2. 삽화를 보고 누가 이야기 속 주인공인지 찾아볼까요?
3. 동화 속 굵은 글씨를 보고 어떤 심정으로 한 말일지 상상해 볼까요?

참고하세요 본책 p.67 정답 예시

1 이야기와 만나는 문장 쓰기 │ 이야기의 핵심이 되는 적인걸의 말을 따라 쓰도록 합니다. (왼쪽 붉은색 글씨 참조)

2 이해하는 문장 쓰기 │ 동화 속 적인걸의 상황을 써 보면서 동화의 내용을 파악했는지 확인합니다.

예시 적인걸은 염립본의 눈에 들어 병주의 법조참군이 되었습니다.

3 생각을 발견하는 문장 쓰기 │ 동화 속에서 적인걸이 한 말을 떠올리며 적인걸의 심정이 어떨지 생각해 봅니다.

예시1 적인걸은 흰 구름이 흘러가는 곳에 계시는 부모님을 떠올렸습니다.

예시2 적인걸은 오랫동안 부모님을 찾아뵙지 못하는 불효를 슬퍼했습니다.

4 상상하는 문장 쓰기 │ 부모님과 멀리 떨어져 있다는 상상을 하면서 어떤 기분이나 생각이 드는지 솔직하게 답해 봅니다.

예시1 나는 부모님과 멀리 떨어져 있다면 아주 슬프고 외로워서 눈물이 날 것입니다.

예시2 나는 멀리 떨어져 있는 부모님께 영상 통화를 걸어서 빨리 나를 데리러 오라고 말하겠습니다.

모아쓰기 │ 네 개의 문장을 이어서 하나의 문단을 완성합니다. 모두 쓴 뒤 소리 내어 읽어 보세요.

예시1 "구름을 바라보며 멀리 계신 부모님을 그리워하기만 하네."
적인걸은 염립본의 눈에 들어 병주의 법조참군이 되었습니다. 적인걸은 흰 구름이 흘러가는 곳에 계시는 부모님을 떠올렸습니다. 나는 부모님과 멀리 떨어져 있다면 아주 슬프고 외로워서 눈물이 날 것입니다.

예시2 "구름을 바라보며 멀리 계신 부모님을 그리워하기만 하네."
적인걸은 염립본의 눈에 들어 병주의 법조참군이 되었습니다. 적인걸은 오랫동안 부모님을 찾아뵙지 못하는 불효를 슬퍼했습니다. 나는 멀리 떨어져 있는 부모님께 영상 통화를 걸어서 빨리 나를 데리러 오라고 말하겠습니다.

가이드의 읽을거리 ● 망운지정과 비슷한 뜻을 가진 고사성어로 백운고비(白雲孤飛)가 있습니다. 백운고비는 흰(백), 구름(운), 외로울(고), 날(비)라는 한자를 씁니다. '흰 구름이 외로이 난다'는 뜻으로 적인걸의 이야기에서 망운지정과 함께 유래한 말입니다. 그래서 망운지정과 마찬가지로 먼 곳에 가 있는 자식이 고향에 계신 부모님을 그리워하는 마음을 나타내지요. 이처럼 우리가 사는 동아시아 문화권에서는 예로부터 부모와 자식 간의 끈끈하고 특별한 유대를 강조해 왔습니다. 아이와 함께 부모님의 사랑에 대해 이야기를 나누며 아이가 부모님의 사랑을 마음속 깊이 느낄 수 있는 기회를 만들어 주세요.

물고기가 물을 만나다

수 어 지 교

이번에는 중국의 고전 《삼국지연의》에 실려 있는 이야기를 읽어 보려고 해요. 《삼국지연의》는 중국의 작가 나관중이 쓴 역사 소설이에요. 중국 한나라 말기부터 위·촉·오의 삼국 시대가 끝날 때까지 100년에 가까운 역사를 다루며 수많은 사건과 인물 이야기를 담고 있지요. 그래서 중국뿐만 아니라 전 세계적으로 유명한 고전이자 오늘날에도 많은 사람이 읽고 좋아하는 이야기랍니다.

중국의 삼국 시대는 한나라가 무너지고 중국이 위나라·촉나라·오나라로 갈라져 서로 힘겨루기를 하며 다투던 시기를 말해요. 이 가운데 촉나라는 한나라 황실의 후손인 유비가 세운 나라인데요. 유비는 갖은 고생 끝에 많은 사람의 도움을 받아 촉나라를 세웠어요. 이때 큰 공을 세운 사람으로 제갈량이 있어요. 유비와 제갈량의 만남은 한나라가 완전히 멸망하기 전으로 거슬러 올라간답니다.

사실 유비는 너그럽고 따뜻한 됨됨이로 백성들에게 인기가 많았어요. 더군다나 용감한 의형제를 둘이나 두고 있었어요. 바로 관우와 장비이지요. 관우와 장비는 둘 다 힘이 세고 무예 실력이 뛰어난 장수였어요. 그러나 싸움을 잘하는 장수만으로는 전쟁에서 승리할 수 없답니다.

'나에게는 훌륭한 손발이 있지만 뛰어난 머리가 없다. 전쟁에서 이길 수 있는 작전을 짜고 나를 도와서 군대를 잘 이끌어 줄 사람이 필요해!'

유비는 바짝바짝 애가 탔어요. 그러다 와룡 제갈량에 관한 이야기를 들었어요.

"와룡 제갈량은 젊지만 아주 총명하고 뛰어난 사람입니다. 하지만 세상에 나오지 않고 작은 초가집에만 머물고 있지요."

"그럼 내가 직접 와룡 선생을 찾아가 모셔 오겠소."

유비는 곧바로 제갈량이 사는 초가집으로 갔어요. 하지만 아무도 없어서 헛걸음만 했지요. 며칠 뒤에 다시 한 번 제갈량을 찾아갔지만, 이번에도 만나지 못한 채 돌아와야 했어요. 관우와 장비가 투덜투덜 불평했어요.

"형님, 형님처럼 높은 사람이 왜 시골 촌구석에 있는 선비를 굳이 만나려고 하십니까? 게다가 벌써 두 번이나 퇴짜를 맞았는데요. 어쩌면 제갈량은 일부러 피하는지도 모릅니다."

관우를 따라 장비도 한마디 했지요.

"형님, 이제 그만하십시오. 제가 제갈량을 데려오겠습니다. 싫다고 하면 밧줄로 꽁꽁 묶어서 잡아오겠습니다."

하지만 유비는 고개를 절레절레 저으며 미소 지었어요.

"사람을 얻기가 어디 그리 쉬운 일이더냐. 내가 다음에 다시 오면 된다. 너무 화내지 마라."

얼마 지나지 않아 유비는 세 번째로 제갈량을 찾아갔고, 드디어 제갈량과 만났어요. 제갈량은 자기를 세 번이나 찾아온 유비의 진심 어린 정성에 깊이 감동했지요. 그래서 기꺼이 유비와 함께하기로 약속했답니다.

이후 유비는 제갈량을 믿고 아끼며 제갈량이 하는 이야기에 항상 귀를 기울였어요. 시간이 지날수록 유비와 제갈량은 사이가 점점 가까워졌어요. 하지만 관우와 장비는 유비가 제갈량에게 너무 절절맨다고 생각했지요.

"형님, 제갈량은 형님보다 한참이나 어린데 지나치게 깍듯이 대할 필요 있습니까?"

"**내가 제갈량을 얻은 것은 물고기가 물을 얻은 것이나 다름없다.** 즉 나와 제갈량은 물고기와 물의 관계이니 더는 불평하지 마라."

인물관계도 예시 답안

유비는 자신과 제갈량이 물고기와 물의 관계라고 했습니다.

답변으로 나올 수 있는 4개의 문장은 본문의 주요 내용을 파악하고 이에 대한 자신의 생각을 밝히는 과정으로 구성되었습니다.

① 중심 문장 따라 쓰기 → ② 유비의 행동 이해하기 → ③ 관우와 장비의 생각 파악하기 → ④ 자신이 유비라면 어떻게 할지 상상하며 쓰기

를 통해 인물들의 관계와 생각을 이해하고 자신의 생각을 글로 나타낼 수 있도록 도와주세요.

읽기 전 생각해 볼 것들

아이와 함께 동화를 읽기 전에 제목, 삽화 등을 보면서 어떤 내용이 펼쳐질지 유추해 보세요. 아이가 어려워하면 가벼운 질문으로 아이의 생각을 환기해 주세요.

1. 제목을 보고 물고기에게 물이 없다면 어떻게 될지 상상해 볼까요?
2. 삽화를 보고 제목을 떠올리며 어떤 상황일지 유추해 볼까요?
3. 동화 속 굵은 글씨를 보고 제갈량을 얻은 기분이 어떤지 생각해 볼까요?

✎ **참고하세요** 본책 p.71 정답 예시

1 이야기와 만나는 문장 쓰기 이야기의 핵심이 되는 유비의 말을 따라 쓰도록 합니다. (왼쪽 붉은색 글씨 참조)

2 이해하는 문장 쓰기 유비 행동의 이유를 써 보면서 인물의 상황을 잘 이해했는지 확인합니다.

예시1 유비는 자신을 도와줄 사람이 필요했습니다.
예시2 유비는 제갈량이 아주 뛰어난 사람이라 생각했습니다.

3 생각을 발견하는 문장 쓰기 인물들의 상황과 관계를 파악하고 관우와 장비의 생각을 찾아서 정리합니다.

예시1 관우와 장비는 유비가 제갈량에게 너무 절절맨다고 생각했습니다.
예시2 관우와 장비는 유비의 생각과 행동을 이해할 수가 없었습니다.

4 상상하는 문장 쓰기 인물관계에 대한 이해를 토대로 자신이라면 어떻게 문제를 해결할지 상상해 봅니다.

예시1 내가 유비라면 사과하고 관우와 장비에게 더 신경을 쓰겠다고 말하겠습니다.
예시2 내가 유비라면 서로 질투하지 말고 모두 다 같이 사이좋게 지내자고 하겠습니다.

모아쓰기 네 개의 문장을 이어서 하나의 문단을 완성합니다. 모두 쓴 뒤 소리 내어 읽어 보세요.

예시1 "내가 제갈량을 얻은 것은 물고기가 물을 얻은 것이나 다름없다."
유비는 자신을 도와줄 사람이 필요했습니다. 관우와 장비는 유비가 제갈량에게 너무 절절맨다고 생각했습니다. 내가 유비라면 사과하고 관우와 장비에게 더 신경을 쓰겠다고 말하겠습니다.

예시2 "내가 제갈량을 얻은 것은 물고기가 물을 얻은 것이나 다름없다."
유비는 제갈량이 아주 뛰어난 사람이라 생각했습니다. 관우와 장비는 유비의 생각과 행동을 이해할 수가 없었습니다. 내가 유비라면 서로 질투하지 말고 모두 다 같이 사이좋게 지내자고 하겠습니다.

가이드의 읽을거리 ● 우리에게 익숙한 《삼국지》는 삼국 시대 후기의 역사가 진수가 쓴 정사 《삼국지》와 후대의 작가 나관중이 쓴 소설 《삼국지연의》로 나뉩니다. 정사는 정통 역사 체계에 따라서 쓴 역사 기록을 의미합니다. 원래 《삼국지》는 진수의 정사 《삼국지》를 뜻했으나 나관중의 《삼국지연의》가 대중적 인기를 끌면서 오늘날 우리가 흔히 말하는 《삼국지》의 대명사가 되었습니다. 하지만 나관중의 《삼국지연의》는 진수의 《삼국지》와 달리 역사서가 아닙니다. 역사를 바탕으로 작가의 상상력을 더해서 지어낸 역사 소설이지요. 실제로 나관중도 진수의 정사 《삼국지》를 참고하여 《삼국지연의》를 썼다고 전해집니다. 따라서 나관중의 《삼국지연의》는 동양의 고전 문학이자 흥미진진한 역사 소설로 재미있게 읽고, 삼국 시대의 역사를 좀 더 알고 싶을 때는 진수의 정사 《삼국지》를 읽어 보기를 권합니다.

부모님께서 돌아가신 것을 슬퍼한다   풍 수 지 탄

공자는 중국의 춘추 시대에 살았던 유학자예요. 중국을 대표하는 철학자 중에서도 으뜸으로 손꼽히며 성인으로 존경받는답니다. 성인이란 지혜와 됨됨이가 뛰어나서 우러러 존경하고 본받을 만한 사람을 뜻하는데요. 어떤 사람들은 공자를 예수·석가모니·소크라테스와 함께 세계 4대 성인으로 높이 평가하여 말하기도 해요.

중국의 춘추 시대에는 나라와 나라가 서로 으르렁거리며 싸우고, 강한 자가 약한 자를 힘으로 누르며, 사람과 사람 사이에 배신이 흔하게 일어났어요. 이를 두고 공자는 옳지 못하다고 생각했어요. 그래서 올바른 정치를 통해 세상을 바꾸고 싶어 했어요.

'정치에서 중요한 것은 힘이 아니라 따뜻한 마음이다. 힘으로 백성들을 억누르고 쥐어짜는 것이 아니라 따뜻한 마음으로 백성들에게 믿음을 얻어야 한다.'

공자는 자신의 뜻을 받아들여 줄 나라를 찾아 제자들과 함께 떠났어요. 하지만 공자의 주장을 이해하고 받아들이는 나라를 좀처럼 찾지 못했어요. 공자는 그저 막연한 바람을 품고 계속해서 떠돌아다닐 수밖에 없었지요.

'어딘가에 분명 나의 생각을 이해하고 백성들을 위한 정치를 펼치고자 할 나라가 있을 게야.'

한나라 사람인 한영이 쓴 《한시외전》에도 그때 제자들을 이끌고 길을 떠났던 공자의 이야기가 실려 있어요. 어느 날, 공자가 제자들과 함께 길을 가는데 어디선가 흐느껴 우는 소리가 들려오지 않겠어요?

"누군가 울고 있구나. 대체 어떤 일로 저리도 슬피 우는가?"

공자는 울음소리가 들리는 쪽으로 향했어요. 그곳에는 낫을 들고 베옷을 입은 채 하염없이 눈물을 흘리는 남자가 있었어요. 공자는 수레에서 내려 남자에게 다가갔어요.

"나는 공자라고 하오. 그대는 왜 여기서 울고 있소이까?"

"흑흑, 저는 고어라고 합니다. 가슴에 한 맺히는 일이 있어서 도저히 울음을 멈출 수가 없습니다."

공자는 안타까운 마음에 고어를 달래며 물었어요.

"무슨 일인지 내게 얘기해 줄 수 있겠소?"

"저는 세 가지 잘못을 저질렀습니다. 첫 번째는 제가 젊어서 배움을 구하느라 집을 떠나 있었던 것입니다. 고향으로 돌아갔을 때에는 이미 부모님께서 세상을 떠나신 뒤였습니다. 두 번째는 제 뜻만 옳은 줄 알고 군주를 섬기는 일에 소홀했던 것입니다. 세 번째는 친하게 사귀던 친구와 멀어진 것입니다. 서로 속마음을 터놓고 지내던 친구를 제가 너무 가벼이 여겼습니다."

고어는 다시 슬픔이 복받쳐 올라 목이 메었어요. 굵은 눈물을 뚝뚝 흘리며 어렵사리 말을 이었답니다.

"나무는 가만히 있으려고 하나 바람이 그치지 않고, 자식이 부모에게 효도를 하고 싶어도 그때까지 부모가 기다려 주지 않지요. 지나가 버린 세월을 되돌릴 수 없듯 이미 돌아가신 부모님을 다시 뵐 방법은 없습니다. 그저 부모님이 돌아가신 것을 슬퍼할 뿐입니다."

마지막으로 고어는 공자와 제자들에게 간곡히 부탁했어요.

"이제 저는 살아도 의미가 없습니다. 여러분은 제발 저처럼 어리석은 잘못을 하지 않기를 바랍니다."

인물관계도 예시 답안

자기처럼 어리석은 잘못을 하지 말라고
부탁했습니다.

답변으로 나올 수 있는 4개의 문장은 본문의 주요 사건을 파악하고 언행의 이유를 이해하며 이에 대한 자신의 생각을 이끌어 내는 단계별 학습 과정으로 구성되었습니다.

> ① 중심 문장 따라 쓰기 → ② 핵심 사건 이해하기 → ③ 인물이 보여 준 언행의 이유 찾기 → ④ 자신이라면 어떻게 할지 상상하며 쓰기

를 통해 이야기 속 인물의 상황과 관계를 이해하고 자신의 경우에 적용하여 생각해 볼 수 있게 지도해 주세요.

읽기 전 생각해 볼 것들

아이와 함께 동화를 읽기 전에 제목, 삽화 등을 보면서 어떤 내용이 펼쳐질지 유추해 보세요. 아이가 어려워하면 가벼운 질문으로 아이의 생각을 환기해 주세요.

1. 제목을 보고 어떤 이야기가 펼쳐질지 상상해 볼까요?
2. 삽화를 보고 어떤 상황인지 유추해 볼까요?
3. 삽화의 인물들 중 누가 동화 속 굵은 글씨의 말을 했는지 찾아볼까요?

✎ 참고하세요   본책 p.75 정답 예시

1 이야기와 만나는 문장 쓰기 이야기의 핵심이 되는 고어의 말을 따라 쓰도록 합니다. (왼쪽 붉은색 글씨 참조)

2 이해하는 문장 쓰기 고어가 첫 번째로 말한 잘못이 무엇인지 찾아서 적으며 이야기의 흐름을 파악했는지 확인합니다.

예시 고어는 젊어서 배움을 구하느라 집을 떠나 있었습니다.

3 생각을 발견하는 문장 쓰기 고어의 상황을 떠올리며 고어가 한 말의 이유를 생각한 후 답을 써 봅니다.

예시1 고어는 공자와 제자들이 자기처럼 후회하지 말고 부모님이 살아 계실 때에 효도하길 바랐습니다.

예시2 고어는 이미 지나간 일을 후회해도 되돌릴 수 없다는 걸 알았습니다.

4 상상하는 문장 쓰기 동화를 읽고 느낀 점이 있다면 앞으로 어떻게 효도할지 상상해 봅니다.

예시1 나는 매일 부모님께 뽀뽀하고 사랑한다고 말씀드리겠습니다.

예시2 나는 부모님께서 마음 아프지 않도록 부모님의 말씀을 잘 듣겠습니다.

모아쓰기 네 개의 문장을 이어서 하나의 문단을 완성합니다. 적절한 접속어 사용법도 함께 생각해 봅니다.

예시1 "그저 부모님이 돌아가신 것을 슬퍼할 뿐입니다."
고어는 젊어서 배움을 구하느라 집을 떠나 있었습니다. 고어는 공자와 제자들이 자기처럼 후회하지 말고 부모님이 살아 계실 때에 효도하길 바랐습니다. (그래서) 나는 매일 부모님께 뽀뽀하고 사랑한다고 말씀드리겠습니다.

예시2 "그저 부모님이 돌아가신 것을 슬퍼할 뿐입니다."
고어는 젊어서 배움을 구하느라 집을 떠나 있었습니다. 고어는 이미 지나간 일은 후회해도 되돌릴 수 없다는 걸 알았습니다. (그래서) 나는 부모님께서 마음 아프지 않도록 부모님의 말씀을 잘 듣겠습니다.

가이드의 읽을거리 ● 본문에서 고어는 "나무는 가만히 있으려고 하나 바람이 그치지 않고, 자식이 부모에게 효도를 하고 싶어도 그 때까지 부모가 기다려 주지 않지요"라고 말합니다. 이 말의 원문은 '樹欲靜而風不止(수욕정이풍부지) 子欲養而親不待(자욕양이친부대)'입니다. 여기서 풍수지탄과 함께 유래된 고사성어가 풍목지비(風木之悲)입니다. 바람(풍), 나무(목), 어조사(지), 슬플(비)라는 한자를 씁니다. 바람과 나무의 슬픔이라는 뜻으로 풍수지탄처럼 효도를 다하지 못한 채 부모를 잃은 자식의 슬픔을 뜻하는 말이지요. 이와 반대로 부모가 자식을 그리워하고 걱정하는 마음을 나타내는 고사성어도 있습니다. 의문이망(倚門而望)으로 의지할(의), 문(문), 이을(이), 바랄(망)이라는 한자를 씁니다. 어머니가 대문에 기대어 자식이 돌아오기를 마음 졸이며 기다린다는 뜻이지요. 전국 시대에 제나라 신하 왕손가의 어머니가 아들에게 "네가 아침에 나가 늦게 돌아오면 나는 곧 집 문에 의지하여 네가 오는지 바라보고, 해가 저물어서 나가 돌아오지 않으면 나는 동구 밖 문에 의지하여 네가 오는지 바라보고 서 있다"라고 한 말에서 유래되었습니다.

입에는 꿀이 있고 배 속에는 칼이 있다   구 밀 복 검

누구나 자신의 허물이나 단점을 콕 짚어서 따끔하게 나무라는 말은 듣고 싶어 하지 않아요. 그래도 당장 섭섭하고 싫은 마음을 꾹 참고 조언을 받아들인다면 스스로 더욱 발전할 계기로 삼을 수 있지만요. 반대로 귀를 닫고 자기가 원하는 말만 들으려고 한다면 점점 잘못된 방향으로 가기 마련이지요. 이번 이야기 속 주인공 당 현종도 처음에는 다른 사람의 말에 귀를 기울였답니다. 그런데 점점 귀를 닫기 시작했어요. 왜 그랬는지 함께 찬찬히 읽어 볼까요?

중국의 당나라 현종은 매우 어질고 지혜로운 황제였어요. 특히 신하들이 하는 이야기를 모두 귀담아 들으려고 노력했지요. 설령 자신에게 싫은 소리를 하더라도 유능한 인재라면 기꺼이 관직을 주고 곁에 두었답니다. 한번은 사냥을 갔다가 신하들과 약속한 시간보다 늦게 황궁에 도착했어요. 현종이 안절부절못하며 말했어요.

"사냥에 정신이 팔려 시간 가는 줄도 몰랐구나. 이거 참 큰일이군. 신하들이 또 잔소리를 하겠어!"

그러자 옆에 있던 신하가 말했어요.

"폐하, 무얼 그리 걱정하십니까? 폐하께 잔소리하는 신하를 쫓아내시면 되지요."

현종은 허허 웃으며 손사래를 쳤어요.

"그럴 수야 없지. 오히려 내가 고마워해야 할 사람들이지. 내게 바른 소리를 하는 신하들이 있어야 나라가 잘되고 백성들이 잘사는 법이라네."

이처럼 현종이 현명하게 잘 다스린 덕분이었을까요? 당나라는 무려 30여 년 동안 풍요롭고 평화로운 시절을 보낼 수 있었어요. 하지만 긴 시간이 흐르면서 현종은 처음에 품었던 마음가짐을 저도 모르게 잃어버리고 말았어요.

"여봐라, 술과 고기를 가져오너라. 오늘도 신나게 놀아 보자꾸나!"

현종은 여자와 술에 빠져 지내느라 백성도 나라도 뒷전이었어요. 현종이 나랏일을 내팽개치고 날마다 놀아 대니 나라가 제대로 돌아가겠어요? 당연히 나라 안팎이 어지러워지고 백성들이 살기 힘들어졌지요. 그러거나 말거나 간신들은 현종의 눈과 귀를 가린 채 듣기 좋은 말만 속삭였답니다. 그때 간신 가운데 최고 간신은 이임보였는데요. 이임보는 현종을 달콤한 말로 속이고 재상 자리를 얻어 냈어요. 그리고 현종이 자신보다 35세나 어린 양귀비에게 폭 빠져 있는 틈을 타서 나라를 제 마음대로 쥐락펴락하기 시작했지요.

'황제가 내 손안에 있도다. 이는 당나라 역시 내 손안에 있다는 뜻이지 않으냐!'

이임보는 자기가 싫어하는 사람을 수단과 방법을 가리지 않고 몰아냈어요. 특히 충성스러운 신하일수록 가차 없이 쫓아냈답니다. 그렇게 이임보는 무려 17년 동안이나 재상 노릇을 하며 나라를 엉망진창으로 만들었어요. 평화로운 당나라는 오간 데 없고 나쁜 관리가 들끓으며 백성들이 헐벗고 굶주리게 되었지요. 그러나 현종은 아무것도 모른 채 이임보의 달콤한 말만 철석같이 믿고 있었어요.

"폐하, 아무 걱정하지 마십시오. 모든 일이 잘되고 있습니다. 그러니 폐하께서는 저만 믿고 즐거운 시간을 보내십시오."

이임보는 얼굴에 부드러운 미소를 띠고 현종을 감쪽같이 속였어요. 현종뿐만 아니라 다른 사람들에게도 겉으로는 웃으며 좋은 말로 마음을 얻고, 뒤로는 사람들을 거짓말로 속이고 싸움을 붙였지요. 그래서 훗날 사람들은 이임보를 두고 이렇게 말했답니다.

"이임보의 입에는 꿀이 있고 배 속에는 칼이 있다."

인물관계도 예시 답안

이임보 같은 간신들이 현종에게 아무 문제없다고 거짓말했기 때문입니다.

답변으로 나올 수 있는 4개의 문장은 본문의 주요 내용과 등장인물의 상황과 행적 및 이유를 파악하고 이에 대한 자신의 생각을 밝히는 과정으로 구성되었습니다.

> ① 중심 내용을 담은 문장을 따라 쓰기 → ② 인물의 상황 이해하기 → ③ 인물의 행적을 파악하고 그 이유 생각하기 → ④ 자신이 현종이라면 어떻게 할지 상상하여 쓰기

를 통해 이야기의 핵심 사건을 이해하고 비판적 사고로 확장할 수 있게 지도해 주세요.

읽기 전 생각해 볼 것들

아이와 함께 동화를 읽기 전에 제목, 삽화 등을 보면서 어떤 내용이 펼쳐질지 유추해 보세요. 아이가 어려워하면 가벼운 질문으로 아이의 생각을 환기해 주세요.

1. 제목이 나타내는 것이 무엇인지 생각해 볼까요?
2. 삽화를 보고 인물들의 상황을 유추해 볼까요?
3. 동화 속 굵은 글씨를 말한 사람은 이임보를 어떤 사람으로 생각했을까요?

참고하세요 본책 p.81 정답 예시

1 이야기와 만나는 문장 쓰기 주요 인물인 이임보를 두고 사람들이 한 말을 따라 쓰도록 합니다. (왼쪽 붉은색 글씨 참조)

2 이해하는 문장 쓰기 동화 속 이임보와 간신들이 현종에게 한 일을 써 보면서 동화 내용을 온전히 이해했는지 확인합니다.

예시 간신들은 현종의 눈과 귀를 가리고 듣기 좋은 말만 했습니다.

3 생각을 발견하는 문장 쓰기 이임보가 달콤한 말로 현종을 속이고서 얻어 낸 것이 무엇인지 떠올린 후 답합니다.

예시1 이임보는 높은 벼슬을 얻으려고 현종을 속였습니다.

예시2 이임보는 현종을 속이고 나라를 자기 마음대로 쥐락펴락하려고 했습니다.

4 상상하는 문장 쓰기 믿었던 사람에게 속았다는 사실을 알았을 때에 어떤 기분이 들고 어떻게 행동할지를 상상해 봅니다.

예시1 내가 현종이라면 이임보와 간신들에게 큰 벌을 내리겠습니다.

예시2 내가 현종이라면 이임보를 내쫓고 바른 말을 하는 신하들과 함께 살기 좋은 나라를 만들겠습니다.

모아쓰기 네 개의 문장을 이어서 하나의 문단을 완성합니다. 모두 쓴 뒤 소리 내어 읽어 보세요.

예시1 "이임보의 입에는 꿀이 있고 배 속에는 칼이 있다."
간신들은 현종의 눈과 귀를 가리고 듣기 좋은 말만 했습니다. 이임보는 높은 벼슬을 얻으려고 현종을 속였습니다. 내가 현종이라면 이임보와 간신들에게 큰 벌을 내리겠습니다.

예시2 "이임보의 입에는 꿀이 있고 배 속에는 칼이 있다."
간신들은 현종의 눈과 귀를 가리고 듣기 좋은 말만 했습니다. 이임보는 현종을 속이고 나라를 자기 마음대로 쥐락펴락하려고 했습니다. 내가 현종이라면 이임보를 내쫓고 바른 말을 하는 신하들과 함께 살기 좋은 나라를 만들겠습니다.

가이드의 읽을거리 ● 본문 속 현종은 이임보와 간신들의 달콤한 말에 속아서 나랏일을 내팽개치는 잘못을 범했습니다. 만약 현종이 입바른 신하들의 말에 귀를 기울이고, 이임보와 간신들이 하는 말을 검증했더라면 나라가 간신배의 손아귀에 떨어지는 일은 없었겠지요. 이와 관련한 우리 속담 중 '입에 쓴 약이 병에는 좋다'를 생각해 볼 수 있습니다. 당장은 듣기 싫은 비판이나 충고를 꾹 참고 받아들이면 결국 자기 자신에게 이롭다는 뜻입니다. 평소 아이를 위한 말이지만 아이가 듣기 싫어하는 말이 무엇인지 왜 듣기 싫었는지를 아이와 함께 이야기 나누어 보세요. 그러면서 아이 스스로 자신을 위한 말임을 알고 받아들여야 하는 이유를 납득할 수 있게 도와주세요.

양의 머리를 걸어 놓고 개고기를 판다

양 두 구 육

우리는 간혹 겉과 속이 다르고, 말과 행동이 따로 노는 사람을 보곤 해요. 아무래도 그런 사람을 쉽게 믿을 수는 없지요. 그 사람이 겉으로 하는 말만 듣고는 속으로 품은 진짜 생각을 알 수 없으니까요. 그래서 사람은 겉과 속이 한결같고, 말과 행동이 같아야 한답니다. 이와 관련하여 재미있는 옛이야기가 전해져요. 다 함께 읽어 볼까요?

중국의 춘추 시대에 있었던 일이에요. 제나라를 다스리는 영공은 아주 특이한 취미가 있었어요. 아리따운 궁녀를 골라 남장을 시키고 구경하는 것이었어요. 남장이란 여자가 남자와 같은 차림새를 하는 일을 말하지요.

"하하, 역시나 아주 잘 어울리는구나! 늠름하니 얼마나 보기 좋으냐."

궁녀는 궁궐 안에서 왕과 왕비를 가까이에서 모시고 온갖 심부름을 하는 여자예요. 힘없는 궁녀는 자기 뜻과 달리 영공이 시키는 대로 남자 옷을 입어야만 했어요. 아무리 부끄럽고 싫어도 감히 영공의 뜻을 거스를 수 없었으니까요.

"좋다, 좋아! 이번에는 다른 옷을 입어 보아라."

영공은 남자 옷을 입은 궁녀를 보며 아주 즐거워했어요. 그러자 궁궐 안 사람들이 영공을 두고 숙덕대기 시작했답니다.

"영공께서는 남장한 여자를 좋아한다는구먼."

"세상에! 별 희한한 취미가 있구려."

남장을 좋아하는 영공의 이야기는 궁궐 밖에도 퍼져 나갔어요. 얼마 지나지 않아 온 나라에 쫙 소문이 돌았지요.

"남장을 하면 왕이 좋아한다면서? 그럼 나도 남장을 하고 다녀야지."

"얼굴도 예뻐야 해. 그래야 남장을 했을 때 왕이 좋아한다더군."

궁궐 밖에서는 어여쁜 여자들이 너도나도 앞다투어 남장을 하고 다녔어요. 모두가 왕의 마음에 들어 출세

하고 싶었거든요. 여자들 사이에서 남장이 유행하며 이제 여자 옷을 입은 여자를 찾아보기 힘들어졌어요. 이 사실은 곧 영공에게도 전해졌어요.

"뭐라? 궁 밖의 여자들이 죄다 남자 옷을 입고 다닌다고? 이게 대체 어떻게 된 일이더냐?"

영공은 버럭 화를 내며 신하들을 불러 명령했어요.

"도대체 왜 여자가 남장을 하고 다니는가! 당장 남장을 금지해라."

하지만 영공의 명령에도 불구하고 여자들은 남장을 그만두지 않았어요. 여전히 여자 옷 대신 남자 옷을 줄기차게 입고 다녔지요. 영공은 답답한 마음에 재상 안영을 불러 물었어요.

"이보게, 안영. 내 분명히 남장을 금지하라고 했는데 어찌하여 백성들이 따르지 않는 것인가?"

"당연히 왕께서 하시는 말씀과 행동이 다르기 때문이지요. 궁녀들에게 계속 남자 옷을 입히고 즐거워하시면서 백성들에게만 남장을 금지하셨잖습니까?"

안영은 또박또박 힘주어 말을 이어 나갔어요.

"그것은 마치 밖에는 양의 머리를 걸어 놓고 안에서는 개고기를 파는 것과 같습니다. 그런데 어느 백성이 왕의 말씀을 따르겠습니까? 백성들의 남장을 금지하시려면 왕께서 먼저 궁녀들의 남장을 그만두셔야 합니다."

영공은 그제야 자신의 실수를 깨닫고 큰 소리로 말했어요.

"궁녀들은 본래 자기 옷으로 갈아입어라. 다시는 남장을 시키지 않겠다!"

그 뒤로 궁궐 안팎으로 남자 옷을 입고 다니는 여자를 찾아볼 수 없었다고 해요.

인물관계도 예시 답안

남장을 해서 영공의 마음에 들어 출세하고 싶었기 때문입니다.

38

답변이 될 수 있는 4개의 문장은 인물의 말과 행동 속 모순을 이해하고 이를 토대로 자기 생각을 밝힐 수 있도록 구성되었습니다.

> ① 중심 문장 따라 쓰기 → ② 인물의 말과 행동을 파악하기 → ③ 인물의 잘못을 해결하는 방법 이해하기 → ④ 누군가 자신의 실수를 알려 주면 어떤지 상상하여 쓰기

를 통해 이야기의 핵심을 파악하고 자신의 상황에 대입하여 생각할 수 있도록 이끌어 주세요.

읽기 전 생각해 볼 것들

아이와 함께 동화를 읽기 전에 제목, 삽화 등을 보면서 어떤 내용이 펼쳐질지 유추해 보세요. 아이가 어려워하면 가벼운 질문으로 아이의 생각을 환기해 주세요.

1. 제목이 무엇을 뜻하는지 생각해 볼까요?
2. 삽화를 보고 어떤 상황인지 유추해 볼까요?
3. 삽화 속 인물들이 어떤 사람인지 상상해 볼까요?

✏️ 참고하세요   본책 p.85 정답 예시

1 [이야기와 만나는 문장 쓰기] 이야기의 핵심이 되는 안영의 말을 따라 쓰도록 합니다. (왼쪽 붉은색 글씨 참조)

2 [이해하는 문장 쓰기] 영공이 한 말과 행동을 써 보면서 동화의 내용을 온전히 이해했는지 확인합니다.

[예시] 영공이 궁 밖의 여자들에게는 남장을 금지했지만 궁녀들에게는 계속 남장을 시켰기 때문입니다.

3 [생각을 발견하는 문장 쓰기] 안영이 한 말을 떠올리며 그 이유를 생각한 후 답합니다.

[예시 1] 안영은 영공이 하는 말과 행동이 같아야 백성이 영공의 말을 따른다고 했습니다.

[예시 2] 안영은 영공이 먼저 궁녀들에게 남장을 시키는 일을 그만두어야 한다고 했습니다.

4 [상상하는 문장 쓰기] 누군가가 자신의 실수를 알려 주는 상황을 떠올리며 과연 어떻게 할지 자유롭게 상상해 봅니다.

[예시 1] 나라면 빨리 내 실수를 인정하고 다시는 실수하지 않도록 노력하겠습니다.

[예시 2] 나라면 내가 왜 실수했는지 생각해 보고 실수를 바로잡는 방법을 찾겠습니다.

▶ 모아쓰기 네 개의 문장을 이어서 하나의 문단을 완성합니다. 모두 쓴 뒤 소리 내어 읽어 보세요.

[예시 1] "그것은 마치 밖에는 양의 머리를 걸어 놓고 안에서는 개고기를 파는 것과 같습니다."
영공이 궁 밖의 여자들에게는 남장을 금지했지만 궁녀들에게는 계속 남장을 시켰기 때문입니다. 안영은 영공이 하는 말과 행동이 같아야 백성이 영공의 말을 따른다고 했습니다. 나라면 빨리 내 실수를 인정하고 다시는 실수하지 않도록 노력하겠습니다.

[예시 2] "그것은 마치 밖에는 양의 머리를 걸어 놓고 안에서는 개고기를 파는 것과 같습니다."
영공이 궁 밖의 여자들에게는 남장을 금지했지만 궁녀들에게는 계속 남장을 시켰기 때문입니다. 안영은 영공이 먼저 궁녀들에게 남장을 시키는 일을 그만두어야 한다고 했습니다. 나라면 내가 왜 실수했는지 생각해 보고 실수를 바로잡는 방법을 찾겠습니다.

가이드의 읽을거리 ● 오래된 옛이야기는 후대에 전해지면서 이야기가 조금씩 바뀌는 경우가 있습니다. 영공의 이야기도 본문처럼 영공이 궁녀에게 남장을 시키는 취미가 있었다는 설과 함께 영공의 후궁 중 하나가 남장하기를 즐겼다는 설이 전해집니다. 그 후궁이 워낙 남장이 잘 어울리다 보니 영공이 별다른 제재를 하지 않았는데, 이 사실이 궁 밖으로 소문나면서 백성들도 남장을 하게 되었다는 내용이지요. 이 또한 정작 문제의 시발점인 후궁의 남장을 제재하지 않고 백성들만 금지하는 영공의 언행 불일치를 지적합니다. 모름지기 말과 행동이 일치하지 않으면 사람들에게 신뢰를 얻을 수 없습니다. 영공의 이야기를 통해 아이가 언행일치의 중요성을 배울 수 있게 지도해 주세요.

열여덟 번째 이야기

이전에는 거만하다가 나중에 공손해진다

전 거 후 공

이번 이야기 속 주인공은 중국 전국 시대에 살았던 소진이라는 학자예요. 소진은 당시 6개 나라가 동맹을 맺을 수 있게 앞장섰는데요. 동맹이란 둘 이상이 서로 이익이나 목적을 위해 함께하기로 약속한 관계를 뜻해요. 그리고 소진은 동맹을 맺은 6개 나라의 재상이 되었어요. 정말 대단한 사람이지요? 그러나 소진이 처음부터 사람들에게 인정받지는 못했답니다.

소진은 어려서 귀곡자를 스승으로 모시고 학문을 배웠어요. 공부만 열심히 하느라 돈을 벌지 못해 늘 가난하게 살았지요. 다 자라서는 지금까지 배우고 익힌 학문을 바탕으로 큰 뜻을 펼치기 위해 여러 나라를 찾아다녔어요. 하지만 어느 곳에서도 선뜻 소진을 받아 주지 않았어요.

'아아, 어찌하여 나의 뜻을 알아주는 나라가 없는가! 너무나도 안타깝다.'

소진은 잔뜩 실망해서 가족들이 있는 고향 낙양으로 터덜터덜 돌아왔어요. 하지만 가족들은 가뜩이나 상처 입은 소진의 마음을 더욱 아프게 했답니다. 소진을 반겨 주기는커녕 무시했거든요. 특히 소진의 형수는 대놓고 소진을 비웃었어요. 형수는 형의 아내를 말해요.

"성공해서 돌아오시겠다더니 겨우 이 모양 이 꼴이에요? 뻔뻔하기도 하셔라. 나 같으면 부끄러워서 차마 돌아오지 못했겠네요."

소진은 속이 상했지만 꾹 참고 티내지 않았어요.

'모두 내가 부족한 탓이다. 누구의 잘못도 아니야.'

소진은 마음을 다잡고 다시 공부를 했어요. 가족들은 그런 소진이 영 못마땅했지요.

"지금까지 헛수고한 것도 모자라 또 공부를 한다고? 쯧쯧!"

하지만 소진은 아무런 대꾸도 하지 않고 묵묵히 공부만 했어요. 시간이 지날수록 소진은 더욱더 학문과 지혜가 넓고 깊어졌어요. 그리고 마침내 자신의 생각을 정리하여 '합종책'을 세웠답니다. 합종책은 6개 나라,

즉 연나라·조나라·초나라·제나라·위나라·한나라가 서로 힘을 모아 동맹을 맺어서 크고 강한 진(秦)나라에 맞서자는 주장이에요. 소진은 6개 나라를 합종책으로 설득하기 위해 다시 짐을 꾸렸어요. 가장 먼저 조나라를 찾아갔지요. 조나라의 왕은 소진의 합종책을 듣고 감탄했어요.

"오, 대단한 생각이오. 부디 우리 조나라의 재상이 되어 다른 나라를 설득해 주시오."

그 뒤로 소진은 다섯 나라의 왕을 만나 합종책을 이야기했어요. 왕들은 소진의 합종책에 고개를 끄덕이며 기꺼이 동맹을 맺기로 했답니다. 과연 6개 나라가 함께 맞서자 진나라도 함부로 대하지 못했지요.

소진은 6개 나라가 맺은 동맹의 재상을 맡아 바쁜 나날을 보냈어요. 하루는 소진이 고향 낙양을 지나가다 잠깐 집에 들렀어요.

"고향까지 왔으니 가족들에게 인사라도 해야겠다."

그런데 이게 웬일이에요? 집 앞에 소진의 가족들이 고개를 푹 숙이고 있지 뭐예요. 특히 소진을 대놓고 무시했던 형수가 아주 공손한 태도를 보였지요. 소진은 어이가 없어 헛웃음이 나왔어요.

"이전에는 거만하더니 지금은 공손해지셨습니다. 그 이유가 무엇입니까?"

"그야 지금은 높은 관리가 되셨으니까요. 당연히 예의를 갖춰야지요."

그러자 소진은 길게 한숨을 쉬며 말했어요.

"나는 예나 지금이나 똑같습니다. 그러나 내가 성공하기 전에는 무시하고 함부로 대하더니 성공한 다음에는 두려워하며 쩔쩔매는군요."

인물관계도 예시 답안

소진이 성공하지 못하고 고향에 돌아왔기 때문입니다.

답변이 될 수 있는 4개의 문장은 상황에 따른 인물들의 태도 변화를 살펴보고 이에 대한 자신의 생각을 밝히는 과정을 학습하기 위해 구성되었습니다.

① 중심 내용이 되는 문장 따라 쓰기 → ② 인물의 행동 원인 이해하기 → ③ 소진의 심정을 헤아려 생각하기 → ④ 자신이라면 어떻게 할지를 상상하여 쓰기

를 하면서 이야기 속 인물이 하는 말과 행동의 이유를 이해하고 자신의 경우에 적용하여 생각해 볼 수 있게 도와주세요.

읽기 전 생각해 볼 것들

아이와 함께 동화를 읽기 전에 제목, 삽화 등을 보면서 어떤 내용이 펼쳐질지 유추해 보세요. 아이가 어려워하면 가벼운 질문으로 아이의 생각을 환기해 주세요.

1. 제목을 보고 어떤 이야기일지 상상해 볼까요?

2. 삽화를 보고 삽화 속 인물들의 관계와 상황을 유추해 볼까요?

3. 동화 속 굵은 글씨처럼 말한 사람은 과연 어떤 기분일까요?

참고하세요 본책 p.89 정답 예시

1 이야기와 만나는 문장 쓰기 이야기의 핵심이 되는 소진의 말을 따라 쓰도록 합니다. (왼쪽 붉은색 글씨 참조)

2 이해하는 문장 쓰기 동화 속 소진의 가족이 한 말에서 이유를 찾아보면서 동화의 내용을 잘 이해했는지 확인합니다.

예시 소진의 가족은 높은 관리가 된 소진에게 예의를 갖춰야 한다고 생각했습니다.

3 생각을 발견하는 문장 쓰기 성공한 뒤 가족을 본 소진의 말을 떠올리며 소진의 기분이 어떠할지 생각해 봅니다.

예시1 소진은 자신이 성공하자 자신에게 공손해진 가족들을 보고 어이없어했습니다.

예시2 소진은 자신은 예나 지금이나 똑같지만 자신을 대하는 가족들은 변했다고 생각했습니다.

4 상상하는 문장 쓰기 잔뜩 실망해서 집으로 돌아온 소진에게 가족으로서 어떻게 할지 자유롭게 상상해 봅니다.

예시1 내가 소진의 가족이었다면 따뜻한 말로 소진을 위로해 주었을 것입니다.

예시2 내가 소진의 가족이었다면 소진이 다시 용기를 낼 수 있도록 도와주었을 것입니다.

모아쓰기 네 개의 문장을 이어서 하나의 문단을 완성합니다. 모두 쓴 뒤 소리 내어 읽어 보세요.

예시1 "이전에는 거만하더니 지금은 공손해지셨습니다."
소진의 가족은 높은 관리가 된 소진에게 예의를 갖춰야 한다고 생각했습니다. 소진은 자신이 성공하자 자신에게 공손해진 가족들을 보고 어이없어했습니다. 내가 소진의 가족이었다면 따뜻한 말로 소진을 위로해 주었을 것입니다.

예시2 "이전에는 거만하더니 지금은 공손해지셨습니다."
소진의 가족은 높은 관리가 된 소진에게 예의를 갖춰야 한다고 생각했습니다. 소진은 자신은 예나 지금이나 똑같지만 자신을 대하는 가족들은 변했다고 생각했습니다. 내가 소진의 가족이었다면 소진이 다시 용기를 낼 수 있도록 도와주었을 것입니다.

가이드의 읽을거리 ● 전거후공과 비슷한 고사성어로 염량세태(炎凉世態)가 있습니다. 더울(염), 서늘할(량), 세상(세), 태도(태)라는 한자를 씁니다. 금방 뜨거워졌다 차가워지는 세상인심을 뜻하는 말이지요. 부와 명예가 있으면 아부하며 몰려들지만, 반대로 힘을 잃고 어려워지면 매정하게 돌아서서 무시하는 것을 비유하는 표현입니다. 이처럼 상대의 권위와 재력에 따라 그 사람을 대하는 태도가 달라지는 것에 대해 아이와 함께 이야기를 나누어 보세요. 예를 들어, 부잣집 아이가 갑자기 가난해진 경우를 생각해 볼 수 있겠지요. 사람들의 태도가 변한다면 어떻게 변하는지, 태도 변화가 과연 올바른지 아닌지를 생각하고 이야기하며 아이 스스로 비판적 사고를 해 볼 수 있게 유도해 주세요.

이번에는 《열자》에 실려 있는 이야기를 읽어 보려고 해요. 《열자》는 중국의 전국 시대에 살았던 철학자 열자가 쓴 도가 경전이라고 전해져요. 도가는 자연과 우주의 섭리를 깨치고 자연과 어우러져 조화를 이루는 삶을 강조하는 사상이랍니다. 공자로 대표되는 유가 사상과 함께 중국의 양대 사상으로 유명해요.

《열자》에는 우리에게 재미와 깨달음을 주는 이야기가 많이 실려 있는데요. 이번에 읽을 이야기도 그 가운데 하나랍니다. 《열자》의 제2편 〈황제편〉을 보면 중국의 전국 시대에 살았던 송나라 사람 저공의 이야기가 나와요.

저공은 원숭이를 좋아해서 취미로 수십여 마리를 길렀어요. 아침저녁으로 직접 먹이를 주고 정성껏 돌보았지요. 늘 가까이하며 관심 있게 지켜본 덕분일까요. 저공은 원숭이들의 눈빛과 행동만 보고도 원숭이들이 무슨 생각을 하는지 어떤 상태인지 척척 알아맞혔답니다.

"허허, 배가 고프다고? 옜다! 맛있게 먹어라."

"아이고, 다리에 상처가 났구나. 약을 발라 주마."

원숭이들도 저공을 아주 잘 따랐지요. 저공이 나타나면 너도나도 뛰어나와 저공을 반겨 주었어요. 그렇게 저공은 원숭이들과 어울려 하루하루 즐겁게 보냈어요. 하지만 얼마 지나지 않아 큰 문제가 생겼어요. 집안 형편이 넉넉하지 않은데 많은 원숭이를 거두어 먹이느라 음식이 부족해졌지 뭐예요. 저공과 가족이 먹을 음식을 줄여 보았지만 소용없었어요. 곧 사람이 먹을 음식도 바닥이 났거든요. 그나마 있는 먹을거리라고는 도토리뿐이었는데요. 도토리도 남은 양이 많지는 않았어요.

"어쩔 수 없지. 원숭이들의 먹이를 줄여야겠다."

저공은 굳게 마음먹고 원숭이들을 어떻게 따르게 할지 고민하기 시작했어요. 다짜고짜 먹이를 줄인다고 말하면 보나 마나 원숭이들이 버럭버럭 화낼 테니까요. 한참 동안 고민한 끝에 저공은 좋은 꾀를 냈답니다.

"그래, 결정했어! 분명 이 방법이면 원숭이들이 따를 거야."

저공은 빙그레 웃으며 원숭이들을 모두 불러 모았어요.

"자자, 원숭이들아. 중요한 이야기니까 잘 들어 보렴. 앞으로 내가 너희에게 먹이로 도토리를 주려고 한단다. 아침에 세 개, 저녁에 네 개를 주마. 어떠냐?"

그러자 원숭이들이 대뜸 화를 내며 펄쩍펄쩍 뛰었어요. 있는 힘껏 팔을 휘두르거나 발을 쿵쿵 구르는 원숭이도 있었어요.

'역시 화가 잔뜩 났구나. 내 이럴 줄 알았지.'

저공은 화내는 원숭이들을 지켜보며 잠시 고민하는 척했어요. 이내 헛기침을 흠흠 하더니 어렵게 정했다는 듯 이야기를 했지요.

"너희의 뜻을 잘 알았다. 너희가 너무도 싫어하니 할 수 없구나. 도토리를 아침에 네 개, 저녁에 세 개를 주면 어떻겠느냐?"

이번에는 원숭이들이 아까와 달리 좋아서 어쩔 줄 몰라 했어요. 폴짝폴짝 뛰고 데굴데굴 구르며 온몸으로 기쁨을 표현했답니다. 그 모습을 본 저공은 껄껄 웃으며 생각했어요.

'아침과 저녁의 도토리 개수를 바꿨을 뿐인데 그것도 모르고 아침에 저녁보다 하나 더 먹는다는 생각에 신이 났구나.'

인물관계도 예시 답안

총 7개입니다.

답변이 될 수 있는 4개의 문장은 인물의 말에 들어 있는 함정을 파악하고 이에 대한 자신의 생각을 밝히는 과정으로 구성되었습니다.

① 중심 문장 따라 쓰기 → ② 인물이 한 말의 속뜻을 이해하기 →

③ 인물의 생각을 파악하기 → ④ 자신이 원숭이의 입장이라면 어떻게 할지 상상하며 쓰기

를 통해 이야기의 흐름을 정리하고 자신의 생각을 표현할 수 있도록 지도해 주세요.

읽기 전 생각해 볼 것들

아이와 함께 동화를 읽기 전에 제목, 삽화 등을 보면서 어떤 내용이 펼쳐질지 유추해 보세요. 아이가 어려워하면 가벼운 질문으로 아이의 생각을 환기해 주세요.

1. 삽화를 보고 사람과 원숭이가 어떤 사이인지 유추해 볼까요?

2. 제목과 삽화를 연결 지어서 어떤 이야기가 펼쳐질지 상상해 볼까요?

3. 삽화 속 원숭이들은 어떤 상태로 보이나요? 왜 그렇게 생각하는지 말해 볼까요?

참고하세요 본책 p.93 정답 예시

1 이야기와 만나는 문장 쓰기 이야기의 핵심이 되는 저공의 말을 따라 써 봅니다. (왼쪽 붉은색 글씨 참조)

2 이해하는 문장 쓰기 저공의 속임수를 찾아보면서 인물의 상황을 잘 이해했는지를 확인합니다.

예시 저공은 화내는 원숭이들에게 도토리를 아침에 네 개, 저녁에 세 개 주겠다고 했습니다.

3 생각을 발견하는 문장 쓰기 저공이 원숭이의 반응을 보고 어떤 생각을 했는지 찾아서 정리합니다.

예시 1 기뻐하는 원숭이들을 보고 저공은 아침과 저녁의 도토리 개수만 바꾼 줄도 모르고 신이 났다고 생각했습니다.

예시 2 기뻐하는 원숭이들을 보고 저공은 자기 계획대로 되었다고 생각했습니다.

4 상상하는 문장 쓰기 동화 속 원숭이라면 어떻게 할지 자유롭게 상상합니다.

예시 1 내가 원숭이라면 아침에 도토리 7개를 모두 달라고 해서 내가 먹고 싶을 때 먹겠습니다.

예시 2 내가 원숭이라면 도토리를 7개보다 더 많이 달라고 하겠습니다.

모아쓰기 네 개의 문장을 이어서 하나의 문단을 완성합니다. 적절한 연결어를 생각해 보세요.

예시 1 "아침에 세 개, 저녁에 네 개를 주마."
저공은 화내는 원숭이들에게 도토리를 아침에 네 개, 저녁에 세 개 주겠다고 했습니다. (그러자) 기뻐하는 원숭이들을 보고 저공은 아침과 저녁의 도토리 개수만 바꾼 줄도 모르고 신이 났다고 생각했습니다. 내가 원숭이라면 아침에 도토리 7개를 모두 달라고 해서 내가 먹고 싶을 때 먹겠습니다.

예시 2 "아침에 세 개, 저녁에 네 개를 주마."
저공은 화내는 원숭이들에게 도토리를 아침에 네 개, 저녁에 세 개 주겠다고 했습니다. (그러자) 기뻐하는 원숭이들을 보고 저공은 자기 계획대로 되었다고 생각했습니다. 내가 원숭이라면 도토리를 7개보다 더 많이 달라고 하겠습니다.

가이드의 읽을거리 ● 조삼모사는 관점에 따라서 전혀 다른 주제로 읽을 수 있습니다. 원숭이에 초점을 맞추면 도토리 총 개수는 일곱 개로 똑같은데도 아침에 세 개가 아니라 네 개라는 사실에 좋아하는 모습을 통해 당장 눈앞의 이익에 연연하여 전체를 보지 못하는 어리석음을 일깨우는 이야기가 됩니다. 하지만 저공에 초점을 맞추면 교묘한 잔머리로 상대를 현혹시키는 모습을 비유하는 이야기가 될 수도 있습니다. 또는 원숭이들이 불만을 제기하자 모르는 체하지 않고 즉각 원숭이들의 의견을 반영하여 대안을 내놓는 저공의 모습을 통해 상대의 의견을 유연하게 받아들이고 대처하는 자세를 생각해 볼 수도 있지요. 원숭이와 저공의 입장을 돌아가며 생각해 보고, 아이가 느끼고 생각한 점을 솔직하고 자유롭게 이야기하면서 입체적인 사고를 할 수 있도록 도와주세요.

토끼를 잡고 나면 사냥개를 삶는다

토 사 구 팽

옛날에는 나라를 세우거나 전쟁에서 이겼을 경우, 신하들이 세운 공에 따라 상을 나누어 주었어요. 큰 공을 세운 신하에게는 큰 상을, 작은 공을 세운 신하에게는 작은 상을 내렸지요. 이처럼 각자가 세운 공에 따라 크고 작은 상을 알맞게 주는 것을 '논공행상'이라고 해요. 논공행상은 고생한 신하를 위로하고 충성심을 일깨우는 중요한 일이었어요. 하지만 그 반대의 경우도 있었답니다. 역사 속에는 공을 세운 신하를 오히려 죽음으로 내몰았던 일이 종종 있었거든요. 이번에 읽을 이야기도 그 가운데 하나예요.

중국의 춘추 시대에 사이가 아주 나쁜 두 나라가 있었어요. 바로 월나라와 오나라였지요. 월나라를 다스리는 왕 구천은 오나라를 끔찍이 싫어했어요. 예전에 오나라 왕 부차에게 크게 져서 항복한 적이 있었거든요. 그때 구천은 간신히 목숨을 건졌지만 자존심에 큰 상처를 입었지요.

'지금은 고개를 숙이지만 언제든 반드시 오나라를 쳐서 이기리라!'

구천은 마음속으로 복수심을 불태우며 차근차근 월나라의 힘을 키웠어요. 그리고 오나라를 무너뜨릴 기회를 호시탐탐 엿보았답니다. 마침 구천에게는 뜻을 함께할 신하들이 있었어요. 특히 범려와 문종은 월나라의 양대 기둥이나 다름없었어요. 구천을 도와 월나라를 강하고 튼튼하게 만들었지요. 그 결과, 구천은 마침내 오나라를 무너뜨리고 오랫동안 가슴속에 품었던 복수를 이룰 수 있었어요.

"하하, 드디어 오나라를 이기고 월나라를 우뚝 세웠노라. 이날이 오기를 얼마나 기다렸던가. 진심으로 기쁘구나!"

구천은 자신을 도와 큰 공을 세운 범려와 문종에게 높은 벼슬을 주었어요. 범려는 나라의 군사를 도맡아 다스리는 상장군, 문종은 나랏일을 두루 맡아 보는 재상이 되었답니다. 앞서 이야기했던 논공행상이 이루어

진 셈이었지요. 하지만 범려는 마음이 영 불편했어요. 범려는 구천이 어떤 사람인지 너무나도 잘 알고 있었거든요.

'구천은 믿을 수 없는 사람이다. 고생을 함께 나눌 수 있어도 부귀를 함께 나눌 수는 없지. 목표를 이루면 함께 고생한 사람들을 싹 잊고 죄다 자기가 잘한 줄로만 아니까. 이대로 구천의 옆에 있다가는 목숨까지 위험해질 수 있다.'

범려는 상장군의 벼슬을 마다하고 미련 없이 월나라를 훌쩍 떠났어요. 그리고 제나라로 가서 문종에게 비밀 편지를 썼어요.

"구천은 분명 공을 세운 신하들을 죽일 것이야. 문종도 마찬가지다. 문종에게 어서 도망치라고 해야겠어."

〈 새 사냥이 끝나면 아무리 좋은 활이라도 창고에 넣는 법일세. 토끼를 잡고 나면 사냥개를 삶아 먹어 버리지. 그러니 어서 관직을 버리고 떠나시게. 부디 걱정하는 내 마음을 알아주게나. 〉

문종은 범려의 편지를 받고 고민에 빠졌어요. 하지만 선뜻 벼슬과 재물을 버리지도, 월나라를 떠나지도 못했답니다. 문종이 고민하느라 차일피일 미루는 사이 결국 일이 터지고 말았어요. 구천은 문종을 잡아들이더니 스스로 목숨을 끊으라고 명령했어요. 문종이 구천을 설득하려고 했지만 아무 소용없었지요. 그제야 문종은 범려의 말을 듣지 않은 것을 후회했어요.

"아아, 범려가 옳았다. 진작 범려가 말한 대로 모든 것을 버리고 떠나야 했다."

하지만 이미 때는 늦었지요. 결국 문종은 스스로 목숨을 끊을 수밖에 없었답니다.

인물관계도 예시 답안

왕이 된 구천이 자신을 죽일 것이라고 생각했기 때문입니다.

답변으로 나올 수 있는 4개의 문장은 본문의 주요 내용을 이해하고 인물의 관계를 파악하여 이에 대한 자신의 생각을 이끌어 내는 단계별 학습 과정으로 구성되었습니다.

① 중심 문장 따라 쓰기 → ② 등장인물의 관계 이해하기 → ③ 인물이 한 행동을 통해 이유를 생각하기 → ④ 자신이라면 어떻게 할지 상상하며 쓰기

를 하면서 이야기 속 인물의 상황과 관계를 이해하고 이를 토대로 자신만의 대안을 생각해 보는 연습을 할 수 있게 이끌어 주세요.

읽기 전 생각해 볼 것들

아이와 함께 동화를 읽기 전에 제목, 삽화 등을 보면서 어떤 내용이 펼쳐질지 유추해 보세요. 아이가 어려워하면 가벼운 질문으로 아이의 생각을 환기해 주세요.

1. 제목을 보고 제목이 무엇을 뜻하는지 상상해 볼까요?

2. 삽화를 보고 인물들이 처한 상황을 유추해 볼까요?

3. 사냥을 할 때와 안 할 때에 사냥개의 쓸모를 생각해 볼까요?

참고하세요 본책 p.97 정답 예시

1 이야기와 만나는 문장 쓰기 이야기의 핵심이 되는 범려의 말을 따라 쓰도록 합니다. (왼쪽 붉은색 글씨 참조)

2 이해하는 문장 쓰기 동화 속 범려와 구천의 관계를 파악하고 동화의 내용을 온전히 이해했는지 확인합니다.

예시1 범려는 구천이 고생을 함께 나누어도 부귀를 함께 나눌 수 없는 사람이라고 생각했습니다.

예시2 범려는 구천이 공을 세운 신하들을 죽일 거라고 생각했습니다.

3 생각을 발견하는 문장 쓰기 범려가 문종에게 보낸 비밀 편지의 내용을 떠올리며 이후 문종의 행동과 그 이유를 생각해 봅니다.

예시1 하지만 문종은 높은 벼슬과 재물을 두고 떠나기 아깝다는 생각이 들었습니다.

예시2 하지만 문종은 선뜻 범려의 말대로 월나라를 떠날 수 없다고 생각했습니다.

4 상상하는 문장 쓰기 자신이 문종이라면 비밀 편지를 읽고 어떻게 할지 상상해 봅니다.

예시1 내가 문종이라면 범려처럼 모든 것을 버리고 서둘러 월나라를 떠나겠습니다.

예시2 내가 문종이라면 구천과 맞서 싸워서 내가 왕이 되겠습니다.

모아쓰기 네 개의 문장을 이어서 하나의 문단을 완성합니다. 모두 쓴 뒤 소리 내어 읽어 보세요.

예시1 "토끼를 잡고 나면 사냥개를 삶아 먹어 버리지."
범려는 구천이 고생을 함께 나누어도 부귀를 함께 나눌 수 없는 사람이라고 생각했습니다. 하지만 문종은 높은 벼슬과 재물을 두고 떠나기 아깝다는 생각이 들었습니다. 내가 문종이라면 범려처럼 모든 것을 버리고 서둘러 월나라를 떠나겠습니다.

예시2 "토끼를 잡고 나면 사냥개를 삶아 먹어 버리지."
범려는 구천이 공을 세운 신하들을 죽일 거라고 생각했습니다. 하지만 문종은 선뜻 범려의 말대로 월나라를 떠날 수 없다고 생각했습니다. 내가 문종이라면 구천과 맞서 싸워서 내가 왕이 되겠습니다.

가이드의 읽을거리 ● 토사구팽과 관련된 또 다른 이야기로 한나라의 한고조 유방과 한신의 일화가 있습니다. 한신은 천재 전략가로 유방을 도와 한나라를 건국하는 데 큰 공을 세운 장수입니다. 장량·소하와 함께 한나라 건국의 3대 공신 중 한 사람으로 꼽히지요. 그러나 한나라 건국 후 한신은 반역자로 의심받았고, 끝내 한고조 유방의 부인인 여태후에게 죽임을 당하고 말았습니다. 처참한 죽음을 맞이하기 전, 한신은 동화 속 토사구팽을 인용해 자신의 처지를 한탄했지요. "옛사람이 말하기를 토끼를 잡고 나면 사냥개를 삶는다(토사구팽)고 하더니 오늘은 내가 그 꼴이구나."

재능이 주머니를 뚫다

낭 중 지 추

훤칠하게 큰 키나 아름다운 얼굴은 언제 어디서나 돋보이며 많은 사람의 눈을 사로잡지요. 풍부한 지식, 막힘 없는 말솜씨, 고운 노랫소리, 뛰어난 운동 실력 등 훌륭한 재능도 마찬가지예요. 처음에는 잘 드러나지 않더라도 기회만 주어지면 순식간에 존재감을 드러내며 사람들을 깜짝 놀라게 해요. 이번에 읽을 내용도 숨길 수 없이 빼어난 재능에 대한 이야기랍니다.

중국 역사서 《사기》에 실려 있는 이야기예요. 중국의 전국 시대 말기, 진나라가 조나라로 쳐들어왔어요. 조나라를 다스리던 혜문왕은 깜짝 놀라 자신의 동생이자 재상인 평원군을 불러 말했어요.

"진(秦)나라는 우리 조나라보다 강하다. 우리 혼자 힘만으로는 진나라를 상대하기 어려우니 초나라에 도움을 부탁해야겠구나."

"예, 제가 직접 초나라 왕을 설득하고 오겠습니다."

평원군은 곧바로 초나라로 떠날 준비를 하며 자신과 함께할 인재들을 모았지요. 때마침 평원군이 살던 집에 각지에서 몰려든 인재가 수천 명이나 있었어요. 평소 평원군은 자신을 찾아온 인재를 후하게 대했고 원한다면 자기 집에 얼마든지 머무를 수 있게 했거든요.

"지혜와 무술이 뛰어난 인재를 스무 명 뽑아서 데려가야겠다."

그런데 한 가지 문제가 생겼어요. 열아홉 명을 뽑고 마지막 한 명만 더 뽑으면 되는데 마땅한 인재가 없지 뭐예요. 그때 평원군 앞에 모수가 턱 나섰어요.

"고민하지 마시고 저를 데려가십시오."

평원군은 고개를 갸웃하며 모수에게 물었지요.

"그대가 여기 온 지 얼마나 지났소?"

"이제 3년입니다."

"재능이 뛰어난 사람은 숨어 있어도 마치 주머니 속 송곳처럼 끝이 밖으로 뚫고 나오기 마련이오. 그런데 그대는 여기 머무르는 3년 동안 내 눈에 한 번도 띄지 않았소이다. 그대를 이야기하는 사람도 없었소. 이는 그대가 별

반 재능이 없다는 뜻이 아니겠소이까? 그러니 그대는 여기 남아 있는 편이 좋겠소."

하지만 모수는 한 치도 물러서지 않았어요. 오히려 큰소리를 탕탕 쳤지요.

"나리께서는 지금껏 저를 주머니 속에 넣어 주신 적이 없습니다. 진작 주머니 속에 넣어 주셨더라면 송곳의 끝이 아니라 자루까지 뚫고 나왔을 터입니다."

평원군은 모수의 당찬 자신감이 마음에 들었어요.

"좋소, 그대도 함께 초나라로 갑시다."

평원군은 모수를 비롯한 인재들을 데리고 초나라로 갔어요. 하지만 초나라 왕은 평원군과 인재들이 아무리 설득해도 들은 척도 하지 않았답니다. 바로 그때, 모수가 앞으로 나섰어요.

"지난날 초나라는 진나라와 여러 번 싸워서 번번이 졌습니다. 그러니 진나라를 두려워할 만도 하지요. 함께 맞설 용기를 내지 못한들 어쩌겠습니까?"

모수는 초나라 왕의 눈치를 살피며 잽싸게 말을 이어 나갔어요.

"본디 초나라는 땅이 넓고 군사가 강한 나라입니다. 우리 조나라와 힘을 합치면 분명 진나라를 이길 수 있는데 어찌하여 주저하십니까? 어서 떨치고 일어나 진나라를 무릎 꿇리고 위대한 초나라를 온 세상에 널리 알릴 기회를 잡으소서!"

그제야 초나라 왕은 고개를 끄덕이며 말했어요.

"네 말이 옳다. 곧바로 조나라에 군사를 보내겠다!"

초나라 왕은 약속대로 군사를 보내 조나라를 돕게 했어요. 그 덕분에 조나라는 무사히 진나라를 물리치고 나라를 지킬 수 있었답니다.

인물관계도 예시 답안

초나라가 조나라와 힘을 합치면 진나라를 이길 수 있다고 설득했습니다.

답변으로 나올 수 있는 4개의 문장은 인물의 행동과 생각을 파악하고 자신의 생각을 표현하는 과정으로 구성되었습니다.

> ① 중심 문장 따라 쓰기 → ② 인물의 행동 이해하기 → ③ 인물의 말을 통해 인물의 생각 파악하기 → ④ 자신이라면 어떻게 할지 상상하여 쓰기

를 통해 이야기의 주제를 이해하고 자신의 상황에 대입하여 생각할 수 있도록 지도해 주세요.

읽기 전 생각해 볼 것들

아이와 함께 동화를 읽기 전에 제목, 삽화 등을 보면서 어떤 내용이 펼쳐질지 유추해 보세요. 아이가 어려워하면 가벼운 질문으로 아이의 생각을 환기해 주세요.

1. 제목을 보고 어떤 이야기가 펼쳐질지 상상해 볼까요?
2. 삽화를 보고 어떤 상황인지 유추해 볼까요?
3. 동화 속 굵은 글씨처럼 많은 사람에게 뛰어난 능력을 당당하게 인정받으며 돋보이는 사람을 떠올려 볼까요?
   (운동선수, 연예인 등 유명한 사람뿐만 아니라 주변의 친구나 아는 사람 중에서 떠올려도 좋아요.)

참고하세요   본책 p.103 정답 예시

1 이야기와 만나는 문장 쓰기 이야기의 핵심이 되는 평원군이 한 말을 따라 쓰도록 합니다. (왼쪽 붉은색 글씨 참조)

2 이해하는 문장 쓰기 평원군이 모수를 데려가려 하지 않은 이유를 써 보면서 동화의 내용을 온전히 이해했는지 확인합니다.

예시 1 평원군은 평소 모수란 사람이 있는지도 몰랐습니다.
예시 2 평원군은 모수가 재능이 별로 없을 것이라 생각했습니다.

3 생각을 발견하는 문장 쓰기 인물들의 대화를 통해 모수가 한 말의 의미를 생각하고 답을 유추해 적습니다.

예시 1 모수는 자신의 뛰어난 재주를 사람들이 알아주지 않는다고 생각했습니다.
예시 2 모수는 자신이 남들보다 더 뛰어난 재능을 가지고 있다고 생각했습니다.

4 상상하는 문장 쓰기 동화 속 모수처럼 자신의 장점을 남들에게 드러내는 방법을 자유롭게 상상해 봅니다.

예시 1 나라면 먼저 내 실력을 보여 주며 사람들에게 적극적으로 알리겠습니다.
예시 2 나라면 남들을 신경 쓰지 않고 묵묵히 내 할 일을 하겠습니다.

모아쓰기 네 개의 문장을 이어서 하나의 문단을 완성합니다. 모두 쓴 뒤 소리 내어 읽어 보세요.

예시 1 "재능이 뛰어난 사람은 숨어 있어도 마치 주머니 속 송곳처럼 끝이 밖으로 뚫고 나오기 마련이오."
평원군은 평소 모수란 사람이 있는지도 몰랐습니다. 모수는 자신의 뛰어난 재주를 사람들이 알아주지 않는다고 생각했습니다. 나라면 먼저 내 실력을 보여 주며 사람들에게 적극적으로 알리겠습니다.

예시 2 "재능이 뛰어난 사람은 숨어 있어도 마치 주머니 속 송곳처럼 끝이 밖으로 뚫고 나오기 마련이오."
평원군은 모수가 재능이 별로 없을 것이라 생각했습니다. 모수는 자신이 남들보다 더 뛰어난 재능을 가지고 있다고 생각했습니다. 나라면 남들을 신경 쓰지 않고 묵묵히 내 할 일을 하겠습니다.

가이드의 읽을거리 ● 평원군과 모수의 이야기에서 낭중지추와 함께 유래한 고사성어로 모수자천(毛遂自薦)이 있습니다. 털(모), 드디어(수), 스스로(자), 천거할(천)이라는 한자를 쓰지요. 모수가 스스로 천거했다는 뜻으로 자기가 자신을 추천하는 경우를 가리키는 말입니다. 천거란 어떤 일을 맡아 하는 자리에 그 일을 할 수 있는 사람을 소개하거나 추천하는 것을 뜻합니다. 현대는 스스로 자신을 홍보하는 시대입니다. 자신이 어떠한 사람이고, 어떤 일을 했으며, 어떤 능력을 가졌는지를 설득력 있게 알림으로써 스스로 가치를 입증하고 사람들에게 인정받을 기회를 더 많이 획득할 수 있기 때문입니다. 아이가 직접 자신의 장점을 찾아서 적극적으로 표현할 수 있도록 지도하면서 스스로 당당한 자신감을 가질 수 있게 도와주세요.

큰 그릇을 만들려면 오랜 시간이 걸린다

대 기 만 성

사람은 삶에서 목표를 이루거나 결과를 얻을 때까지 걸리는 시간이 서로 달라요. 어떤 사람은 순식간에 뚝딱 해내기도 하고요. 어떤 사람은 시간을 들여 서서히 이루기도 하지요. 그러니까 설령 남들보다 느리고 뒤처진대도 조급해할 필요는 전혀 없답니다. 누가 뭐라고 하든, 자기에게 맞는 속도로 착실하게 해 나간다면 어느 순간 커다란 성공을 거둘 수 있을 테니까요.

중국의 삼국 시대 때 있었던 일이에요. 위나라에 최염이라는 장군이 있었어요. 최염은 몸집이 크고 생김새가 빼어났어요. 학문과 무예 실력도 아주 뛰어났지요. 어디 그뿐인가요. 됨됨이 또한 훌륭하여 사람들 사이에서 칭찬이 자자했답니다.

"최염 장군님은 정말 멋진 분이셔."

"그렇고말고. 언제나 몸가짐이 올바르고 일 처리가 공정하시지."

"심지어 겸손하기까지 하시다고. 과연 모두에게 존경받아 마땅해."

위나라를 다스리는 왕도 최염을 높이 평가하며 무척 아꼈지요.

"최염은 아주 믿음직한 신하이다. 최염이 하는 말이라면 믿을 수 있지."

이처럼 많은 사람에게 두루두루 존경과 사랑을 받는 최염에게는 남다른 재주가 하나 더 있었어요. 바로 인재를 알아보는 능력이었어요. 하루는 최염이 평소 친하게 지내던 사마랑에게 사마의를 칭찬했어요. 사마의는 사마랑의 친동생이었어요.

"자네 동생은 참 뛰어난 인재 같구려. 성실하거니와 자신이 해야 할 일을 정확히 파악하지. 아주 영특한 아이일세. 어찌 보면 자네보다 나은 듯하오."

"에헤, 자네가 사마의를 너무 높이 평가하는군. 나는 그렇게 생각하지 않는다네."

사마랑은 최염과 생각을 달리했지요. 그러나 최염은 그 뒤로도 종종 사마의를 칭찬했어요. 과연 시간이 흐르자 사마의는 뛰어난 재능을 인정받기 시작했어요. 많은 사람이 사마의와 큰일을 함께하기를 원했어요. 실제로 사마의는 훗날 나라의 운명이 걸린 전쟁에서 큰 공을 세웠고요. 나아가 직접 나라를 세우기도 했답니다.

이처럼 인재를 잘 알아보는 최염이 일찌감치 눈여겨본 사람은 사마의만이 아니었어요. 사촌 동생 최림도 있었지요. 최림은 최염 못지않게 뛰어난 재능이 있었지만, 번번이 사촌 형 최염과 비교당하느라 잔뜩 움츠러든 상태였어요. 게다가 외모까지 못나서 주변 사람들은 물론이고 가족마저 최림을 무시하기 일쑤였어요.

"어찌 외모가 저리 형편없을까? 최염 장군의 사촌 동생이라고 믿을 수 없군."

"아이고, 나이를 저리 먹고 아직도 출세를 못하다니! 정말 한심하네."

오직 최염만이 사람들과 생각이 달랐지요. 최림을 무시하기는커녕 최림이 지닌 잠재 능력을 높이 평가했어요.

'최림은 분명 큰일을 할 재능을 가지고 있다. 아직 재능을 펼칠 기회를 만나지 못했을 뿐이지.'

최염은 최림에게 용기를 북돋워 주고 싶었어요. 그래서 최림을 불러 말했답니다.

"큰 종이나 큰 솥은 그리 쉽게 만들어지지 않는다. 오랜 시간을 공들여 만들어야 하는 까닭이지. 너 또한 마찬가지란다. 내가 보기에 너는 아주 큰 그릇이다. **큰 그릇을 만드는 데는 시간이 오래 걸리는 법이야.** 그러니 너무 기죽지 말고 지금처럼 열심히 노력해라. 분명너에게 기회가 올 테고, 너는 큰일을 해낼 것이다."

최림은 자신을 알아주는 최염에게 크게 감동했어요. 그리고 최염의 말에 따라 열심히 노력을 했지요. 그 결과, 최림은 훗날 능력을 인정받아 황제를 바로 옆에서 모시는 높은 관직에 올랐답니다.

인물관계도 예시 답안

자신을 알아주는 최염에게 감동했습니다.

답변이 될 수 있는 4개의 문장은 인물의 상황과 반응, 반응에 대한 원인을 찾고 이를 토대로 자기 생각을 표현하는 과정을 학습하도록 구성되었습니다.

> ① 중심 문장 따라 쓰기 → ② 인물이 처한 상황 이해하기 → ③ 인물이 하는 말의 배경과 이유 생각하기 → ④ 자신이 최염이라면 어떻게 할지 상상하여 쓰기

를 통해 인물의 상황과 생각을 파악하고 자신의 경우에 대입하여 생각할 수 있게 도와주세요.

읽기 전 생각해 볼 것들

아이와 함께 동화를 읽기 전에 제목, 삽화 등을 보면서 어떤 내용이 펼쳐질지 유추해 보세요. 아이가 어려워하면 가벼운 질문으로 아이의 생각을 환기해 주세요.

1. 제목을 보고 어떤 내용일지 상상해 볼까요?
2. 제목처럼 오랜 시간을 들여야 하는 일은 무엇이 있는지 생각해 볼까요?
3. 삽화를 보고 인물들이 처한 상황을 유추해 볼까요?

✎ 참고하세요 본책 p.107 정답 예시

1 이야기와 만나는 문장 쓰기 이야기의 핵심이 되는 최염의 말을 따라 쓰도록 합니다. (왼쪽 붉은색 글씨 참조)

2 이해하는 문장 쓰기 최림에 대한 사람들의 평가를 써 보면서 최림의 상황을 이해했는지 확인합니다.

예시1 사람들은 최림이 사촌 형 최염보다 외모가 못났고 능력이 없다고 생각했습니다.

예시2 사람들은 최염과 달리 나이 먹고도 출세를 못한 최림을 한심하게 생각했습니다.

3 생각을 발견하는 문장 쓰기 동화 속 최염의 말과 행동을 떠올리며 그 이유를 생각하고 답합니다.

예시1 최염은 최림이 재능이 많다고 생각했습니다.

예시2 최염은 최림이 기죽지 않고 열심히 노력하면 분명 큰일을 해낼 수 있다고 믿었습니다.

4 상상하는 문장 쓰기 자신이 최염이라면 힘들어하는 최림에게 어떻게 마음을 전할지 자유롭게 상상합니다.

예시1 내가 최염이라면 최림이 뛰어난 재능이 있다고 동네방네 신나게 소문내겠습니다.

예시2 내가 최염이라면 최림을 꽉 껴안아 주며 다 잘될 거라고 위로하겠습니다.

모아쓰기 네 개의 문장을 이어서 하나의 문단을 완성합니다. 모두 쓴 뒤 소리 내어 읽어 보세요.

예시1 "큰 그릇을 만드는 데는 시간이 오래 걸리는 법이야."
사람들은 최림이 사촌 형 최염보다 외모가 못났고 능력이 없다고 생각했습니다. 최염은 최림이 재능이 많다고 생각했습니다. 내가 최염이라면 최림이 뛰어난 재능이 있다고 동네방네 신나게 소문내겠습니다.

예시2 "큰 그릇을 만드는 데는 시간이 오래 걸리는 법이야."
사람들은 최염과 달리 나이 먹고도 출세를 못한 최림을 한심하게 생각했습니다. 최염은 최림이 기죽지 않고 열심히 노력하면 분명 큰일을 해낼 수 있다고 믿었습니다. 내가 최염이라면 최림을 꽉 껴안아 주며 다 잘될 거라고 위로하겠습니다.

가이드의 읽을거리 ● 대기만성과 비슷한 뜻으로 쓰이는 '로마는 하루아침에 이루어지지 않았다(Rome wasn't built in a day)'라는 외국 속담이 있습니다. 이 또한 큰일을 이루기 위해서는 시간이 걸린다는 뜻이지요. 과거 유럽 대부분을 차지하던 세계 최강국 로마의 시작은 고작 한 도시였습니다. 비록 작은 도시에서 출발했지만 수많은 사람의 노력과 시간이 더해지면서 거대한 로마 제국이 탄생할 수 있었습니다. 본문의 최림 역시 보잘것없는 시기를 지나 큰 인물로 성장하지요. 이처럼 현재의 단편적인 모습만 보고 섣불리 전부를 판단할 수는 없다는 것을 아이에게 이야기해 주세요. 아이 역시 아직은 작고 어리지만 시간이 흐르고 성장하면서 멋지고 큰 사람이 될 것이라고 격려해 주세요.

예로부터 크게 성공한 사람들을 보면 한 가지 공통점이 있어요. 바로 오랫동안 끈준히 노력을 했다는 점이에요. 노력이란 목적을 이루고자 온 힘을 다해 정성을 기울이는 것이에요. 세상 어떤 일도 설렁설렁해서는 좀처럼 뜻대로 이룰 수 없어요. 하지만 반대로 마음을 다해 열심히 노력하면 아무리 어려운 일도 마침내 이루어 낼 수 있답니다. 이번에 읽을 이야기도 바로 노력에 관한 옛이야기예요.

옛날 중국 당나라에 이백이라는 시인이 살았어요. 이백은 두보와 함께 중국을 대표하는 시인인데요. 특히 번쩍 떠오르는 생각을 순식간에 술술 시로 읊어 내는 천재 시인으로 유명하답니다. 그런데 이백이 처음부터 타고난 시의 천재는 아니었다고 해요. 어렸을 때에는 이백도 여느 아이들처럼 공부보다 놀기를 더 좋아했어요. 이백의 아버지는 보다 못해 이백을 불러 말했어요.

"내 너의 스승을 구해 놓았으니 가서 배우고 오너라."

그러자 이백이 삐죽거렸어요.

"저는 공부보다 노는 게 더 좋은데요."

"그럴 줄 알고 아예 놀 수 없는 곳으로 널 보내려고 한다."

"그곳이 어딘데요?"

"상의산이다."

아버지의 말씀에 이백은 깜짝 놀라 눈이 휘둥그레졌어요. 상의산으로 간다는 말은 친구도 놀잇감도 구경거리도 없는 외딴 산속에 틀어박혀야 한다는 뜻이었거든요. 이백이 싫어했지만 아버지는 눈을 부라리며 기어이 이백을 상의산으로 보냈답니다. 처음에 이백은 아버지가 무서워 공부하는 척했지만 얼마 못 가서 싫증을 냈지요.

"에잇, 지루해! 따분해! 심심해! 못 참겠다. 공부는 무슨 공부. 집으로 돌아가야지."

결국 참다못한 이백은 상의산에서 도망치기로 마음먹었어요. 스승 몰래 짐을 챙겨서 후다닥 산을 내려갔지요.

"으하하, 드디어 자유다! 야호!"

신나서 산을 내려가던 이백은 우연히 한 할아버지를 만났어요. 할아버지는 물가에 앉아 무언가를 열심히 갈고 있었어요. 궁금해진 이백이 슬그머니 다가갔답니다.

"할아버지, 지금 뭐 하고 계세요?"

"도끼를 갈고 있지."

과연 할아버지는 굵은 도끼를 돌에다 쓱싹쓱싹 문대고 있었어요. 그런데 좀 이상한 점이 있었어요. 할아버지가 도끼를 이리저리 돌려가며 골고루 갈지 뭐예요.

"할아버지, 도끼는 날만 갈면 되지 않아요? 왜 도끼 전체를 가세요?"

"도끼를 전체적으로 다 갈아야 바늘을 만들지."

"예? 도끼로 바늘을 만들어요? 에이, 말도 안 돼!"

이백은 어이가 없어 헛웃음만 나왔어요. 하지만 할아버지는 이백을 거들떠보지도 않고 무심히 도끼를 계속 갈 뿐이었어요.

"아무리 크고 두꺼운 도끼도 계속 갈면 언젠가 가늘고 뾰족한 바늘이 될 테지. **내가 포기하지 않고 끈준히 노력한다면 분명 도끼를 갈아 바늘을 만들 수 있다네.**"

그 순간, 이백은 뒤통수를 세게 후려 맞은 듯했어요. 단 며칠도 견디지 못해 공부를 팽개치고 나온 자신이 몹시 부끄러워졌지요.

"제가 할아버지께 큰 깨달음을 얻었네요. 고맙습니다."

이백은 발걸음을 돌려 다시 산으로 올라갔어요. 그 뒤로 아주 열심히 공부했지요. 그 덕분에 훗날 이백은 세상 사람들이 알아주는 천재 시인이 될 수 있었답니다.

인물관계도 예시 답안

꾸준히 노력하면 뭐든지 이룰 수 있다는 깨달음을 얻었기 때문입니다.

답변이 될 수 있는 4개의 문장은 인물 행동의 변화와 그 이유를 파악한 뒤에 자신의 생각을 정리하는 과정으로 구성되었습니다.

① 중심 내용 따라 쓰기 → ② 인물의 행동 이해하기 → ③ 인물의 행동에 변화가 일어난 이유 찾기 → ④ 자신이라면 어떻게 할지를 상상하여 쓰기

를 하면서 본문의 주요 사건을 이해하고 인물의 변화와 그 이유를 유추하여 자신에게 대입하여 생각할 수 있게 지도해 주세요.

읽기 전 생각해 볼 것들

아이와 함께 동화를 읽기 전에 제목, 삽화 등을 보면서 어떤 내용이 펼쳐질지 유추해 보세요. 아이가 어려워하면 가벼운 질문으로 아이의 생각을 환기해 주세요.

1. 제목을 보고 어떤 생각이 들었나요?

2. 도끼를 갈아 바늘로 만들려면 얼마나 오래 걸릴까요?

3. 삽화를 보고 어떤 상황인지, 인물들이 어떤 생각을 하는지 유추해 볼까요?

참고하세요 본책 p.111 정답 예시

1 [이야기와 만나는 문장 쓰기] 이야기의 핵심이 되는 할아버지의 말을 따라 쓰도록 합니다. (왼쪽 붉은색 글씨 참조)

2 [이해하는 문장 쓰기] 이백의 아버지가 이백을 산으로 보낸 이유를 써 보면서 내용을 잘 파악했는지 확인합니다.

예시1 이백의 아버지는 이백이 놀지 못하고 공부만 하도록 상의산으로 보냈습니다.

예시2 이백의 아버지는 이백이 놀기 좋아하고 공부를 안 해서 걱정했습니다.

3 [생각을 발견하는 문장쓰기] 도끼 가는 할아버지를 만난 뒤 이백의 변화된 모습과 그 이유를 생각해 보고 답합니다.

예시1 이백은 꾸준히 노력하는 할아버지를 보고 산에서 도망치려 한 자신을 부끄러워했습니다.

예시2 이백은 할아버지의 꾸준한 노력에 감동을 받아 산으로 돌아가 열심히 공부했습니다.

4 [상상하는 문장 쓰기] 자신이 오랜 시간을 들여 꾸준히 해야 할 일을 상상하여 답해 봅니다.

예시1 나라면 너무 지치지 않게 중간 중간 쉬면서 하겠습니다.

예시2 나라면 계획을 세워서 하나씩 차근차근 하겠습니다.

모아쓰기 네 개의 문장을 이어서 하나의 문단을 완성합니다. 적당한 접속어를 활용해 보세요.

예시1 "내가 포기하지 않고 꾸준히 노력한다면 분명 도끼를 갈아 바늘을 만들 수 있다네."
이백의 아버지는 이백이 놀지 못하고 공부만 하도록 상의산으로 보냈습니다. 이백은 꾸준히 노력하는 할아버지를 보고 산에서 도망치려 한 자신을 부끄러워했습니다. (그래도) 나라면 너무 지치지 않게 중간 중간 쉬면서 하겠습니다.

예시2 "내가 포기하지 않고 꾸준히 노력한다면 분명 도끼를 갈아 바늘을 만들 수 있다네."
이백의 아버지는 이백이 놀기 좋아하고 공부를 안 해서 걱정했습니다. 이백은 할아버지의 꾸준한 노력에 감동을 받아 산으로 돌아가 열심히 공부했습니다. 나라면 계획을 세워서 하나씩 차근차근 하겠습니다.

가이드의 읽을거리 ● 우리 속담에 '낙숫물이 댓돌을 뚫는다'는 말이 있습니다. 작은 힘이라도 오랜 시간을 꾸준히 노력하다 보면 큰일을 이룰 수 있다는 뜻입니다. 사실 오랜 시간을 포기하지 않고 한 가지 일을 꾸준히 하는 것은 아이뿐만 아니라 어른도 몹시 힘든 일입니다. 그럼에도 노력해야 하는 이유는 노력 없이 이룰 수 있는 일이 없기 때문이지요. 아이와 함께 세계적으로 유명한 위인의 이야기를 찾아보고, 그들의 업적이 오랫동안 열과 성을 다한 노력 위에 세워진 것이란 사실을 아이에게 알려 주세요. 예를 들어, 한국 피겨 스케이트 사상 최초로 올림픽 금메달을 목에 건 김연아 선수도 한 번의 경기를 위해 수없이 엉덩방아를 찧고 눈물을 흘리며 노력한 시간이 있었다는 이야기를 해 볼 수 있겠지요.

세상일이란 한 번에 뚝딱 이루어지는 경우가 거의 없어요. 크고 중요한 일일수록 더욱더 그렇지요. 그럼 어떻게 해야 할까요? 우선 지금 할 수 있는 작은 일부터 시작해야 해요. 그러면 장차 큰일까지 이루어 낼 수 있답니다. 이와 관련하여 재미있는 옛이야기가 전해지는데요. 다 함께 차근차근 읽어 볼까요?

중국의 전국 시대에 있었던 일이에요. 연나라를 다스리는 소왕에게 한 가지 큰 고민거리가 있었어요. 소왕은 날마다 머리를 싸매고 끙끙 고민했지요.

'우리 연나라는 그동안 제나라에 너무 많은 땅을 빼앗겼다. 그 바람에 급격히 약해졌지. 어째야 잃어버린 땅을 되찾고 연나라를 크고 강하게 만들 수 있을까?'

소왕은 제나라를 이겨서 땅을 되찾고 자존심을 회복하고 싶었어요. 그래서 널리 뛰어난 인재를 많이 모으려고 무던히 애썼답니다.

"뛰어난 인재가 많을수록 나라를 잘 이끌어 갈 수 있겠지. 제나라를 이길 지혜를 얻을 수도 있을 테고."

하지만 좀처럼 인재가 모이지 않았어요. 하기야 그도 그럴 만했지요. 뛰어난 인재를 찾는 나라가 많은데 굳이 약해질 대로 약해진 연나라에 올 이유가 없으니까요. 소왕은 답답한 마음에 곽외를 불러 물었어요.

"이보게, 곽외. 왜 우리에게는 뛰어난 인재가 오지 않는 건가?"

"전하, 제가 어느 임금의 이야기를 먼저 해 드리겠습니다."

곽외는 흠흠 목소리를 가다듬고 옛이야기를 시작했어요.

옛날에 한 임금이 있었습니다. 임금은 천리마를 갖고 싶어 했지만 좀처럼 구할 수가 없었습니다. 그래서 천리마를 구해 오는 사람에게 엄청난 상금을 주기로 했습니다. 3년이 지났을 즈음, 연인이라는 사람이 나타나 천리마를 찾아오겠다고 자신했습니다. 임금은 연인에게 큰돈을 주며 천리마 찾는 일을 맡겼지요.

과연 연인은 얼마 지나지 않아 천리마가 있는 곳을 알아냈습니다. 임금은 뛸 듯이 기뻐하며 그곳으로 연인을 보냈지만, 한발 늦고 말았습니다. 이미 천리마가 죽은 뒤였습니다. 하지만 연인은 천리마의 주인에게 예상치 못한 부탁을 했습니다.

"주인장, 죽은 천리마의 뼈를 내게 팔게."

그렇게 연인은 아주 비싼 값을 치르고 죽은 천리마의 뼈를 사 왔습니다. 임금은 이 사실을 알고 크게 화를 내며 펄쩍펄쩍 뛰었지요.

"내가 바라는 것은 살아 있는 말이다! 너는 왜 쓸모없는 뼈를 비싸게 사 왔느냐?"

"죽은 천리마를 아주 비싸게 샀다는 소문이 이미 널리 퍼졌을 겁니다. 이 소문을 들은 사람이 어떻게 생각하겠습니까? 죽은 말도 비싼 값을 쳐주는데 살아 있는 말은 얼마나 비싸게 사 줄까 기대하지 않겠습니까? 비록 당장은 천리마를 구하지 못했지만 실망하지 마십시오. 곧 좋은 소식이 있을 것입니다."

임금은 연인이 말한 대로 일단 기다려 보기로 했습니다. 놀랍게도 그 뒤로 1년이 채 지나지 않아 무려 3명이나 천리마를 데리고 왔지 뭡니까? 임금이 3년 동안 단 한 마리도 구하지 못했던 천리마를 연인은 죽은 말의 뼈로 세 마리나 구한 셈이었습니다.

곽외는 이야기를 끝마치고 소왕에게 말했어요.

"왕께서 뛰어난 인재를 구하시려거든 먼저 저부터 시작하십시오. 가까이 있는 저부터 좋은 대우를 해 주시면 저보다 뛰어난 인재들이 더 좋은 대우를 받고자 알아서 찾아올 것입니다. **큰일을 이루려면 먼저 작은 일부터 시작해야 합니다.**"

인물관계도 예시 답안

천리마 주인들이 살아 있는 천리마를 비싸게 팔 기대를 하고 찾아오게끔 하기 위해서입니다.

답변으로 나올 수 있는 4개의 문장은 본문의 주요 내용을 파악하고 자신의 생각을 표현하는 과정을 학습할 수 있도록 구성되었습니다.

> ① 중심 문장 따라 쓰기 → ② 인물의 생각 이해하기 → ③ 이야기 속 문제의 해결 방법 생각하기 → ④ 자신이 소왕이라면 어떻게 할지 상상하며 쓰기

를 통해 이야기의 핵심을 찾고 인물의 생각을 이해한 다음 자신의 경우에 적용해 생각할 수 있게 도와주세요.

읽기 전 생각해 볼 것들

아이와 함께 동화를 읽기 전에 제목, 삽화 등을 보면서 어떤 내용이 펼쳐질지 유추해 보세요. 아이가 어려워하면 가벼운 질문으로 아이의 생각을 환기해 주세요.

1. 제목을 보고 어떤 이야기가 펼쳐질지 상상해 볼까요?
2. 삽화를 보고 어떤 상황인지 유추해 볼까요?
3. 동화 속 굵은 글씨를 말한 사람은 어떤 생각으로 이야기했을까요?

✐ 참고하세요   본책 p.115 정답 예시

1 [이야기와 만나는 문장 쓰기] 이야기의 핵심이 되는 곽외의 말을 따라 쓰도록 합니다. (왼쪽 붉은색 글씨 참조)

2 [이해하는 문장 쓰기] 소왕이 한 말을 써 보면서 인물이 처한 상황을 온전히 이해했는지 확인합니다.
[예시] 소왕은 뛰어난 인재가 많아야 나라를 잘 이끌고 제나라를 이길 수 있다고 생각했습니다.

3 [생각을 발견하는 문장 쓰기] 곽외가 소왕에게 들려 준 이야기를 떠올리며 곽외의 생각을 유추하여 적어 봅니다.
[예시 1] 곽외는 지금 옆에 있는 사람부터 잘해 주어야 다른 사람들도 소왕을 믿고 찾아올 거라고 했습니다.
[예시 2] 곽외는 소왕이 자신에게 좋은 대우를 하면 자신보다 뛰어난 사람들이 더 좋은 대우를 기대하며 온다고 했습니다.

4 [상상하는 문장 쓰기] 자신이 동화 속 소왕이라고 상상하며 어떻게 할지 자유롭게 답해 봅니다.
[예시 1] 내가 소왕이라면 큰 상금을 걸고 인재를 뽑는 대회를 열겠습니다.
[예시 2] 내가 소왕이라면 학교를 많이 세워서 직접 뛰어난 인재를 키우겠습니다.

[모아쓰기] 네 개의 문장을 이어서 하나의 문단을 완성합니다. 모두 쓴 뒤 소리 내어 읽어 보세요.

[예시 1] "큰일을 이루려면 먼저 작은 일부터 시작해야 합니다."
소왕은 뛰어난 인재가 많아야 나라를 잘 이끌고 제나라를 이길 수 있다고 생각했습니다. 곽외는 지금 옆에 있는 사람부터 잘해 주어야 다른 사람들도 소왕을 믿고 찾아올 거라고 했습니다. 내가 소왕이라면 큰 상금을 걸고 인재를 뽑는 대회를 열겠습니다.

[예시 2] "큰일을 이루려면 먼저 작은 일부터 시작해야 합니다."
소왕은 뛰어난 인재가 많아야 나라를 잘 이끌고 제나라를 이길 수 있다고 생각했습니다. 곽외는 소왕이 자신에게 좋은 대우를 하면 자신보다 뛰어난 사람들이 더 좋은 대우를 기대하며 온다고 했습니다. 내가 소왕이라면 학교를 많이 세워서 직접 뛰어난 인재를 키우겠습니다.

가이드의 읽을거리 ● 본문 속 천리마를 구하는 이야기에서 천금매골(千金買骨) 또는 매사마골(買死馬骨)이라는 고사성어가 유래되었습니다. 천금매골은 일천(천), 쇠(금), 살(매), 뼈(골)이라는 한자를 씁니다. 천금을 주고 뼈를 산다는 뜻으로 공을 들여 뛰어난 인재를 찾는다는 속뜻을 가지고 있습니다. 매사마골은 살(매), 죽을(사), 말(마), 뼈(골)이라는 한자를 씁니다. 죽은 말의 뼈다귀를 산다는 뜻으로 볼품없는 인재라도 잘 대해 주면 유능한 인재가 자연히 모여 든다는 속뜻을 가지고 있습니다. 더불어 귀한 것을 손에 넣으려면 먼저 희생을 치러야 한다는 것을 비유하는 말이기도 하지요. 만약 아이가 인재를 구하는 일을 쉽게 이해하지 못한다면 좋은 친구를 얻는 일로 바꾸어 설명해 주세요. 어떤 친구가 좋은지, 좋은 친구를 사귀려면 어떻게 해야 하는지를 아이 스스로 생각하고 이야기하는 과정에서 자연스럽게 이야기의 주제에 닿을 수 있습니다.

천 가지 생각 중에 한 가지 실수

천 려 일 실

중국 최초의 황제 진시황제가 죽자 중국은 다시 혼돈 속으로 빠져들었어요. 중국을 통째로 차지하려고 곳곳에서 들고일어났거든요. 그때 가장 돋보였던 영웅은 초나라의 항우였는데요. 항우를 꺾고 최종 승리를 거둔 사람이 바로 한나라의 유방이었답니다. 하지만 유방이 혼자 힘으로 승리한 것은 아니었어요. 유방에게는 아주 뛰어난 인재가 많았지요. 그 가운데 최고가 한신이에요.

한신은 아주 뛰어난 장수였어요. 오죽하면 한나라가 초나라와 맞서 한창 싸우고 있던 시기에 한나라를 배신한 나라들을 모조리 공격해서 무너뜨렸을 정도였어요. 위나라, 대나라, 조나라, 연나라, 제나라, 그리고 마지막에는 한나라와 끝까지 맞서 싸우던 초나라까지 깨부수었답니다.

이처럼 대단한 한신도 위나라를 무너뜨리고 조나라로 향하며 한 가지 고민이 생겼어요.

'조나라로 가려면 협곡을 지나가야 한다. 이때 자칫 조나라에게 공격을 받으면 우리 군대가 손쓸 틈도 없이 당할 텐데……. 어쩌면 좋담.'

협곡이란 좁고 험한 골짜기를 말해요. 그때 조나라에는 이좌거라는 아주 용맹하고 뛰어난 장수가 있었는데요. 한신은 이좌거가 한나라 군대를 휩쓸 기회를 놓칠 리 없다고 생각했지요. 그래서 고민 끝에 이좌거가 지키는 성으로 첩자를 보냈답니다. 얼마 뒤, 첩자가 돌아와서 말했어요.

"장군님, 모든 병사가 성안에 있습니다. 협곡에서 공격할 계획이 없다고 합니다."

"정말 잘됐구나! 그런데 이좌거가 그런 실수를 할 리 없거늘, 확실한 이야기더냐?"

"네, 사실 이좌거는 협곡에서 공격하자고 했는데 조나라 대신 진여가 거절했다고 합니다."

그러자 한신은 뛸 듯이 기뻐하며 잽싸게 군사들을 이끌고 협곡을 지나갔지요. 마침내 한신은 조나라 공격을 시작하며 군사들에게 한 가지 명령을 내렸어요.

"조나라의 이좌거를 사로잡아 오는 자에게 큰 상을 내리겠다!"

싸움이 시작되자 조나라 군사는 한나라 군사에게 상대도 되지 못했어요. 이좌거 역시 꼼짝없이 붙들려 한신 앞으로 끌려왔지요. 그런데 한신이 직접 이좌거를 풀어 주더니 술과 식사를 대접하며 극진히 대하지 뭐예요.

"내게는 그대처럼 뛰어난 사람이 필요하오. 연나라 그리고 제나라와 싸우는 데 지혜를 빌려 주시오."

"저는 싸움에서 진 장수입니다. 어찌 싸움의 방법을 이야기할 수 있겠습니까?"

하지만 한신은 포기하지 않고 이좌거를 설득했어요.

"백리해가 우나라에 있을 때에 우나라는 망했소. 하지만 백리해가 진나라로 가자 진나라가 세상을 차지했소. 진나라의 왕이 백리해의 뛰어난 재능을 알아보고 백리해의 말에 귀를 기울였기 때문이오. 만약 진여가 그대의 말을 들었다면 우리 한나라가 지고 나는 포로가 되었을 것이오. 지금 나는 그대의 말에 귀를 기울일 준비가 되어 있소. 진심으로 그대의 말을 따를 터이니 부디 말해 주시오."

한신이 예의를 갖추고 거듭 정중하게 부탁하자 이좌거도 더는 거절하지 못했어요.

"옛말에 슬기로운 사람도 천 가지 생각 중에 하나는 실수가 있을 수 있다 했습니다. 반대로 어리석은 사람도 천 가지 중에 하나는 맞을 수 있고요. 그래서 지혜로운 사람은 모자란 사람의 말도 귀를 기울이고 가려든는다고 하지요. 싸움에서 진 제게도 귀를 기울여 주신다니 최선을 다해 제 생각을 말씀드리겠습니다."

그 뒤로 한신은 정말 이좌거의 의견을 받아들여 제나라와 연나라를 쉽게 이길 수 있었어요. 이좌거는 자신을 극진히 대하는 한신에게 감동해 한신의 부하가 되었지요.

인물관계도 예시 답안

연나라와 제나라에 이길 수 있는 지혜를 구하기 위해서입니다.

답변이 될 수 있는 4개의 문장은 각 인물이 처한 상황을 이해하고 이에 대한 자신의 생각을 표현하는 단계별 학습 과정으로 구성되었습니다.

> ① 중심 문장 따라 쓰기 → ② 등장인물이 처한 상황 이해하기 →
> ③ 인물의 태도 변화 이유 생각하기 → ④ 자신이 진여라면 어떻게 할지 상상하기

를 통해 이야기의 핵심을 찾고 자신의 경우에 대입하여 생각하는 훈련을 할 수 있도록 지도해 주세요.

읽기 전 생각해 볼 것들

아이와 함께 동화를 읽기 전에 제목, 삽화 등을 보면서 어떤 내용이 펼쳐질지 유추해 보세요. 아이가 어려워하면 가벼운 질문으로 아이의 생각을 환기해 주세요.

1. 제목을 보고 어떤 내용일지 상상해 볼까요?

2. 제목처럼 어쩌다 한 번 실수한다면 어떤 기분이 들까요?

3. 삽화를 보고 삽화 속 인물이 어떤 상황인지 유추해 볼까요?

✎ 참고하세요   본책 p.119 정답 예시

1 [이야기와 만나는 문장 쓰기] 이야기의 핵심이 되는 이좌거의 말을 따라 쓰도록 합니다. (왼쪽 붉은색 글씨 참조)

2 [이해하는 문장 쓰기] 동화 속 이좌거가 처한 상황을 써 보면서 동화의 내용을 잘 이해했는지 확인합니다.

(예시) 이좌거는 조나라 대신 진여가 반대해서 협곡에서 공격을 할 수 없었습니다.

3 [생각을 발견하는 문장 쓰기] 한신이 이좌거에게 한 행동을 떠올리며 이좌거가 감동을 받은 이유를 유추하여 답합니다.

(예시 1) 이좌거는 포로인 자신에게 예의를 갖추고 정중하게 부탁하는 한신에게 마음을 열었습니다.
(예시 2) 이좌거는 자신의 말을 귀 기울여 듣고 따르는 한신의 모습을 보고 감동했습니다.

4 [상상하는 문장 쓰기] 자신이 조나라 대신 진여라면 어떻게 했을지 자유롭게 상상해 봅니다.

(예시 1) 내가 진여라면 이좌거가 말한 대로 협곡에서 한신이 이끄는 한나라 군대를 공격했을 것입니다.
(예시 2) 내가 진여라면 이좌거에게 협곡에서 공격하려는 이유를 들어 보고 결정하겠습니다.

[모아쓰기] 네 개의 문장을 이어서 하나의 문단을 완성합니다. 모두 쓴 뒤 소리 내어 읽어 보세요.

(예시 1) "옛말에 슬기로운 사람도 천 가지 생각 중에 하나는 실수가 있을 수 있다 했습니다."
이좌거는 조나라 대신 진여가 반대해서 협곡에서 공격을 할 수 없었습니다. 이좌거는 포로인 자신에게 예의를 갖추고 정중하게 부탁하는 한신에게 마음을 열었습니다. 내가 진여라면 이좌거가 말한 대로 협곡에서 한신이 이끄는 한나라 군대를 공격했을 것입니다.

(예시 2) "옛말에 슬기로운 사람도 천 가지 생각 중에 하나는 실수가 있을 수 있다 했습니다."
이좌거는 조나라 대신 진여가 반대해서 협곡에서 공격을 할 수 없었습니다. 이좌거는 자신의 말을 귀 기울여 듣고 따르는 한신의 모습을 보고 감동했습니다. 내가 진여라면 이좌거에게 협곡에서 공격하려는 이유를 들어 보고 결정하겠습니다.

가이드의 읽을거리 ● 천려일실은 뛰어난 사람도 한 번쯤 실수를 할 수 있다는 뜻입니다. 이와 반대로 어리석은 사람도 한 번쯤 기발한 생각을 할 수 있겠지요? 본문에서 이좌거가 "어리석은 사람도 천 가지 중에 한 가지는 맞을 수 있고요"라고 한 말을 나타낸 고사성어가 바로 천려일득(千慮一得)입니다. 천려일득은 일천(천), 생각할(려), 한(일), 얻을(득)이라는 한자를 씁니다. 천 번을 생각하다 보면 한 번은 얻는 것이 있다는 뜻입니다. 천려일실과 천려일득을 통해 아이에게 실수에 대한 너그러운 관용과 더불어 심사숙고의 중요성을 알려 주세요. 또한 위기를 피하기 위해서는 경청이라는 덕목이 필요하다는 것도 알려 주세요.

기억하고 있나요? 정답

1장

꿩 먹고 알 먹는다 —— 새옹지마

음지가 양지 되고 양지가 음지 된다 —— 간어제초

백지장도 맞들면 낫다 —— 일거양득

고래 싸움에 새우 등 터진다 —— 전호후랑

흉년에 윤달 —— 다다익선

2장

우물 안 개구리 —— 각주구검

하나만 알고 둘은 모른다 —— 소탐대실

쥐 잡으려다가 쌀독 깬다 —— 정저지와

하룻강아지 범 무서운 줄 모른다 —— 연목구어

우물에 가 숭늉 찾는다 —— 당랑거철

3장

머리털 베어 신을 삼는다 —— 결초보은

등걸이 없는 휘추리가 있나 —— 수어지교

과부 설움은 홀아비가 안다 —— 풍수지탄

구름 갈 제 비가 간다 —— 망운지정

물을 떠난 고기가 물을 그리워한다 —— 동병상련

4장

대감 죽은 데는 안 가도 대감 말 죽은 데는 간다 —— 구밀복검

웃고 사람 친다 —— 양두구육

토끼를 다 잡으면 사냥개를 삶는다 —— 전거후공

걸 다르고 속 다르다 —— 조삼모사

쥐구멍으로 통영갓을 굴려 낼 놈 —— 토사구팽

5장

무쇠도 갈면 바늘 된다 —— 낭중지추

주머니에 들어간 송곳이라 —— 대기만성

원숭이도 나무에서 떨어진다 —— 마부위침

개구리도 움쳐야 뛴다 —— 선종외시

천 리 길도 한 걸음부터 —— 천려일실

글을 읽고 생각을 나누며 아이와
즐거운 시간을 보내세요.